W0364020

*Dieter Kühn* GOETHE ZIEHT IN DEN KRIEG

Eine biographische Skizze

*S. Fischer*

© 1999 S. Fischer Verlag GmbH, Frankfurt am Main
Satz: Dörlemann Satz, Lemförde
Druck und Bindung: F. Spiegel Buch GmbH, Ulm
Printed in Germany
ISBN 3-10-041506-X

– Goethe – Goethe – Goethe! Ich dachte:
Du mußt doch zeigen, daß hinterm Berge
auch noch Leute wohnen.

Immermann

Als Anfang der Geschichte: Johann Wolfgang Goethe, noch 42, vor dem kirchturmhohen Grabmonument in Igel bei Trier. Das etwa acht Stockwerke hohe Scheingrab als Eröffnungszeichen, als metaphorischer Meilenstein! Es beginnt hier für Goethe ein neuer Bereich der Erfahrung: er zieht in den Krieg.

Das »Pfeilerhochgrab«, auch als »Säule« bezeichnet, steht einen schwachen Steinwurf von der Straße entfernt, die schon zu Römerzeiten Heerstraße war: von Trier über Luxemburg nach Reims. Von Koblenz anrückend, ist das preußische Heer vor kurzem durch dieses Dorf gezogen; hinter dem Betrachter des Grabdenkmals aus römischer Zeit fahren schwer beladene, mehrspännige Wagen vorbei: Nachschub. Auf den Platz eingeschwenkt ein kleiner, leichter Wagen, Zweisitzer, mit dem Goethe kam, mit dem er weiterfahren wird zum Heerlager bei Longwy. Auf diesem »Wägelchen«, dieser »Halbchaise« Paul Götze, 23. Er macht sicherlich ein Nickerchen. Auch der Kutscher, der mich mit ortskundigem Begleiter die wenigen Kilometer von Trier nach Igel fuhr: kaum waren wir ausgestiegen, sank ihm der Kopf nach vorn …

Auf dem Vorplatz, zu Goethes wie zu meiner Zeit: Matsch, gleichsam zur Einstimmung. Auch der Himmel wie zur Einstimmung: grau. Ärmliche Häuser; ein Pflug, eine Egge; Hühner und Hunde. Gleich hinter dem Pfeilerhochgrab setzt ein Hügel an, mit kleiner Dorfkirche auf der Kuppe. Nur wenige Häuser zwischen Hügel und Mosel. So konnte auch ich das Monument schon kilometerweit vor dem Dorf sehen: kleiner Kirchturm auf dem Hügel, größerer Kirchturm (so sieht das Monument bei der Annäherung jedenfalls aus) am Fuß des Hügels.

Und hier verharrt der Mann im weiten Reisemantel. Vergangenes läßt er gegenwärtig werden: mehr als anderthalb Jahrtausende steht dieses Denkmal, mit dem sich zwei Brüder verewigen wollten, Tuchhändler der Region. Und in jener fernen Zeit eine noch weiter zurückliegende Zeit präsent in Zeichen: Figuren der griechischen Mythologie. Zeitperspektiven in Halbreliefs …

Freilich, der Betrachter auf dem verschmutzten Platz zwischen riedgedeckten Bauernhäusern wird abgelenkt: hinter ihm trotten, als Nachzügler, Infanteristen vorbei mit Tornistern und Gewehren. Dann, im Schritt, eine Abteilung Kavallerie: kürzere Karabiner, und an den Sattelknäufen hängen Holfter mit klobigen Pistolen. Auch der Betrachter des römischen Grabdenkmals führt ein Pistolenholfter mit sich, aber es liegt im Reisewagen, vor dem die beiden Pferde Hafer fressen.

Ich denke mir, daß Goethe, sich zur Konzentration zwingend, mit der Besichtigung an der Westseite beginnt: seine Zukunftsseite, denn nach Westen wird die Fahrt weiterführen, in die Champagne. Die Westseite als Wetterseite (in den folgenden Wochen eher eine Sauwetterseite …): hier ist viel schon verwittert, auch abgeplatzt. Doch unten, an den Sockelstufen, erkennt man noch leicht den Triton mit der Keule vor dem Meerungeheuer und den Triton mit dem Steinbrocken vor dem zweiten Meerungeheuer, und es wird auf der nächsten Stufe ein Boot gezogen von zwei Treidlern, ein Bootsmann sitzt hinter zwei Ballen, und auf der dritten Stufe klettert ein fettes Knäblein auf einen Delphinrücken, reitet auf dem Delphin, sitzt wieder ab. Und darüber: eine Schlange … ein gezücktes Schwert … ein abgeschlagenes Haupt … Fragmente, von der Verwitterung verschont … Was einmal detailliert ausgeführt war, mit Feinputz und Farbe, das wurde wieder skizzenhaft …

Der Lehrer aus Trier, dem es eine Ehre war, den »Träger eines so berühmten Namens« ins Nachbardorf zu begleiten, er trug mir eine Deutung vor, die mit Goethes Auslegung möglicherweise nicht identisch war: Perseus und Andromeda, das Haupt der Medusa … Falls Goethe dies auch so sah: waren hier für ihn Symbole der nah bevorstehenden, der drohenden Zukunft? Lähmendes Schreckbild?

Dann wird er sich wohl lieber der Ostseite zuwenden: hier sind noch Szenen zu erkennen, hier lassen sich Figuren noch Namen zuordnen, aus Gesten wird eine Geschichte: Styx, die Wassergöttin, sitzt unter einem Baum, hält eine Amphore waagrecht, in öffnungsweitem Schwall ergießt sich Wasser, und Thetis, barbusig, hat das Söhnchen Achill am rechten Fußgelenk gepackt, hält ihn kopfunter in den Wasserschwall, der ihm Unverwundbarkeit verleihen soll. Wenn Goethe das so erkennt, wird er sich wohl ebenfalls Unverwundbarkeit wünschen, zumindest für einige Wochen, denn es soll ja alles ganz rasch gehn beim Vormarsch auf Paris …

Beruhigender Gedanke. Ruhe zu gelassener Betrachtung wird sich dennoch kaum einstellen. Positionswechsel; ja, und dort oben: Eßtisch … Schüssel … Trinkbecher … Schenkentisch … Wischtuch … Wams, gegürtet … Ärmel, aufgekrempelt … grüßend erhoben …

Was dem Blick wieder Halt verleiht, könnte der Reisewagen sein, der aus gewölbter Hauseinfahrt herauskommt. Zwei Maultiere ziehen den einachsigen Wagen, es läuft ein drittes Maultier mit; Gleichschritt, parademäßig exakt. Über die fast parallelen Zügel hinweg ist ein Meilenstein zu sehen, schemenhaft, mit Zahlenangabe. Zwei Männer auf dem Kutschbock; einer von ihnen hält die Zügel, der andere weist die Richtung. Mit ihm könnte Goethe sich identifizieren. Bild des Aufbruchs in einer Situation des Aufbruchs: ein Reisender, der mit einem leichten, einachsigen Wagen weiterfahren wird, sieht einen Reisenden auf einem leichten, einachsigen Wagen der Römerzeit. Ein Reisender, der dem Kutscher die Richtung weist, gesehen von einem Reisenden, der bald darauf in sein Gefährt steigt, und dem Kutscher, dem Diener, dem Schreiber Paul Götze sagt, daß es nun wirklich losgeht.

Und hier, spätestens hier, lieber Herr Frommann, lieber Friedrich, werde ich klarstellen müssen, wer dies erzählte, wer weiter erzählen wird.

Am besten würde ich mit einer Beschreibung meiner Situation beginnen: wie ich hier im Gartenhaus sitze, im Arbeitszimmer des ersten Stocks, mit Blick auf den Weg vor dem Haus, auf die Wiese jenseits des Wegs, auf die Büsche und Bäume jenseits der Wiese, auf den kleinen Ausschnitt des Flußlaufs jenseits der Büsche und Bäume, auf die Hangflanke jenseits der Ilm, auf die ersten Gebäude der Stadt dort drüben, dort oben, und daß ich, Goethe, viereinhalb Jahrzehnte nach Goethes Tod eine Geschichte aus seinem Leben erzählen werde: wie er am Feldzug gegen das Frankreich der Revolution teilnahm, als »Feldpoet«, wie Soldaten ihn nannten.

Bevor ich hier fortfahre, möchte ich kurz noch die kleine Namensirritation auskosten: ein Goethe in Goethes Arbeitszimmer des Gartenhauses, ein Goethe sogar mit dem Vornamen Wolfgang, freilich meist zu Wolf verkürzt; zusätzlich der Vorname Maximilian, den aber keiner benutzt, ich auch nicht. Also, ich werde im Buch, für das ich Dich als Verleger gewinnen möchte, die Verwirrung rasch beenden und mich vorstellen als Johann Wolfgang von Goethes Enkel Wolfgang Maximilian von Goethe, und ich füge gleich hinzu, daß ich aus Wien, meinem derzeitigen Wohnsitz, hierher nach Weimar gekommen bin, weil ich mich noch einmal um das Haus am Frauenplan kümmern muß, mittlerweile sind mal wieder Dachreparaturen notwendig, Feuchtigkeit in einer Wand der nicht mehr benutzten Aufwärmküche des ausgestorbenen Hauses mit seinen etwa dreißig geschlossenen Türen und fünfzig verschlossenen Fenstern. Ich teile mir derartige Lästigkeiten der Verwaltung eigentlich mit meinem Bruder, aber der wird erst später kommen. So bin ich erst einmal allein hier, sitze auf dem Stuhl, auf dem ER zuweilen bei der Arbeit gesessen hat, falls er nicht stehend schrieb oder auf und ab gehend diktierte – ER hatte ja auch hier im Gartenhaus reichlich Personal.

Goethe in Weimar ... Das Fenster steht offen, ich höre die Ilm rauschen, ihr Wasserstand ist gestiegen nach den regenreichen Tagen, die sich offensichtlich fortsetzen – das Glasbarometer Goethes, neben der Haustür hängend, es zeigt in der Tülle an: weiterhin Tiefdruck. Ein Tief mit einer Permanenz, daß ich den birnenförmigen Glaskörper mit dem gefärbten Wasser am liebsten an einen der Bäume im Garten hängen und als Ziel einer Schießübung benutzen würde, Pistole gegen Wetterglas.

Ja, ich habe hier auf der kleinen Konsole eine (wenn auch nicht geladene) Pistole liegen, eine der beiden Waffen, die Goethe auf dem Feldzug mit sich führte, im Holfter, das auch er an den Sattelknauf hängte. Du liest richtig, lieber Frommann: unser aller Goethe mit Pistolenholfter. Eine der Waffen nun hier in Reichweite; ihre Mechanik müßte ich erst mal ölen, ehe ich Pulver in den Lauf stopfe und womöglich eine Kugel hineinschiebe, um dies vermaledeite Wetterglas zersplittern zu lassen, im Zorn über anhaltende Schlechtwetterbelästigung. Das kühle und nasse Wetter paßt freilich wiederum zur Geschichte, die ich erzählen will,

Johann Wolfgang von Goethe skizzierend in einem, wie ich meine, durchaus ungewohnten, bisher nicht hinreichend beachteten Ambiente, unter Umständen, die sich als abenteuerlich bezeichnen ließen: Goethe zum zweiten aber nicht zum letzten Mal als Teilnehmer eines militärischen Unternehmens, Goethe 1792, also vor fünfundsiebzig Jahren.

Eine Geschichte aus Goethes Leben, geschrieben in Goethes Gartenhaus von einem Wolfgang, einem Wolf von Goethe: ja, das sollte früh schon so dargelegt, offengelegt werden. Und ich hoffe, geehrter Verleger, lieber Freund, es wird Deine Zustimmung finden, was ich in diesem Brief und in seinen Fortsetzungen skizziere, und Du ermutigst mich zur definitiven Ausführung. Schließlich habe ich bereits zwei Bücher bei Frommann veröffentlicht, damit die Tradition einer Beziehung lebendig erhaltend zwischen dem Hause Frommann und dem Hause Goethe, seit Dein Vater in Cottas Auftrag mehrere Bände von ihm druckte. Und nun würde, sollte, könnte im Hause Frommann ein Buch über Goethe gedruckt werden – falls den Herrn Verleger, Buchdrucker und Buchhändler überzeugt, was ich in dieser Brieffolge entwerfe.

Also, lieber Frommann, es muß von Anfang an klar sein: ich werde nicht Goethes Lebensgeschichte erzählen, das hielte ich gesundheitlich ja gar nicht durch, ich beschränke mich auf eine Episode aus Goethes Leben. Es wird sich wie von selbst ergeben, daß ich nicht nur berichte, was Goethe in Frankreich erlebte, ich werde auch rekonstruieren, wie er in Weimar den Feldzugsbericht diktierte und was sich diesen Diktaten jeweils anschloß: dafür sind vier Kapitel vorgesehen. Du siehst, ich habe schon ein »Schema« entwickelt, wie Goethe gesagt hätte – das Entwerfen, das Modifizieren von Schemata war ja typisch für seine Arbeitsweise.

Klar begrenzte Zeiträume: die etwa sechs Wochen, in denen er am militärischen Debakel teilnahm, und die Wochen, in denen er, rund dreißig Jahre später, die Geschichte seines Kriegsabenteuers schrieb respektive diktierte. Und ganz beiläufig ergeben sich Weiterungen: Goethe, der sich selbst in den durchweg verregneten Kriegswochen mit Fragen und Erscheinungen beschäftigte, die für sein Wirken und für sein Werk typisch sind: der Kriegsteilnehmer (oder: Schlachtenbummler), der die Erforschung von Mineralien und Pflanzen fortsetzt, der Literarisches reflektiert und projektiert, der die Farbenlehre nicht aus den Augen verliert. Auf diesen Mann wartet eine junge Frau, die ihm drei Jahre zuvor einen Sohn geschenkt hat, meinen Vater. Kleines Verharren im Gedenken an August von Goethe, mit vierzig Jahren in Rom gestorben.

Und wieder zum Haupt-Goethe! Um es gleich zu sagen: ich werde nicht vom hessischen Bübchen in der Frankfurter Hirschgasse erzählen, vom Puppentheater und von der Mutter Aja; ich werde nicht erzählen, wie er in Wetzlar studierte, Jura, und wie er dort Frau Charlotte kennenlernte; ich werde nicht erzählen, wie er den GÖTZ VON BERLICHINGEN schrieb und dieses Schauspiel über einen ruppigen Helden selbst zensierte und anonym veröffentlichte; ich werde nicht erzählen, wie er den sieben Jahre jüngeren Erbherzog von Sachsen-Weimar kennenlernte, wie die beiden sich anfreundeten (»mein Carl und ich«); ich werde nicht erzählen, wie Goethe mit achtundzwanzig dem Ruf des Herzogs nach Weimar folgte, das damals ein großes Dorf mit Repräsentationsbauten war, deren größter, das Schloß, eine ausgedehnte Brandruine war; ich werde nicht erzählen, wie Kuhherden durch das Weimar zogen, in dem sich Goethe und Herder und Wieland und später auch Schiller begegneten; ich werde nicht erzählen, wie aus dem Alleinunterhalter Goethe ein persönlicher Referent des Herzogs wurde, wie er sich in die Administration einarbeitete und sich verpflichtet fühlte, sich um jede, aber auch um jede Kleinigkeit höchstpersönlich zu kümmern; ich werde nicht erzählen, wie er sich mit der sieben Jahre älteren Frau von Stein in ein platonisches Liebesverhältnis von höchstem Niveau einließ, das lange, lange seinen Status des Junggesellen konservierte; ich werde nicht erzählen, wie er fluchtartig nach Italien aufbrach und sich dort fast zwei Jahre lang aufhielt; ich werde nicht erzählen, was er dort alles gesehen und gelernt und gemacht und geschrieben und gezeichnet hat; ich werde nicht von seinen Schwierigkeiten nach der vom Herzog befohlenen Rückkehr berichten, und wie er seinen Wirkungskreis nun enger zog, sich mehr um Schauspieler als um Rekruten kümmerte; ich werde nicht erzählen, was er in den viereinhalb Jahren nach Italien schrieb, diktierte, wirkte; ich werde nicht einmal erzählen, jedenfalls nicht chronologisch, wie ein dreiundzwanzigjähriges Mädchen, Arbeiterin in einer Manufaktur für Stoffblumen, mit einem Bittbrief ihres Bruders hier am Gartenhaus vorsprach und daß Goethe ein paar Stunden später mit Christiane schlief; ich werde auch nicht erzählen, wie mein Vater geboren wurde und wie ein potentieller Onkel und zwei potentielle Tanten schon nach wenigen Erdentagen dahinstarben. Ich werde nur erzählen, wie der junge Vater und glückliche Liebhaber einen Besuch bei seiner Mutter in Frankfurt machte und daß ihn dort ein Schreiben des Herzogs erreichte mit der Aufforderung, sich in das Heerlager bei Longwy zu begeben und sich dem Regiment Weimar im preußischen Heer anzuschließen, auf dem Vormarsch Richtung Paris.

Von diesem Vabanque-Unternehmen berichtend, werde ich es nicht vermeiden können, auch von mir selbst zu erzählen, wie ich auch nicht vorhabe, meinen Bruder und meinen

Vater aus der Geschichte herauszuhalten und schon gar nicht Mutter Ottilie! Ich vermute, die Leser werden es sogar erwarten, daß wir zumindest in Umrissen erkennbar werden, der Exkomponist Walter, der Exdiplomat Wolfgang, die Eltern. Man wird uns sowieso noch oft genug ausklammern und aussperren aus Goethe-Büchern, da möchte ich mit Bruder und Mutter wenigstens hier zu Wort kommen.

Und so ergreife ich auch gleich das Wort in eigener Sache, lieber Herr Frommann, caro Frederico: ich habe das Gefühl (während des Schreibens kann ich das im einzelnen nicht erläutern), aber ich habe das begründete Gefühl, daß ich hier entschieden anders schreibe als in meinen Büchern zuvor. Wahrscheinlich wird Dir diese Änderung des Tonfalls auch schon aufgefallen sein. Und solltest Du fragen, wie es dazu kommt, so antworte ich: Mein Grundgefühl, mein Lebensgefühl hat sich verändert. Könnte sein, daß ich später einmal gestehe, was oder genauer: wer dahintersteckt.

Als erstes eine scheinbare Äußerlichkeit, die stimulierend wirkt beim Schreiben. Bisher hatte ich, dem Familienbrauch entsprechend, vieles diktiert. Das war bei Schriftsätzen im diplomatischen Dienst selbstverständlich, privat aber kannte ich es auch kaum anders: schreiben heißt diktieren. So eiferte ich einerseits dem großen Vorbild nach, andererseits kam das meiner Mentalität entgegen, die allzu große Anstrengung scheut. Allerdings entstand beim Diktieren so etwas wie Erwartungsdruck, auch vermittelt durch die Person, die jeweils mein Diktat aufnahm: es muß weitergehen auf hohem Formulierungsniveau ...! Das bekam meinen Sätzen nicht, sie versteiften sich. Nun aber sitze ich allein hier, mutterseelenallein, und keiner wartet auf den jeweils nächsten Satz. Ich könnte zwischen diesem und dem folgenden Satz also aufstehen, ans Fenster treten und kopfschüttelnd registrieren, daß die Wolkendecke noch immer nicht aufgerissen ist. Ich könnte hinuntergehen, mich auf das Kieselstein-Mosaik stellen, und ich registriere wieder einmal, in einer Regenpause, das erstaunlich lange Nachtropfen von Bäumen. Schon bei kleinen Windbewegungen schüttelt jeder Baum Tausende von Tropfen ab, in sekundenkurzen Kronenschauern.

Trotz hoher, höchster, allerhöchster Luftfeuchtigkeit – ich stelle fest, wieder einmal erleichtert: ich kann relativ frei atmen respektive: die Abstände zwischen den Anfällen haben sich erheblich verkürzt. Offenbar sind mir die Hausgeister freundlich gesonnen. Wahrscheinlich könnte ich droben im großen, ausgestorbenen Haus so unbelastet nicht atmen, so unbefangen nicht schreiben. Ich fühle mich hier, fast, wie ausgewechselt.

Was so befreiend, so belebend wirkt, das mag ich noch nicht verraten, lieber Freund in Jena, auch wenn »Konfessionen« (und seien sie bruchstückhaft) der Familientradition entsprechen; ich fühle mich aber (noch) zur Diskretion verpflichtet. Freilich hindert mich nichts daran, mich selbst zu zitieren: »Es geht mit siebzehn Pferden mit mir durch, wenn ich glaube, geliebt zu werden.« Mit etwas weniger Faltenwurf hat es früher einmal Mutter Ottilie formuliert: »Ich brauche nur einen Verehrer, so bin ich wohl.« Ja, es geht mir besser. Keine Wunderheilung, dies nun doch nicht, aber größere Zeiträume, in denen ich durchatmen kann, in denen ich frei bin von Schmerzen. Auch das wirkt belebend. Es könnte also durchaus geschehen, daß ich dieses Vorhaben tatsächlich ausführe, und eines Tages liegt nicht nur die Skizze, sondern die Ausführung des Buchs auf dem Verlegertisch …! Den schönen Auftrieb nutzend, schreibe ich hochmotiviert weiter.

Daß der Herzog seinen Geheimen Rat zum Heeres-Sammelpunkt bei Longwy rief, dies war kein spontaner Einfall, keine Laune eines Duodezfürsten, war keine sadistische Zumutung für einen Dichter – die Einladung, die Aufforderung, die Anweisung war eine Selbstverständlichkeit.

Dies werde ich im Buch ausführlich begründen müssen. Ich greife hier schon mal das Stichwort »Geheimes Consilium« auf. Im Jahrzehnt zwischen der Ankunft in Weimar und dem Aufbruch nach Italien fanden 750 ordentliche Sitzungen statt; Goethe nahm an etwa einem halben Tausend Sitzungen teil; sein Fehlen bei den anderen Sitzungen hatte jeweils plausible, gravierende Gründe – meist waren sie dienstlicher Natur. Denn Goethe war gleichzeitig Vorsitzender verschiedener Ausschüsse: der Bergbaukommission … der Wegebaudirektion … der Kriegskommission …

Goethe als Leiter dieses »Militär-Departements«: das will dem Enkel (ehemals in diplomatischem Dienst …) überhaupt nicht gefallen. Zwar bekomme ich schon mal zu hören, mein Großvater hätte diesen Posten nur übernommen, um das kleine Weimarer Militär wiederum zu verkleinern, er hätte die 530 Mann Infanterie auf 250 reduziert respektive: hätte dazu beigetragen, sie zu reduzieren. Aber ich fürchte, es war nicht so, als hätte Großvater sich gleichsam einschleusen lassen in diese Kommission, um von innen her zu erreichen, was von außen her nicht möglich war. Er hat das Miniaturheer verkleinert oder hat geholfen, es zu verkleinern, weil auf diese Weise Geld eingespart werden sollte in der desolaten Finanzlage des Herzogtums (vor allem nach den großen Belastungen im Siebenjährigen Krieg); im Militärbudget sah Goethe den einzigen Ansatzpunkt für Kürzungen. Das Militärwesen als solches war ihm nicht fremd; er nahm eine wichtige Position ein im Weimarer

Militär, das Teil wurde der riesigen Maschinerie des preußischen Heeres.

So nahm Goethe teil an Rekrutenaushebungen, an Musterungen. Der Mann von dreißig Jahren, der seit drei Jahren in diesem ›meinem‹ Gartenhaus wohnte, der hier Rasenbänke plante, Blumenrabatten, Gemüsebeete, er fuhr oder ritt durchs Ländchen, nahm als Inspektor teil an Musterungen, und zwar im Auftrag Preußens; das forderte, zur Verstärkung der Armee in politisch brisanter Lage, auch von Weimar die Gestellung von Soldaten. Aktenvorgang »Anwerbung von Sächsisch-Weimarischen Landeskindern für die Preußische Armee«. Die Musterungen fanden in Rathäusern statt, und Goethe schaute hier nicht bloß zu oder schaute gelegentlich mal rein, er war direkt beteiligt. So berichtete er seinem Dienstherrn und Freund: »Indes die Burschen gemessen und besichtigt werden, will ich Ihnen ein paar Worte schreiben. Es kommt mir närrisch vor, da ich sonst in der Welt alles einzeln zu nehmen und zu besehen pflege, ich nun nach der Physiognomik des Rheinischen Strichmaßes alle jungen Burschen des Landes klassifiziere. Doch muß ich sagen, daß nichts vorteilhafter ist als in solchem Zeug zu kramen.«

Was auch immer zu tun, zu erledigen war – Goethe beteiligte sich. So schrieb er dem Herzog nicht beispielsweise dies: Ich bitte von Aushebungen und Musterungen befreit zu werden; ich bin Verfasser mehrerer Theaterstücke und bereits zahlreicher Gedichte; das Vermessen und Einstufen von Rekruten ist nicht meine Sache. Nein, er fuhr nach Buttstädt, hielt sich im Rathaus auf während der Dienstzeit, und wenn er in Buttstädt, beispielsweise in Buttstädt, nicht übernachtete, kehrte er zurück in dieses Gartenhaus, legte sich eventuell wieder auf das Dach des Anbaus für Waschküche und Personal, schaute aufwachend in den Sternenhimmel, hörte das Rauschen der Ilm, hörte Nachtvögel, hörte morgens die Glocken von Weimar – in dieser inspirierenden Umgebung begann er zahlreiche Vormittage mit dem Aktenstudium zur Vorbereitung irgendwelcher Sitzungen.

Ich habe den Kustos von Goethe-Haus und Goethe-Archiv, Johann Christian Schuchardt, gebeten, mir (zu den bereits vorgelegten und hier verwerteten Materialien) weitere Unterlagen herauszusuchen zum Thema: Goethe und das Militär. Viel hat unser Registrator bisher nicht gefunden, aber leider Gewichtiges. Aktenvorgang »Ansuchen der Republik der Vereinigten Niederlande um Überlassung von Soldtruppen«. Ein Fall unter etwa zwanzigtausend, die in den zehn Jahren vor der Italienreise vom »Geheimen Conseil« erörtert wurden. Da der Fall dringlich war, sich in »Höchstihro Abwesenheit« aber kein Beschluß fassen ließ, unterrichtete Goethe den Herzog über die Sachlage. Er hatte Vorverhandlungen geführt mit Johann August von Einsiedel. Dabei war festgelegt worden (vorbehaltlich der Entscheidung des Herzogs), ab wann der Soldtrupp gestellt werden mußte, wie lange nach Beendigung der Kampfhandlungen die niederländischen Zahlungen fortgesetzt werden sollten und so weiter. In Punkt 7 schließlich heißt es, und hier knirscht die Stahlfeder: »Was bei der Zurückgabe der Mannschaft fehlt, wird vergütet.« Das hieß, von Goethe so ausgehandelt: für einen gefallenen Infanteristen 100 Gulden, für einen Kavalleristen (Pferd inklusive) 300. So im »untertänigsten Pro Memoria«, am 30. November 1784 unterschrieben von »Ew. Hochfürstlichen Durchlaucht untertänigstem treugehorsamstem Johann Wolfgang Goethe«.

Ein Daniel Schubart hätte das Vermieten von jungen Männern, ihren Verkauf im Todesfall nicht nur beklagt, er hätte hier entschieden protestiert: Landeskinder zum

Stückpreis …! Auch Schiller hat durch eine seiner Dramenfiguren scharfe Anklage gegen solche Praktiken erhoben. Und Goethe? Er handelte hier Konditionen aus, formulierte die Vorlage für den Herzog. »Was bei der Zurückgabe der Mannschaft fehlt, wird vergütet«: auch das hat Goethe geschrieben.

Ja, ja, ja: immer neue Regenwolken werden herangeschoben, lassen ihr Wasser ab, und was zuweilen antrocknet, wird gleich wieder naß, und was noch feucht ist, wird klatschnaß, quietschnaß. Als wären kumulushohe Wächter im Atlantikhimmel postiert, die jedes Hoch, das sich heranzubewegen traut, harsch zurückweisen, die nur noch Tiefs einwinken, und es regnet, regnet, regnet.

Zuweilen, wenn niemand in Sichtnähe ist, weiche ich bei meinen Spaziergängen hier im Tal von den längst nicht mehr festen Wegen ab, gehe durch Matsch, um das Saug- und Schmatzgeräusch zu hören, das Goethe nicht beschrieben hat, dieses satte »Pflatsch!«, mit dem sich der Schuh aus dem Dreck löst, der ihn sofort umschließt – zuweilen mußten Soldaten während der Campagne ihre Stiefel wie Futterrüben aus dem Boden reißen, mit beiden Händen.

Weiter im Text …! Goethe, der von Carl August bei insgesamt drei militärischen »Kriegsoperationen« (so der Herzog) mitgenommen wurde – es wäre sinnvoll (etwa an dieser Stelle), ein Kapitel über den Fürsten und Freund einzurücken. Nun habe ich ja meist in Wien, Rom, Dresden gelebt, ich bin kein Kenner der hiesigen Hofgeschichte, will mich, kann mich, möchte mich in diese Materie auch gar nicht einarbeiten, und doch sind hier Kenntnisse notwendig, sonst wird die Geschichte nicht richtig erzählt.

In dieser Notlage habe ich mich wieder einmal vertrauensvoll an Schuchardt gewendet, den früheren Registrator der Großherzoglichen Bibliothek, den Erarbeiter des zweibändigen Katalogs von Goethes Kunstsammlungen, des dritten Bandes über seine Natursammlungen – selbstverständlich im Hause Frommann gedruckt! Zur Zeit ist Schuchardt auch noch Direktor der hiesigen Zeichenschule. Ich erwähne das, um mir plausibel zu machen, weshalb Schuchardt einerseits der richtige Mann ist, weshalb er aber seinerseits einen Zulieferer suchte. Er fand ihn in der Bibliothek: ein Veteran der Befreiungskriege, damals verwundet. Ich hielte es für ein Gebot der Fairneß, seinen Namen zu nennen, doch er möchte bescheiden im Hintergrund bleiben. Eventuell werde ich in der definitiven Fassung dieses Buchs einen Weg finden, ihm meinen Dank für die ausführlichen Notizen zu erstatten, die ich dieser Skizze zugrundelege.

Ich muß hier freilich eine Auswahl treffen. Von Kindheit und Jugend des Herzogs berichte ich nicht weiter. Ich will höchstens erwähnen, daß seine Mutter für ihn (und seinen jüngeren Bruder) einen heute berühmten Mann als Erzieher aussuchte, Christoph Martin Wieland. Als weiterer Erzieher Graf Götz, der mit dem jungen Mann ein halbes Jahr in Paris lebte – pädagogische Erweiterung des Horizonts …

Zum Erstaunen seiner resoluten Mutter, die sich an die Regentschaft gewöhnt hatte, bestand Carl August darauf, pünktlich am 18. Geburtstag das hohe Amt zu übernehmen. Vier Wochen später fand die Hochzeit statt mit Luise von Hessen. Einen Monat darauf traf Goethe in Weimar ein.

Der junge Fürst der kleinen Residenz (etwa 6000 Einwohner) und des kleinen, territorial nicht einmal zusammenhängenden Landes (etwa 120000 Bewohner) war in seiner Mentalität nicht kleinstädtisch und kleinstaatlich, er arbeitete hin auf die Bildung größerer Konstellationen. Als erster unter den Fürsten kleinerer Länder trat Carl August dem Gründungs-Dreierbund von Preußen, Sachsen, Hannover bei. Er träumte davon, daß sich alle Fürsten der 49 deutschen Kleinstaaten und Staatsbildungen dem Bund anschließen würden; man sah in Carl August bald so etwas wie einen Kurier im Deutschen Fürstenbund. Er hoffte, daß der Zusammenschluß zu einer Reichsreform führen würde, zu einer neuen Verfassung, aber so weit kam es damals noch nicht – eine der großen Enttäuschungen im politischen Leben dieses Fürsten.

Auch als Soldat, als Offizier dachte er in größeren Dimensionen als die meisten seiner Amtskollegen, er projektierte ein gemeinsames »stehendes Heer« des Fürstenbundes, mit der Zentralgarnison Mainz. Er wurde hier aktiv: »Durch nützliche Gespräche die Lähmung meiner Existenz vermindern« ...

Gleichsam als Vorübung schloß sich der Befehlshaber der Weimarer Infanterie, Kavallerie, Artillerie und des Scharfschützenbataillons dem damals größten militärischen Verband an, der preußischen Armee. Offenbar ergab sich bei Gesprächen ein guter Kontakt mit dem Nachfolger Friedrichs des Großen, mit Friedrich Wilhelm II. Der ernannte Carl August zum Generalmajor und übertrug ihm noch im selben Jahr 1787 die Führung des 6. Kürassier-Regiments.

Dies wurde von leitenden Beamten in Weimar nicht einhellig begrüßt, denn es war zu befürchten, ja zu erwarten, daß sich der begeisterte Soldat etwas zu oft in der Garnison, etwas zu wenig in der Residenz aufhalten würde. Die Weimarer Residenz, die Garnison zu Aschersleben (südlich von Magdeburg): zwei Brennpunkte einer Ellipse.

Eine weitere Befürchtung der Administration: Als Generalmajor einer preußischen Einheit werde der Fürst künftig teilnehmen müssen an militärischen Unternehmungen, die von König und Kabinett in Berlin beschlossen werden.

Schon im selben Jahr wurde denn auch eine geheime Reise nach Berlin notwendig: der Herzog und der Vorsitzende des Militärausschusses wollten rechtzeitig erfahren oder erkunden, ob – wie es hieß – ein Krieg geplant wurde, der Weimar in Zugzwang bringen konnte. Wenige Maitage mit gedrängtem Programm, es überwog Militärisches. In Potsdam Besichtigung des sogenannten Exerzierstalls – ein großes Gebäude, das in seiner simplen Ausführung einem Stall glich. Auch in übertragener Bedeutung war dies eine treffende Bezeichnung: Soldaten der glorreichen friederizianischen Armee wurden wie Vieh behandelt und mißhandelt – die bekannte Erbarmungslosigkeit der preußischen Militärmaschinerie. Gequälte, getretene, geschlagene, geschundene Soldaten – wie sollten sie motiviert sein? Ja, im Exerzierstall konnte man eigentlich schon sehen, was in Frankreich zur Niederlage beitragen wird.

Nach dem Exerzierstall das Militärwaisenhaus, ebenfalls in Potsdam: etwa fünftausend Zöglinge im riesigen Bau! Und Goethe nahm, mit dem Herzog, an einem Manöver teil, schaute zu bei einer Parade, ging ins Zeughaus, inspizierte Geschütze und Gewehre, ließ sich eine Gewehrfabrik zeigen … Goethe nach diesen Inspektionen an Frau von Stein: »Es ist ein schön Gefühl, an der Quelle des Krieges zu sitzen in dem Augenblick, da sie überzusprudeln droht.«

Der bayerische Erbfolgekrieg zwischen Preußen und Österreich fand jedoch nicht statt, dafür ein Ersatzkrieg weiter nördlich: der frisch ernannte Generalmajor wurde mit seiner Einheit in den Niederlanden eingesetzt. Carl August aber konnte sich keine Orden verdienen, der Feldzug wurde, wie man damals gern sagte, zu einer militärischen Promenade. Sie wurde beendet mit der kampflosen Kapitulation von Amsterdam – vielleicht eine Erfahrung, die beim Koalitionskrieg allzu leichtfertige Erwartungen auch beim Herzog wecken wird.

Der zog jedes Frühjahr, jeden Herbst zu den drei Garnisons-Städtchen seines Regiments: nach Aschersleben, Oschersleben, Kroppenstedt. Er inspizierte die Exerzierübungen seines »Völkchens«, legte aber auch großen Wert auf militärische Übungen.

April 1789 war er wieder in Aschersleben, seinem Hauptquartier. Sein Troß respektive »Train« war auch diesmal schon vor ihm zur Garnison gezogen. Der Lebens- und Selbstdarstellungsstil eines Barockfürsten wirkte nach; er reiste mit einem Kämmerer, einem Kammerdiener, mit fünf Hofbedienten, einem Schreiber, einem Garderobendiener, einem Mundkoch, einem Küchenburschen, einer Küchenmagd, einer Bettmagd, zwei Jagdkutschern, einem Reitknecht, zwei Leibhusaren – meist 16 Personen.

Der Herzog blieb meist sieben bis acht Wochen in der Garnison. Hinzu kamen jeweils einige Wochen in der zweiten Jahreshälfte: Herbstmanöver, Herbstparaden. Er fühlte sich wohl unter Soldaten, Offizieren. Goethe gebraucht hier den bekannten Vergleich vom Fisch im Wasser, Carl August formulierte das etwas origineller, schrieb von seinem »kentaurischen Leben« am Vormittag. Die Zäsur zwischen Pferd und Mensch dann mittags. Zum Essen lud er Offiziere seines Regiments ein; auch abends der »Offizierstisch«. Dem Herzog lag sehr an persönlichem Kontakt mit seinen Offizieren. Das war ihm so wichtig, daß er diesen Punkt ausformulierte in einem der Reformvorschläge, die er nach oben reichte – und die jeweils zu den Akten gelegt wurden.

Von Aschersleben oder Oschersleben ritt er gelegentlich

zum Herzog von Braunschweig, in die Garnison Halberstadt. Oder er besuchte den Fürsten von Anhalt in Dessau.

Das alles schien, aus der Ferne gesehen, nicht uninteressant. So schrieb Goethe 1789 dem Herzog, er würde gern bei einer der Paraden (»Revuen«) zuschauen. »Das Programm, das Sie mir mitschicken macht mir Lust, auch so etwas einmal zu sehen. Es ist unerlaubt, daß ich noch keine Revue gesehen habe. Es ist doch eines der merkwürdigsten Dinge, welche die Welt hat und gehabt hat.« Bereits im Herbst dieses Jahres reiste Goethe nach Aschersleben, als Begleiter der Herzogin Luise und ihrer Hofdame. Eine gute Woche lang blieb man in der Garnisons-Kleinstadt, beschaute und bestaunte Paraden und Übungen.

Der zweiunddreißigjährige Herzog und sein vierzigjähriger Gefolgsmann, von einem Erfurter Buchhändler skizziert in einer Aufzeichnung dieses Jahres: »Jetzt trat er herein – in seiner Regimentsuniform, weiß und rot, mit großen, mächtigen Reitstiefeln. Der berühmte Geheime Rat Goethe war sein Begleiter. Goethe geht nicht mehr so geniemäßig einher wie ehmals – hat sich ganz nach Hofetiquette geformt. Er kam in einem zimtbraunen Bratenkleide, Chapeau bas, mit dem Degen an der Seite dahergeschritten – machte Komplimente wie der steifste Hofjunker. – Der Herzog trägt einen recht venerablen Bauch vor sich her – und sein Gesicht ist wie ausgestopft – er schreitet mit steifen, ernsten Heldenschritten – kaum, daß man ihn lächeln sieht.« So machte der Herzog sichtbar, daß er sich »zum Soldaten geboren« fühlte, wie Goethe es formuliert, daß er »in seinem militaristischen Wesen recht zu Hause« war.

Ein Auftritt im Jahre 1789. Im folgenden Jahr wurde es – beinah – ernst: der Feldzug nach Schlesien. Eine militärische Einschüchterungsgeste an der nördlichen Grenze des österreichischen Kaiserreichs, das damals noch Preußens und Rußlands Feind war – was sich beim Aufmarsch gegen Frankreich ändern wird. Ein Krieg mit Österreich schien wieder möglich, doch Goethe hoffte auf eine friedliche Lösung.

Das »Feldlager« in Schlesien: Goethe exerzierte hier vor (ich wähle bewußt diesen militärischen Ausdruck), daß er sich auch in soldatischem Ambiente auf naturwissenschaftliche Forschungen konzentrieren konnte. »In all dem Gewühle hab ich angefangen, meine Abhandlung über die Bildung der Tiere zu schreiben, und, damit ich nicht gar zu abstrakt werde, eine komische Oper zu dichten.«

Ein weiteres, von Schuchardt herausgesuchtes Zitat: »In Breslau, wo ein soldatischer Hof und zugleich der Adel einer der ersten Provinzen des Königreichs glänzte, wo man die schönsten Regimenter ununterbrochen marschieren und manövrieren sah, beschäftigte mich unaufhörlich, so wunderlich es klingen mag, die vergleichende Anatomie.«

Der Herzog sorgte dafür, daß auch Fleisch zu den Knochen kam: »Goethe isset und trinket sehr stark«, schrieb er seiner Mutter. Diverse Vergnügungen in schlesischen Städtchen und in Krakau. Heikler Punkt: Goethe soll eine junge Adlige kennengelernt haben, die ihm rasch sehr wichtig wurde, ja, er soll der einundzwanzigjährigen Henriette Freifrau von Lüttwitz einen Heiratsantrag gemacht haben, den ihr Vater im Standesdünkel freilich ablehnte. So hat das ihr Bruder bezeugt, in einem Buch, das drei Jahre nach Goethes Tod erschien. Sollte das stimmen und womöglich dokumentiert werden, so geriete unsere Großmutter (mit der uns eine Art Fernliebe verbindet) in ein schiefes Licht, und das würde ich ihr gern postum ersparen. Deshalb erwähne ich diesen Punkt selbstverständlich auch nur in diesem Entwurf, also ganz unter uns, caro amico ...

Der Krieg zwischen Preußen und Österreich, er fand auch

damals nicht statt (vor kurzem wurde er ja nachgeholt). Zwei Jahre nach dem Feldlager in Schlesien der Feldzug in Frankreich. Nun kannte sich Goethe im militärischen Bereich schon aus. Und: mit den meisten Offizieren im Gefolge des Herzogs hatte er in Aschersleben bereits am »Offizierstisch« gesessen und wieder in Schlesien: »Wir alten Kriegs- und Garnisonskameraden«. Ich bezweifle, ob diese Formulierung von Goethes Bewunderern oft hervorgehoben wird. Doch so ist es überliefert: Goethe fühlte sich wohl im Kreis »alter« Garnisons- und Kriegskameraden.

Und er folgte dem Regiment Weimar nach Frankreich, ohne vorgegebenen (oder vorgeschobenen) dienstlichen respektive militärischen Auftrag; wahrscheinlich wurde erwartet, daß er später eine Chronik des voraussichtlich triumphalen Feldzugs verfassen würde.

Freilich, Goethe war »weder am Tode der aristokratischen noch der demokratischen Sünder im mindesten etwas gelegen«. Er sah im Krieg zwar die »Erbkrankheit der Welt«, hoffte aber, auch in diesem Fall werde es glimpflich abgehen: »Das gute Schicksal lasse aus dem bevorstehenden Feldzug keinen Krieg werden.« Aber die hohen Herren spielten selber Schicksal, sie wollten den Krieg, partout, den Frankreich formell erklärt hatte.

Goethe stellte einmal fest, privat, »Kriegslust« plage den Herzog wie die »Krätze«. Es fiel der Kriegslust in diesem Falle leicht, sich zu rechtfertigen: Man wollte dem abgesetzten König Louis wieder zu Amt und Würden verhelfen, wollte der »Anarchie«, dem »Chaos« der Revolution ein Ende bereiten. Damit verfocht man eigene Interessen: was Preußen wie Österreicher am meisten fürchteten, war eine »Überpflanzung neufranzösischer Grundsätze« auf eigenen »Boden«. Ansätze dazu sah der Herzog bedrohlich nah: Studentenunruhen in Jena – wenn auch unentschlossen und ziellos. Dennoch: vom Heeressammelpunkt Koblenz aus wies er den damaligen Regierungsrat Voigt an, in Jena »kräftig zuzupacken«: »Die Unruhen in Jena erfordern zuverlässig eine sehr ernstliche Beendigung, und die Orden (Burschenschaften) müssen auf alle mögliche Weise ausgerottet werden.« Die Gefährdung der Landesordnung durch »demokratische Schwärmerei« sei keine Chimäre, »ich habe hier Beweise erhalten«. Also schien der Einmarsch notwendig: »Ein wahres Glück, daß die großen Mächte der Anarchie, welche gewiß der ganzen Menschheit drohte, den Kopf abbeißen.«

Abbeißen, ausrotten ...: diese Aggressivität und Radikalität war sogar noch steigerungsfähig! Ich muß hier einen Satz zitieren, den mir Schuchardt nur ungern vorlegte. In einem Brief, ebenfalls an Voigt, schrieb Carl August in wackelnder Syntax: »Daß, ohne diese Stadt ihrer jetzigen Form und Wesen nach gänzlich zu zernichten, niemals dauerhafte Ordnung und Ruhe in Frankreich hergestellt werden kann.« Die völlige Vernichtung der materiellen wie der geistigen Substanz von Paris: das schien dem Fürsten von »Ilm-Athen« zumindest denkbar. Dabei wußte er, wovon er sprach und schrieb: als junger Mann hatte er Paris schließlich kennengelernt, gemeinsam mit dem jüngeren Bruder und dem Erzieher.

Ich frage mich, wie Goethe mit diesem Satz umgegangen ist – falls sein Herzog ihn in der gewohnten Runde ausgesprochen hat, bevor er zu Papier gebracht wurde. Hat Goethe, als Mann »an der friedlichen Seite der Welt«, den Herzog als Mann »am kriegerischen Ende« kritisiert, unter Freunden? Hat er diesen Satz überhört, scheinbar weltmännisch? Hat er, unter Kumpanen, diese typisch drastische Äußerung nachsichtig belächelt?

Wie auch immer er reagiert haben mag, wir müssen unsere eigene Antwort auf diese monströse Äußerung finden. Dabei wird Dein Votum großes Gewicht für mich haben, lieber Friedrich Johannes Frommann: Deine drei Jahrzehnte Vorsprung an Alter, damit an Erfahrung – auch im Umgang mit heiklen Sätzen, die im Druck erscheinen. Sobald meine Buchskizze komplett vorliegt, sag mir unumwunden, wie wir mit diesem Spreng-Satz umgehen sollen. Ich werde darüber auch mit Walter sprechen. Hier im Entwurf mag der Satz auf Widerruf stehenbleiben: »Daß, ohne diese Stadt ihrer jetzigen Form und Wesen nach gänzlich zu zernichten, niemals dauerhafte Ordnung und Ruhe in Frankreich hergestellt werden kann.«

Obwohl ich vor drei Jahren noch nicht ernsthaft plante, ein Buch über Goethe in Frankreich zu schreiben, war ich hinter ihm hergefahren. Um fruchtlose Familiendebatten zu vermeiden, hielt ich diesen (mich selbst überraschenden) Plan geheim. Noch auf den ersten Etappen erschien mir die Fahrt überaus gespenstisch: war sie Realität, war sie Tagtraum?

Erst in Trier schrieb ich Mutter Ottilie und meinem Bruder Walter. Durch Einspruch, Warnung, Widerspruch wollte ich nicht zurückgehalten, nicht einmal irritiert werden. Erneute, womöglich besonders heftige Gesichtsneuralgien, und du kannst nicht mehr aus den Augen gucken?! Schwere asthmatische Anfälle und du findest nicht rasch genug einen guten Arzt …?! Unberechtigt wären solche Warnungen nicht gewesen, denn die Reise fand statt im selben Jahr, in dem ich den öffentlichen Dienst aufgegeben hatte: mein Gesundheitszustand ließ diese Tätigkeit nicht mehr zu, vor allem, als ich einen neuen Vorgesetzten erhielt, mit dem die Zusammenarbeit schwierig wurde. Meine Motivation hatte sich ohnehin verflüchtigt. Also erst einmal Erleichterung, als ich mit 42 Jahren schon frei war, und zugleich: wieviel Lebenszeit lag noch vor mir, liegt immer noch vor mir? Ich mußte mir eine neue Aufgabe stellen, eine Zwischenaufgabe zumindest, also setzte ich mir in den Kopf, nach Frankreich zu reisen, im selben Alter, in dem Goethe nach Frankreich gezogen war. Nach etwas Bummelei kam es schließlich so aus, daß ich ebenfalls 43 war, als ich in Frankreich umherfuhr.

Selbstverständlich bin ich nach Trier mit der Bahn gereist. Dort habe ich einen Wagen gemietet, samt Pferd und Kutscher. Jean Arendt: von Arbeit, Wetter, Suff gestaltete Gesichtslandschaft. Daß er auch während der Reise trank, konnte er bis Longwy vor mir verbergen: das Flaschenversteck im Futterkasten. Zufällig aber, hinter einem Baum hervortretend, überraschte ich ihn mit angesetzter Flasche und rief ihm zu: »Davon könnten Sie mir eigentlich auch einen Schluck spendieren!« Damit war plötzlich Vertrauen geschaffen. Bis zu diesem Zeitpunkt hatte er noch keine rechte Vorstellung vom Sinn der gemeinsamen Reise gewonnen. Will der Herr römische Bauwerke besichtigen? Will er Festungsbau studieren? Will er Landschaften entdecken? Nun war das alles nicht mehr wichtig, denn ich konnte ihm Schnaps eingießen, sorgte gelegentlich mit für »Nachschub«. Und den brauchte Jean! Denn er sah nur noch wenig Zukunft für sich als Leihwagenkutscher, überall wurden Eisenbahngleise verlegt, dies war womöglich die letzte Fahrt auf größere Distanz. Belastend auch: familiäre Wirren – drei Kinder, aber von zwei Frauen …

Solide Kutsche, langsame Pferde. Beinah feldmarschmäßig mein Gepäck: ein Zelt, wie es seinerzeit Offizieren zugestanden hätte; ein Feldbett, zusammenklappbar, zusammenschraubbar; ausreichend Decken; eine große und genaue Landkarte; ein Kompaß; Windlichter; Besteck und Geschirr. Jean freilich genügte sein Messer, damit schnitt er sich (oft gefährlich dicht vor den Lippen!) Stücke vom Fleisch los, das er im Biß hatte, schnitt Käsewürfel zurecht.

Dies zu meiner Goethe-Reise in Frankreich, einleitend. Ich werde den Bericht in Fortsetzungen weiterführen.

Rückfall, ganz unerwartet. Zwei Vorhöllentage, mit eingeübten Praktiken der Ablenkung von den Gesichtsschmerzen; zwei Höllennächte, weil ohne jede Ablenkung. Tage mit Ingrimm verbracht. Vergeblich Linderung gesucht mit geeistem Eau de Cologne, mit Chininsulfat, Morphinpulver ... Versuche, mich auf Goethe zu konzentrieren, infolgedessen völlig gescheitert, hätte keine Zeile über ihn schreiben können. Auch Goethe-Lektüre wollte nicht gelingen. Ich hinfällige, schmerzgeplagte Kreatur will von diesem allumfassenden, alles umfassenden Vorbild nicht dauernd auf meine Grenzen hingewiesen werden, möchte nicht in pädagogische Provinzen entführt und dort nachgebessert, womöglich geläutert werden, will nicht immer alles gut und richtig machen, auch nicht in diesem geplanten Buch, ich werde, voraussichtlich, solche Abschweifungen stehen lassen ...

Also, ich habe gestern das Gartenhaus verlassen, spätnachmittags, bin zum Frauenplan getappt. Kurzes Gespräch mit dem alternden Schuchardt. Walter hat sich ihm gegenüber mal wieder beklagt, in einem Brief: »Staub, Moderhauch und böse Geister ... die Überbliebenen von Tantals Haus ... die große Last, die Haus und Sammlung uns aufbürden ...« Seine Lieblingsformulierung: »Goethe-Gerümpel«. Sein Lieblingszitat: »Entzieht Euch dem verstorbnen Zeug, Lebend'ges läßt uns lieben.« Hat ein gewisser Friedrich Frommann als junger Mann geschrieben ...! Ihr habt ja recht!

Trotzdem ging ich ins Arbeitszimmer-Archiv, blätterte herum. Theaterstücke, Theaterstückchen im Ersten Band der NEUEN SCHRIFTEN. GROSS-COPHTA ... BÜRGERGENERAL ... Seine Methode, sich mit der Französischen Revolution auseinanderzusetzen: Theaterfiguren gegen das historische Ereignis ins Feld geführt. Muß ich sie alle wieder lesen, diese dürftigen Stücke?! Schreiende, ja wahrhaftig schreiende (unterdrückt schreiende) Ungerechtigkeit, ich gebe es zu. Erneuter Schwur, nichts über seine Werke zu schreiben, da halte ich mich lieber an Balzac. Doch Goethes Taten ... Ist mit der Koalitionsarmee in Frankreich eingerückt, die dem abgesetzten König Louis den Rückweg zum Thron freischießen sollte. Müßte mich eigentlich über die Entwicklung der Revolution bis zum August 1792 – mon Dieu! Hab mich schon so zusammengerissen beim Kapitel über den Herzog, und das soll so weitergehn?! Hätte ich mir alles etwas anders vorgestellt: leichter ... freier ... Und jetzt wieder die Schmerzen! Ließ die Bücher liegen, führte meinen Schmerz spazieren, durch das Städtchen. Zwangsvorstellung: mit Gesicht gegen Hauswand rennen, etwa am Haus der Frau von Stein oder am Haus von Herder oder am Haus von Schiller. Schmerzen durch Schmerzen neutralisieren! Trottete aber nur durchs Tal, Kopf vorsichtig auf Schultern tragend. Kein Nymphenhintern im Wasser. Aber ein guter Einfall tauchte auf: Dein Bruder ist doch so überaus belesen, der müßte sich auch im Themenbereich Französische Revolution auskennen, schreib ihm ...! Hilfreicher, wenn auch nicht schmerzlösender Gedanke. Fortgesetzter Spaziergang durchs Tal, an Goethes (und nun an meinem) Häuschen vorbei, Richtung Botanischer Garten.

Dank für die schmeichelhafte Anfrage, Bruderherz. Dein »liebes Walterchen« bleibt aber knapp, ist zu ausführlicher Schreiberei nicht aufgelegt. Unter Brüdern kann man sich das leisten.

Zum Riesenstichwort »Franz. Revolution«: gelte nicht ganz zu Unrecht als belesen, aber auf diesem Gebiet: Fehlanzeige. Deshalb Konsultation eines hiesigen Gymnasialprofessors (Kirchberger). Bereitete ihm Vergnügen, »einem Goethe« zuarbeiten zu dürfen, stellte im Überschwang freilich allzu ausgedehntes »Datengerüst« zusammen, ich gehe mit der Axt heran.

Und setze Ergebnis an den Anfang: Militärische Intervention erfolgte in einer Phase, in der Revolutionsgeschehen noch relativ moderat war. Scheint mir wichtig, Wolf, das zu betonen! Der König war abgesetzt, war aber noch nicht geköpft; »Septembermorde« erst gegen Ende der verwässerten Campagne; Terrorherrschaft noch später. Ergo: Androhung des Feldherrn, des Herzogs von Braunschweig, man werde Paris in Schutt und Asche legen, falls dem König ein Haar gekrümmt werden sollte, dies scheint revolutionäres Feuer nur stärker angefacht zu haben. Direkte Folge: »Reinigung der Gefängnisse«, sprich »Septembermorde«: Trupps drangen in Gefängnisse ein, improvisierte Volksgerichte verurteilten Monarchisten und sogenannte Monarchisten in Eilverfahren, gleich anschließend wurde niedergemetzelt. Denn: die »Aristokraten« (pauschale Bezeichnung für alle unliebsamen oder verdächtigen Personen) hatten, so hieß es, den Feind ins Land gerufen.

Moderatere Meinungsäußerungen, vermittelt durch einen gewissen Laukhard: »Warum kamen eure Fürsten, uns zu stören?« Und: »Darum bemühen sich eure Fürsten zu ihrem eignen Ruin sehr töricht, uns wieder zu irgendeiner Art von willkürlicher Tyrannei zurückzubringen.«

Zur Entwicklung bis zu diesem Punkt ein paar (bruderschonend) ausgesuchte Stichworte und Anmerkungen. Sauwetter auch in Frankreich als politischer Faktor. Im Jahr vor dem Sturm auf die Bastille (in der früher auch Voltaire gesessen hatte): Hagelstürme, Mißernten, Hunger, Bauernaufstände. So ging es los. Und Bürgertum etablierte sich politisch: »Dritter Stand«. Beginn der Emigration zahlreicher Adliger Mitte 89. Beschluß, Feudalsystem abzuschaffen. Dennoch wird dem König von Nationalversammlung origineller Titel verliehen: »Wiederhersteller der französischen Freiheit«. Neue Bürgerrechte, aber nicht für Protestanten, Juden, Schauspieler. Dr. Guillotin meldet sich zu Wort. Kaiser Joseph II. von Österreich wird aus königlichen Kreisen diskret um militärische Intervention gebeten. Anfang 90: Unruhen in Versailles (Brotpreise!). Trikolore wird eingeführt, weiße Kokarde verboten. Marat fordert die Hinrichtung eines halben Tausends Adliger, damit sollen sich alle Probleme lösen. 1791: in Worms stellt man ein franz. Emigrantenheer auf. Triumvirat soll Revolution eindämmen. Auch deshalb wird Monarchie erhalten, wenn auch mit Abstrichen. Fronten nicht klar gezogen, so schließe ich: Revolutionäre für den König. September 91: Nationalversammlung beschließt neue Verfassung, liberal und royal. König Louis leistet seinen Verfassungseid, erklärt Revolution für beendet. Erbittet jedoch in Geheimschreiben militärische Hilfe von Preußenkönig. Der neue franz. Außenminister plädiert für Krieg mit österreichisch-preußischer Allianz. Damit sind wir schon im März 92. Marat muß untertauchen. Robespierre erklärt sich öffentlich gegen Absetzung des Königs. Der flieht Richtung Argonnen, wird in Varennes nach Abbild auf 50-Francs-Assignate erkannt (»dieses dicke Schwein«) und festgenommen. Verschärfung der Lage. Die Marseillaise wird populär. 1792, zehnter August: ›zweite Revolution‹! Volksmassen wüten in den Tuilerien, mehr als tausend Mann der Schweizer Garde werden niedergemacht. (Also doch jetzt schon Exzesse – unter dem Zeichen der »Brüderlichkeit«, unter »Menschenfreunden«! Ein gewisser Bollmann: »Ich habe schauderhafte Szenen gesehen; man warf die Schweizer lebendig ins Feuer; man hat sie hingeschunden und verstümmelt. Selbst die toten Körper blieben von keiner Art der Mißhandlung frei. Abends wurden die verstümmelten Leichname, dreißig bis vierzig, auf einem Wagen fortgefahren, oben auf dieselben setzten sich Pikenträger, triumphierend, immer gegen die toten, nackten Körper wütend.«) Politische Folgen des »Sturms auf die Tuilerien«: Nationalversammlung proklamiert Ende der Monarchie. Royalistische Zeitungen werden verboten. Neue Namen für zahlreiche Straßen. Denkmäler werden gestürzt.

Dies zur Lage, als die Preußen durch das Moseltal westwärts marschieren, die Österreicher von den »bigotten« Spanischen Niederlanden aus südwärts.

Soviel an brüderlicher Schreibhilfe. Woher nimmst Du bloß die Energie zu diesem Vorhaben? Werde Dich demnächst bestaunen, komme nach Weimar: das Goethe-Mausoleum ruft. Es klappern die Dachziegel, es rappeln die Fenster … Termin der Ankunft steht noch nicht fest. W.

Ja, also woher die (nicht nur meinen Bruder) überraschende »Energie«, von solch einem Projekt nicht bloß zu reden respektive zu schreiben, sondern es womöglich zu realisieren?

Was nun folgt, ist ein privater Zwischenbericht, lieber Verlegerfreund, im Buch wird diese ›Beichte‹ selbstverständlich gestrichen, ziemlich ersatzlos.

Ich formuliere erst einmal vorsichtig: der ablesbare Auftrieb des sonst eher artikulationsscheuen Dr. Goethe ist zu erklären durch den Besuch einer Frau hier im Gartenhaus. Ich nenne ihren Namen, laß ihn Dir auf der Zunge zergehn: Angelica Bellonata Facius. Klingt wie ein gut (zu gut) erfundener Name, ist aber amtlich für eine Frau, die in Weimar geboren wurde, 1806, mithin einundsechzig Jahre alt, und doch, und doch, und doch –

Du wirst sie möglicherweise schon mal gesehen haben, sie gehört zu den Weimarer Zelebritäten. Bereits mein Großvater hat ihr ›die Cour gemacht‹ – die »so hübsche als geschickte Facius«. Szene aus dem häufig wiederholten Gesellschaftsspiel zur sanften Pflege des Selbstgefühls: ziemlich reifer Herr im Gespräch mit sehr junger Frau … Aber nun bin ICH der Jüngere, und doch, und doch, und doch –

Auch wir haben uns nicht zum ersten Mal gesehen, Weimar ist überschaubar; allerdings hat sie längere Zeit in Berlin gelebt und gearbeitet, offenbar erfolgreich, nun ist sie zurückgekehrt, will hier bleiben, arbeitet weiter: »Steinschneiderin«, Bildhauerin Facius.

Bildhauerin: auslösendes Stichwort für ihren Besuch, der selbstverständlich angekündigt war, durch ein Kärtchen, am Tag zuvor von einem Boten überbracht, der die Zusage gleich mitnahm. Was mir sofort auffiel: sie sprüht vor Leben; dieses Sprühen vor allem in den Augen: wundersame Illumination ihres Lichtorgans. Jetzt erst verstehe ich, was gemeint ist, wenn von einem Funkeln, ja von Feuer in den Augen gesprochen respektive geschrieben wird.

Angelica Bellonata Facius: wie es zu ihrem exotischen Mittelnamen gekommen ist, will ich Dir rasch erklären. Sie wurde geboren während der Schlacht bei Jena. Und kurz danach, das ist ihr mehrfach erzählt worden: die siegreichen, plündernden Franzosen drangen in Jena ein und Stunden später in Weimar, die Mutter wurde mit der Neugeborenen auf die Straße gesetzt, wurde, wie es meistens heißt: auf die Straße geworfen.

Bellonata, die Kriegsgeborene, das ›Kriegskind‹ – der Name hält Erinnerungen wach an Begleiterscheinungen auch von Goethes Leben: vita in tempore belli. Kriegsbilder mit Goethe ... Diese Kriegsbilder werden meist übermalt: idyllische Szenen aus dem dörflichen Stadtleben in Weimar. Doch hier nun: Bello-nata! Das Datum einer Schlacht, in Namensklang umgesetzt!

Und was führte sie zu mir? Ihr Beruf. Und das ist ebenfalls ungewöhnlich an ihr: ging bei ihrem Vater in die Lehre, dem Gemmenschneider, Bildhauer. Die Gemmen aus seiner, die Gemmen aus ihrer Hand, die Portraitmedaillons, die Büsten, aus Marmor gemeißelt, in Bronze gegossen. Sie hat mich aufgesucht, um eine Büste von mir vorzubereiten. Auch in diesem Fall ein Auftrag; eine Dame in hoher oder höchster Position am Hof will die Büste eines Goethe-Enkels besitzen. Diskreterweise wird solch eine Auftraggeberin nicht genannt, ich darf dreimal raten ...

So saß Angelica unten im »Sälchen«, machte erste Skizzen: Mann mit Lockenhaupt (wie der Vater); Mann mit Schnurrbart; Mann mit der »Habichtsnase« (gemildert) seines Vaters und Großvaters; Mann mit ähnlich großen und dunklen Augen. Verwandtschaft sichtbar, Eigenständigkeit betont. Ich saß meist schweigend, war angeschlagen. Ich entschuldigte mich für mein gedämpftes Verhalten, erklärte ihr, daß ich, noch in der Nacht zuvor, unter Gesichtsneuralgien zu leiden hatte – als hätte Migräne sich bis ins Gesicht ausgebreitet. Weil sie das nicht bloß zur Kenntnis nahm, mit einem formalisierten Ausdruck des Bedauerns, weil sie wissen wollte, genau, welcher Art Schmerzen das waren, zeigte ich ihr die beiden Hauptschmerzbahnen von den Schläfen herab, an den Augenwinkeln vorbei, über die Wangen. Da legte sie den Skizzenblock beiseite, stand auf, trat vor mich hin, junge Frau von sechzig Jahren, zeichnete mit zwei Fingerkuppen behutsam, äußerst behutsam, ja federleicht die Nervenbahnen nach, und ich wußte nicht, ob sie sich damit schon einübte ins Modellieren meiner Büste oder ob sie damit Schmerzen besänftigen wollte. Eine Berührung von der sanftesten magnetischen Wirkung, und es war wie ein Reflex, daß ich den Arm um sie legte, und sie gab dem kleinen, sich selbst nur andeutenden Druck nach und wir –

Wunderbare, wundersame, wunderschöne Belebung des sechsundvierzigjährigen Wolfgang durch die sechzigjährige Angelica. Ich muß es dem Verleger eingestehen: ohne sie hätte ich dieses Buchprojekt wohl längst auf Seite gelegt, wäre in meine alte Trägheit zurückgesunken, die mit Atemnot und Schmerzattacken überzeugendste Alibis beibringt vor der näheren Umgebung. Doch plötzlich ist wieder Kraft in mir, geweckt von dieser Frau, die nun regelmäßig kommen wird, cheerioh!

*I*n den drei Jahren zwischen dem Sturm auf die Bastille und dem Einmarsch der Alliierten in Frankreich fanden unter politisch wachen Bürgern landauf, landab, tagein, tagaus Diskussionen statt über die dramatischen Veränderungen, die Umwälzungen im Nachbarland. Solche Diskussionen, Disputationen auch in Weimar; dafür sorgte vor allem Wieland, der fortlaufend Beiträge zum beherrschenden Thema veröffentlichte.

Jeder Standpunkt wurde mit Leidenschaft verfochten; vielfach formierten Emotionen die Argumente. Die verletzten Gefühle von französischen Emigranten: sie sahen sich von »Anarchisten«, von wildgewordenem »Pöbel« aus ihren angestammten Besitztümern vertrieben und aller Privilegien beraubt. Leidenschaftliche Plädoyers für die Revolution dagegen unter jüngeren Gebildeten. Denkbar, ja wahrscheinlich, daß man hier auch den zugeknöpften Minister von vierzig Jahren für die gefeierten Parolen zu begeistern versuchte.

Angeregt von Walters nachgereichten Supplement-Notizen (nebst hilfreichen Zitaten!) entwerfe ich: ein junger Mann als Fürsprecher der Revolution in einem kleinen Kreis mit Goethe.

Der Besucher könnte Details vermitteln, die Zeitungsberichte und Zeitschriftenaufsätze ergänzen: er war, wie andere junge Männer, nach Paris gereist, um noch am »Leichenbegängnis der Despotie« teilzunehmen. So könnte er enthusiasmiert berichten, wie Tausende, Zehntausende zum Marsfeld zogen, um den Festplatz der Nation zu gestalten. »Voraus Trommeln und Kriegsmusik; darauf der Anführer; dann einige tausend Menschen, in Prozession, drei und drei, Arm in Arm, nebeneinander; alle mit auf die Schultern gelehnten hölzernen Schaufeln; Männer und Weiber; Greise und Kinder; Herzöge und Tagelöhner; Bischöfe und Friseure; Generalpächter und Köche; Ludwigsritter und Freudenmädchen; alle in friedlicher Eintracht, Arm in Arm, nebeneinander Freiheitslieder singend.« Da griff auch der Revolutionsreisende zur Schaufel. Und er zog in den Nationalkonvent, wurde hier allerdings enttäuscht, mag sie nicht schildern »jene unaufhörliche Bewegung, jene Art von Unruhe, die in der Versammlung herrscht, jene Unterbrechungen, die den Redner innezuhalten zwingen, jenes unaufhörliche Geräusch, das ihn zur Verzweiflung bringt; jenen Kampf des Präsidenten mit der Versammlung, deren Aufmerksamkeit ebenso geteilt ist wie ihre Meinungen«. Begeisterung jedoch überwiegt: »Der große Augenblick ... Letzte Stunde der Tyrannei ... Schale des göttlichen Zorns ... Sieg der Vernunft ... Fahne der Volkssouveränität ...« Oder: Nieder mit den Königen, reißt ihre Denkmäler von den Sockeln, stellt Bronzestatuen hehrer Frauen auf; es lebe die Göttin der Vernunft! Und der junge Mann könnte Wieland zitieren: »Aufgeklärte Freunde der Freiheit ... Natürliche Feinde der Revolution ... Der verständigste und aufgeklärteste Teil der Nation ... Richtige Verteilung der politischen Macht ...«

Solch ein Gespräch dürfte es mit einiger Wahrscheinlichkeit gegeben haben; es hätte erneut gezeigt, daß Goethe sich an der Gegenrevolution beteiligte zu einer Zeit, in der unter »fortschrittlichen« und »aufgeklärten« Geistern noch Enthusiasmus vorherrschte über die (idealisierte) Revolution jenseits des Rheins. Klopstock: »Frankreich schuf sich frei. Des Jahrhunderts edelste Tat« ... Schubart: »O Freiheit, Freiheit! Gottes Schoß entstiegen« ... Der junge Hölderlin:

> Die ernste Stunde hat geschlagen;
> Mein Herz gebeut; erkoren ist die Bahn!
> Die Wolke fleucht, und neue Sterne tagen,
> Und Hesperidenwonne lacht mich an!
> Vertrocknet ist der Liebe stille Zähre,
> Für dich geweint, mein brüderlich Geschlecht!
> Ich opfre dir; bei deiner Väter Ehre!
> Beim nahen Heil! das Opfer ist gerecht.

*E*rstes der vier Kapitel »Goethe in Weimar, 1820«: seine Arbeit am Bericht über die CAMPAGNE IN FRANKREICH. Eine Rekonstruktion mit Spielraum. Zugleich eine Skizze von Goethes Tageslauf, zumindest bis zum Nachmittag.

Auch Goethe war Frühaufsteher: im Sommer um vier, im Winter um sechs. Die ersten Diktate zum Feldzugsbericht Anfang Januar, also ist er gegen sechs aufgestanden.

Er hört, daß im Arbeitszimmer nebenan Brennholz nachgeworfen wird. Seine Morgenwäsche. In einer Ecke der kleinen, weiß gestrichenen Schlafkammer der dreibeinige Tisch mit Schüssel und Kanne und üblichem Zubehör. Hervorzuheben ist der große Schwamm – auf große Schwämme legt der Hausherr Wert. An einem Nagel das Handtuch. Selbstverständlich ist Goethe nicht auf sich allein angewiesen, der Diener zugleich als Kammerdiener. Läßt sich Goethe von ihm rasieren? Jedenfalls hilft ihm der Diener beim Ankleiden – von welcher Phase an? Entzieht sich meiner Kenntnis, muß ich der Phantasie der Leser überlassen. Ich kann nicht einmal den Zeitraum eingrenzen, nach dem Goethe sein Zimmer verläßt. Er ist dann auch nicht immer wie zum Ausgang gekleidet, er trägt beim Diktieren des öfteren den Morgenmantel, den Schlafrock, auch »Prophetenmantel« genannt, wahrscheinlich, weil er in diesem langen, weiten Mantel so würdevoll aussieht wie ein alttestamentarischer Prophet auf einem Bibelgemälde. Eventuell trägt er auch eine kleine Wollmütze; sein Haar ist gelichtet und dünn.

Das Frühstück. Er nimmt es oft im »Studierzimmer« ein, am Arbeitstisch oder am Fensterbrett. Wahrscheinlich stehend – er ist sowieso den größten Teil des Tages auf den Beinen: diktiert gehend, schreibt vielfach am Stehpult, schaut stehend in Büchern nach, läuft im Haus umher. An diesem Morgen nimmt er das Frühstück wohl im Kleinen Eßzimmer ein, mit Blick in den Hof. Wahrscheinlich ist er beim Frühstück am liebsten allein. Das ergibt sich meist von selbst: sein Sohn steht erst später auf, auch Ottilie, und es wird noch später als üblich, wenn sich die Auseinandersetzungen der Eheleute bis spät in die Nacht hinzogen oder wenn sie oben im Salon Besuch hatten, und die Gespräche waren wieder einmal so angeregt, daß keiner auf die Uhr achtete. Er wird also allein am Tisch sitzen. Eine Tasse Fleischbrühe, langsam ausgetrunken. Nur selten Kaffee: ist teuer, scheint ihm ungesund. Wie nach innen verspiegelter Blick: Konzentration bereits auf den Text?

Mit sicherlich energischem Schritt ins Arbeitszimmer. Dort wartet Paul Götze, nun etwa sechzig: schwerer, kontrastreich modellierter Schädel. Erhebt sich vom Stuhl, begrüßt den Herrn Geheimrat, wünscht ihm einen Guten Morgen.

Goethe verharrt kurz in seiner Nähe, sagt nur »Hm … ja … schön …«, geht ans Fenster. Götze sieht das als Aufforderung, seine Wetterprognose abzugeben, rauhstimmig: Kalter Januartag mit Hochnebel, wird sich kaum auflösen. Alles winterkahl im Garten, aber nur ein paar Schneereste. Keine verläßlich kalten und schneereichen Winter, keine verläßlich heißen und niederschlagsarmen Sommer, vielmehr beides verquirlt. Jedoch: keine Reflexionen über das Wetter; Meteorologie wird erst in späteren Jahren zum wissenschaftlichen Thema.

Götze sitzt wieder am Tisch, hat Papier und gespitzte Federn vor sich, das Tintenfaß. Goethe schweigt noch. Geräusche über dem Arbeitszimmer – eine Magd holt offenbar etwas aus ihrer Dachkammer: die Hinterhaus-Mansarde für das Personal. Geräusche unter dem Arbeitszimmer: Stampfen von Pferdehufen auf Bohlen, kurzes Kettenklirren. Geräusche draußen? Wurden nach Christianes Tod die Gänse und Hühner abgeschafft? Werden sie zur Erinnerung an »die kleine Frau« weiterhin gehalten, in jeweils neuen Federviehgenerationen? Ich muß hier einen Nachweis erbringen, in der Schlußfassung, sonst Gefahr eines öffentlichen kritischen Einwandes: Wie können Gänse und Hühner in diesem Text auftauchen, wo es doch keine Gänse und Hühner mehr gab nach 1816? Siehe Schreiben von X. an Y., am soundsovielten. Wenn ich mich in einigen solcher Details irre, droht gleich die Frage, wie glaubwürdig dann der Text insgesamt sein könne ... Aufgepaßt also!

Und wie steht es Januar 1820 mit Nachbar Hertens Ziegen? Meckern die stereotyp? Und rackelt, rumpelt in dieser Morgenstunde bereits der Webstuhl, unverschämt dicht an der Trennwand der beiden Häuser? Sind es womöglich mehrere Webstühle, im Familienbetrieb? Zur Vereinfachung setze ich voraus, daß Nachbar Herten zu dieser Zeit krank ist; Betrieb liegt darnieder.

Und Goethe? Scheint indisponiert oder irritiert. Sonst beginnt er sofort mit dem Diktat, aber noch immer steht er an einem der beiden Fenster, schaut hinaus ins ummauerte Gartenkarree, in den »Klostergarten«. Kahle Äste. Jäh dreht Goethe sich um, fragt den Aushilfsschreiber in scharfem Ton, ob er vorher geraucht hätte?!

Götze antwortet gelassen: Ist gestern nachmittag von Jena herübergekommen, hat sich abends mit einigen alten Freunden getroffen, im Gasthaus, da wurde in der Runde das eine oder andere Pfeifchen geraucht ...

Und mit solchen Leuten gehe er um?! Mit Rauchlümmeln, mit »Schmauchlümmeln«!?

Der ehemalige Diener kennt diesen Ausdruck längst und weiß, was unausweichlich folgen wird: die bereits geläufige Predigt gegen das Rauchen. Die Raucher, nicht wahr, sie gehören laut Goethe zu denen, die ein Drittel ihres Lebens verschlafen, ein zweites Drittel »verdudeln« mit Essen, Trinken, Rauchen und sonstwas, und mit dem letzten Drittel können sie kaum etwas anfangen, obwohl sie wissen, es zuweilen sogar aussprechen: Das Leben ist kurz. Vita brevis, doch verbringen solche Leute Stunden damit, in den Rauch zu glotzen, den sie um sich verbreiten. Ja, und zum Pfeiferauchen gehört das Biertrinken, das bekanntlich dumm macht! Überall und allenthalben: Bierbäuche und Schmauchlümmel. Und keiner von denen denkt mal darüber nach, was diese Unsitte auch noch kostet! »Schon jetzt gehen 25 Millionen Taler in Deutschland in Tabaksrauch auf. Die Summe kann auf 40, 50, 60 Millionen steigen. Und kein Hungriger wird gesättigt und kein Nackter bekleidet. Was könnte mit dem Geld alles geschehen …!«* Abgesehen davon ist Rauchen eine arge Unhöflichkeit, eine impertinente Form der Ungeselligkeit. »Die Raucher verpesten die Luft weit und breit und ersticken jeden honetten Menschen, der nicht zu seiner Verteidigung zu rauchen vermag. Wer ist denn imstande, in das Zimmer eines Rauchers zu treten, ohne Übelkeit zu empfinden? Wer kann darin verweilen, ohne umzukommen?«*

Seine Stimme nun so laut, so dröhnend, wie das oft bezeugt wurde. Er weist Götze an, kurz die beiden Fenster zu öffnen; sie beide seien ja abgehärtet …

Und er verläßt den Raum, geht durch das Vorzimmer ins Treppenhaus, ruft den Diener Stadelmann, geht in das Schreibzimmer. Riemer sitzt bereits am Tisch und arbeitet. Goethes Gruß ist knapp. Riemer weiß das richtig zu deuten, gibt einen ebenfalls knappen Gruß zurück. Er neigt morgens ohnehin nicht zur Gesprächigkeit. Nur der Bereich, der für das Schreiben zuständig ist, scheint vormittags in seinem Hirn wach zu sein; ringsum ist vorerst Schlummerland.

Der Hausherr schaut seinem Mitarbeiter über die Schulter, und es tritt der Diener ein. Goethe weist ihn an, seine »Tochter« um Eau de Cologne zu bitten. Aber rasch! Stadelmann trabt los. Goethe fragt, ob Riemer das nicht auch bemerkt hätte: daß Stadelmann nach Alkohol riecht? Riemer hebt die Schultern, wiegt den Kopf, der so schwer aussieht wie der Schädel des Hilfsschreibers im übernächsten Zimmer. Fleisch hängt unter den Augen, hängt unter den Wangenknochen, hängt unter dem Kinn. Er setzt die Arbeit fort: Korrekturen in einem Text über die Morphologie der Pflanzen. Goethe bittet ihn, am nächsten Vormittag diese Arbeit zurückzustellen; dringlicher sei es, Aphorismen zusammenzustellen für die WANDERJAHRE; er habe den Eindruck, der Roman würde zu schmal! Wir müssen dem Publikum, diesem »Ungeheuer«, Brocken hinwerfen, an denen es sich die Zähne ausbeißt. »Dieses Tier denkt: Wer viel gibt, muß viel haben, und wer oft bringt, muß reich sein. Und hat man es erst einmal so weit gebracht, daß man Bewunderer findet, so wird es auch nicht lange an Leuten fehlen, die unbedingte Ergebenheit zeigen, und denen alles vortrefflich scheint, was den Namen des Bewunderten an der Stirn trägt.«* Also, Riemer soll am Nachmittag die Mappen mit Maximen und Reflexionen heraussuchen, soll für etwa zehn oder zwanzig Druckseiten eine Auswahl treffen, die er dann einer der Romanfiguren zuschreiben wird – welcher, das hängt noch davon ab, wo die Aphorismen am besten reinpassen. Er bitte hier um bevorzugte Behandlung; der Erscheinungstermin des Romans stehe schließlich schon fest!

Und Goethe verläßt das Schreibzimmer, nimmt die Flasche mit, die Stadelmann mittlerweile diskret an der Tischecke abgestellt hat, sagt Götze, er könne die Fenster schließen. Das geschieht, und Goethe reicht ihm die kleine Flasche: »Betupf dich ein bißchen.« Und weil der alte Diener mißtrauisch dreinschaut: »Es ist Kölnisch Wasser. Also!«

Zögerlich betupft Götze die Tränensäcke, das schlaffe Wangenfleisch, und ein Tupfer an das Doppel- und Dreifachkinn. Er reicht die Flasche zurück. Goethe hält sie sich vor die Nase, saugt tief ein, wiederholt das, schließt halb die Augen, saugt ein, saugt ein, verstöpselt die Flasche, stellt sie auf dem Bücherbrett ab.

Seine Stimme ist wieder der Raumgröße angepaßt. Wenn Götze wenigstens nach Pulverqualm gerochen hätte, das wäre ja fast stimulierend gewesen für das anstehende Projekt – Pulverqualm, wie sie ihn bei Valmy reichlich in die Nase kriegten … Hier sei auch bereits das Stichwort dafür, weshalb er ihn ausnahmsweise noch mal gebeten habe, das Diktat aufzunehmen. Schließlich waren sie gemeinsam in Schlesien, beim großen Aufmarsch an der Grenze, sie waren gemeinsam in Frankreich, auf dieser »Breifahrt«, wie Freund Zelter in seiner typischen Art bemerkte. Und gemeinsam waren sie vor Mainz, und er hat zuweilen den Boten gespielt zu Frau Aja in Frankfurt, mit Nachrichten über den Stand, ja, wahrhaftig über den Stillstand der Belagerung. Auch um Erinnerungen an seine kuriose Militärlaufbahn zu beleben, habe er ihn um Mitarbeit gebeten. Immerhin gelte es, einen Zeitabstand von beinah drei Jahrzehnten zu überwinden oder zu überspringen. »Fangen wir an!«

Und er beginnt, den Tisch zu umrunden. Wie aus dieser Gehbewegung heraus entwickeln sich die ersten Sätze, die der alte Diener mitschreibt, mit gelegentlichen Zwischenfragen. Diese Sudelfassung wird er am Nachmittag in Reinschrift übertragen, eventuell Professor Riemer konsultierend bei Fragen zur Rechtschreibung, mit der es der Hausherr auch nicht so genau nimmt, und mit Satzzeichen steht er auf Kriegsfuß. Dennoch: fast druckreif die Sätze, die Goethe diktiert – als lese er sie ab, notierte Riemer einmal, Stoff sammelnd für ein Goethe-Buch, auch er.

Exemplarische Eröffnungssätze: Wunderbauten goethescher Syntax! Mit Leselust ausgesuchtes erstes Zitat: Offiziere berichten über den Anmarsch zum ersten Heeressammelpunkt Koblenz; von dort aus der Marsch über Trier nach Longwy. Ich schreibe ab:

»Nun wußte jeder von dem Marsche selbst gar manches zu erzählen, wie man, den Harz links lassend, an Goslar vorbei, nach Northeim durch Göttingen gekommen; da hörte man denn von trefflichen und schlechten Quartieren, bäuerisch-unfreundlichen, gebildet-mißmutigen, hypochondrisch-gefälligen Wirten, von Nonnenklöstern und mancherlei Abwechselung des Weges und Wetters. Alsdann war man am östlichen Rand Westfalens her bis Koblenz gezogen, hatte mancher hübschen Frau zu gedenken, von seltsamen Geistlichen, unvermutet begegnenden Freunden, zerbrochenen Rädern, umgeworfenen Wagen buntscheckigen Bericht zu erstatten.

Von Koblenz aus beklagte man sich über bergige Gegenden, beschwerliche Wege und mancherlei Mangel, und rückte sodann, nachdem man sich im Vergangenen kaum zerstreut, dem Wirklichen immer näher; der Einmarsch nach Frankreich in dem schrecklichsten Wetter war als höchst unerfreulich und als würdiges Vorspiel beschrieben des Zustandes, den wir, nach dem Lager zurückkehrend, voraussehen konnten. Jedoch in solcher Gesellschaft ermutigt sich einer am andern, und ich besonders beruhigte mich beim Anblick der köstlichen wollenen Decken, welche der Reitknecht aufgebunden hatte.«*

Und damit es nicht bei diesem einen Zitat bleibt, gleich noch ein zweiter Textausschnitt, denn: Goethe diktiert mit seiner sonoren Stimme fast pausenlos an einem Vormittag, an dem es mit der Arbeit gut läuft, und das setze ich hier voraus. Es herrscht Ruhe im Hinterhaus, nur der Ofen bollert, Götze räuspert sich zuweilen. Also, zweite Sequenz!

»Auf dem Wege von Trier nach Luxemburg erfreute mich bald das Monument in der Nähe von Igel. Da mir bekannt war, wie glücklich die Alten ihre Gebäude und Denkmäler zu setzen wußten, warf ich in Gedanken sogleich die sämtlichen Dorfhütten weg, und nun stand es an dem würdigsten Platze. Die Mosel fließt unmittelbar vorbei, mit welcher sich gegenüber ein ansehnliches Wasser, die Saar, verbindet; die Krümmung der Gewässer, das Auf- und Absteigen des Erdreichs, eine üppige Vegetation geben der Stelle Lieblichkeit und Würde.

Das Monument selbst könnte man einen architektonisch-plastisch verzierten Obelisk nennen. Er steigt in verschiedenen künstlerisch übereinander gestellten Stockwerken in die Höhe, bis er zuletzt in einer Spitze endigt, die mit Schuppen ziegelartig verziert ist und mit Kugel, Schlange und Adler in der Luft sich abschloß.«*

Nicht immer bleibt Goethe diktierend beim Thema; es kommt öfter vor, daß er sein Diktat unterbricht und Stichworte zu einem ganz anderen Projekt notieren oder ein neues Schema aufstellen läßt. Dann, rasch und leicht, der Übergang zum jeweiligen Hauptstück. An diesem Vormittag wird es wohl kaum zu solch einem Neuansatz kommen. Dafür setze ich an zu einem Zeitsprung: das Zwischenfrühstück, Schlag zehn Uhr. Wer hat Küchendienst? Die Magd, die oben in ihrem Dienstbotenzimmer kurz hörbar wurde mit knarrenden Dielen, knackenden Balken? Brot und Fleischpastete werden aufgetragen, es folgt Stadelmann mit einer Flasche, zwei Gläsern: Madeira. Die Gläser gefüllt in gleicher Höhe, demokratische Verteilung auch der Pastete. Goethe ißt stehend, wie beim Biwak, Götze bleibt sitzen; krumm der Kutscherrücken. Der Hausherr stellt sein Glas ab, verabschiedet sich kurz. Frage hier an mich selbst, Frage später einmal an meinen Bruder: Muß man eigentlich auch das Plumpsklo originalgetreu erhalten, das (auch) Goethe benutzte?

Er kehrt zurück. Fortsetzung der Zwischenmahlzeit, reicher als das erste Frühstück: es liegt ja bereits Text vor. Goethe könnte denn auch entspannter sein, damit gesprächiger. Kauend schaut er zum Fenster hinaus, merkt an: Trockener, harter Boden – so hätte man sich das damals gewünscht! Schuhe und Stiefel sinken nicht ein, nicht einmal Hufe und Räder. Trockener, harter Boden, und sie hätten eventuell doch Paris erreicht? Der Vormarsch so schnell, daß sich französische Freiwilligen-Bataillone gar nicht erst formieren konnten, beispielsweise bei Grandpré, beispielsweise bei Valmy? Rascher Vormarsch des berühmt disziplinierten Heeres, die Versorgung ebenfalls zügig, keine Nachschublücken? Und die Schanzarbeiten der Bevölkerung rund um Paris vergebens, die Stadt besetzt, aber nicht niedergebrannt, nicht gesprengt? Und er wäre von Paul im leichten Zweisitzer durch die cité kutschiert worden, in sauberer Kleidung und Paul mit Kutscherkopfbedeckung comme il faut? Kleiner Peitschenschlag, flott rollt das Wägelchen dahin, schöne französische »Äugelchen« rechts und links auf den Trottoirs – ah, Gedankenspiel …! Gedankenspielerei …! Konzentration bitte …! Noch zweieinhalb Stunden bis zum Mittagessen, die Zeit muß genutzt werden!

Die Schreiber haben sich der Reihe nach darauf eingestellt: beim Herrn Geheimrat schreibt man sich die Finger wund, schreibt man sich krumm … Götze, mit dem Schreiben nicht mehr so in Übung, ruckelt sich zurecht. Papier liegt griffbereit, auch eine zweite Feder – es darf nicht passieren, daß Goethe stumm wartet, den Tisch umkreisend: das Schreiten und das Diktieren sind eins geworden. Ja, Madeira getrunken, Pastete gegessen, Feder gespitzt, Tinte gerührt: Fortsetzung des Diktats.

Wieviel pro Tag diktiert er? An literarischen Texten, an administrativen Schriftstücken, an naturwissenschaftlichen

Diskursen und an Korrespondenz noch dazu? Nachsehen lassen, gelegentlich, ob ein Schreiber dazu Aufzeichnungen gemacht hat. Aufschieben dieser Frage, Fortsetzung des Diktats, exemplarischer Ausschnitt drei.

»Wir fuhren durch eine Zeltwüste, denn alles hatte sich verkrochen, um vor dem schrecklichen Wetter kümmerlichen Schutz zu finden. Nur mit Mühe erforschten wir von einigen die Gegend, wo wir das herzoglich-weimarische Regiment finden könnten, erreichten endlich die Stelle, sahen bekannte Gesichter und wurden von Leidensgenossen gar freundlich aufgenommen. Kämmerier Wagner und sein schwarzer Pudel waren die ersten Begrüßenden; beide erkannten einen vieljährigen Lebensgesellen, der abermals eine bedenkliche Epoche mit durchkämpfen sollte.«*

Halt ein, die Mittagsglocken läuten! Goethe öffnet einen Fensterflügel, läßt einen Schwall kalter Luft herein, und Götze legt im Ofen nach. Verstärkt nun das Glockenläuten. Weitere Holzscheite vom kleinen Stapel genommen, in die Glut geworfen. Der Raum, der im Haus am besten geheizt war. Beschwerden von Ottilie: Im Arbeitszimmer 20 Grad Celsius, und wir müssen bibbern! Aber nicht alle Mansardenzimmer können geheizt werden, viel zu oft steht der kalte Nordwind drauf; vor dem ist Goethe geschützt. Und die Repräsentationsräume werden sowieso nur zu besonderen Gelegenheiten geheizt, das halten wir Enkel weiterhin so. Es muß jeweils lange vorgeheizt werden: alles klamm, speziell die Sitzpolster. Und fast schon Reif auf den Gipsstatuetten, Reif auf der Stirn der Juno? Hier aber: Sätze brauchen Wärme, wie Pflanzen, um sich reich entfalten zu können. Das Mittagsläuten verklingt, der Fensterflügel wird geschlossen, der Ofen hat wieder frische Luft, die wird dem Dichter nicht entzogen, konzentrationsmindernd. »Paul, schreib!«

»Mir sollte gleichfalls ein Zelt eingeräumt werden, ich zog aber vor, mich des Tags über bei Freunden und Bekannten aufzuhalten und nachts in dem großen Schlafwagen der Ruhe zu pflegen, dessen Bequemlichkeit von früheren Zeiten her mir schon bekannt war. Seltsam mußte man es jedoch finden, wie er, obgleich nur etwa dreißig Schritte von den Zelten entfernt, doch dergestalt unzugänglich blieb, daß ich mich abends mußte hinein- und morgens wieder heraustragen lassen.«*

Vier Zitate, und damit setze ich voraus: die Phase des Diktierens ist für diesen Tag abgeschlossen. Mittagessen wie immer um eins; es wird auf Pünktlichkeit geachtet. Götze wird an diesem Essen nicht teilnehmen, auch nicht Riemer, er geht in die nahe Wohnung zu seiner jungen Frau, der Caroline, genannt »Uline«. Ein Gast auch an diesem Tag; er hatte sich rechtzeitig angemeldet, war von Ottilie formgerecht eingeladen worden, nach Rücksprache mit dem Schwiegervater. Goethe muß sich vor diesem Essen noch umziehen; Verabredung und Abschied. Er geht durch die Seitentür in die Schlafkammer. Nun wird Stadelmann erneut gefordert in seiner Rolle als Kammerdiener.

Das Essen findet, wie fast immer, in kleinem Kreis statt, im Zimmer mit Blick in den Hof. Diesmal, so setze ich voraus, sind es nur drei Personen. Zur Rechten des Hausherrn die Schwiegertochter: ebenfalls große, dunkle Augen; die Schmalheit des Gesichts betont von Ringellocken rechts wie links; das spitze, zugleich kräftige Kinn; preziöse Linienführung der Lippen; sehr temperamentvolle Frau von mittlerweile 24, sie ist seit dreieinhalb Jahren mit August verheiratet, der an diesem Tag einen Termin in Eisenach hat – mein Vater wird im nächsten Weimar-Kapitel auftreten, als Schreiber, wie das verbürgt ist.

Der Besucher, ein Mittvierziger, nachlässig elegant gekleidet: Daniel Nees von Esenbeck. Bevor er sich, auf Durchreise zu Kollegen in Jena, zu diesem Besuch anmeldete, hatte er Goethe den ersten Band seines Handbuchs für Botanik geschickt: VON DER FARBE DER PFLANZEN; in einem Dankschreiben hatte Goethe sogleich den Empfang der »allerliebsten Sendung«* bestätigt. Dem Besucher das Weinglas füllend, sagt Goethe, er habe selbstverständlich schon Auszüge aus dem Handbuch gelesen, vor allem unter Stichworten seiner Farbenlehre, er könne hier aber eine gewisse Enttäuschung nicht ganz verhehlen: »Sie erwähnen mich und nutzen nichts von mir.«* Diesen Punkt wolle er freilich zurückstellen, darüber könne man später eventuell noch reden, nur nicht jetzt beim Essen. Da höre er lieber etwas vom Fortschreiten der Arbeit.

Daniel Nees erinnert daran, daß ihm vor knapp zwei Jahren die Direktion des Botanischen Gartens zu Bonn übertragen wurde – die Neugründung der Universität im selben Jahr, nach der Franzosenzeit. Sein Lehrgarten in der früheren Parkanlage des Fürsten Clemens August; das Schloß Clemensruhe werde nun von verschiedenen naturwissenschaftlichen Instituten genutzt. Vor allem südlich des Schlosses der Botanische Garten. Einige seltene Bäume der Residenz konnten übernommen werden, die meisten Sträucher und Bäume aber wurden und werden neu angepflanzt. Das milde atlantische Klima dieser Region am Südrand der Kölner Bucht nutzend, versuche er, frostempfindliche Arten im Freiland aufzuziehen, in schützender Nähe der Schloßmauern. Dort trage die Echte Feige, Ficus carica, bereits Früchte. Auch ein Ölbaum habe dort Wurzeln geschlagen. Eine Steinlinde, Phillyrea latifolia, gedeihe dort wie eine Steineiche, Quercus ilex. An kleineren Gewächsen die Kamelie, Camellia japonica, die Scheinkamelie, Stewartia pseudocamellia, die Magnolia grandiflora ... (Und ein kurzer Dank hier an seine Tochter, die mir beim letzten Besuch im hiesigen Botanischen Garten diese Namen und Bezeichnungen auf einen Zettel geschrieben hat. Am Ende dieses Kapitels wird sie selbst zu Wort kommen ...)

Der Hausherr könnte überleitend den Wunsch aussprechen, daß seine frostempfindlichen Arten vom Winter geschont werden mögen ... Und er bittet um Verständnis dafür, daß er jetzt schon einen Punkt anspreche, der ihm sehr am Herzen liege. Wie er dem freundlichen Begleitschreiben zum Handbuch entnommen habe, sei der verehrte Besucher auch Präsident einer Akademie, pflege in dieser Funktion sicherlich zahlreiche Kontakte zu Wissenschaftlern auch anderer Disziplinen, beispielsweise der Physik. Es müßte sich in diesem weiten Feld eigentlich ein Lehrstuhlinhaber finden lassen, der sich für die neue Arbeit über die entoptischen Farben interessiere und engagiere. Es sei Herrn von Esenbeck wohl kaum entgangen, daß es ihm schwer falle, mit seiner Farbenlehre die Anerkennung von Experten zu finden – dazu »ist mein Weg, in diese Region zu gelangen, von dem herkömmlichen gar zu sehr verschieden«*. Er habe aber nicht mehr die Energie, seine Forschungsergebnisse gebührend zu propagieren – es hätte ein erhebliches Maß an Nerven- und Lebenskraft gefordert, Newtons Grundirrtum aufzudecken und den Zugang zur verschütteten Wahrheit wieder freizulegen. Und Goethe wird nun, bei fortgesetztem Essen und Trinken, einen langen Monolog halten, gelegentlich mit einem Knurrlaut den jüngeren Besucher hinweisend auf Glas und Flasche: bitte sich zu bedienen ...

Dieser Monolog, zu dem ich selbst das Stichwort gebe, darf im definitiven Buch nicht bloß erwähnt, er muß zumindest phasenweise ausgeführt werden, sonst wird hier Mogelei betrieben. Es ginge allerdings weit über meinen Horizont und über meine (sowieso reduzierten) Kräfte hinaus, würde ich dies selbst versuchen; in seiner stupenden Vielseitigkeit (die Goethe sogar während der »Kriegsoperation« zeigte) entzieht er sich mir. Es wäre aber sinnlos, vom Frankreich-Feldzug zu berichten, ohne gleichzeitig und gleicherweise zu beschreiben, womit er sich in jenen Wochen beschäftigt hat. Erst beides zusammen ergibt die Geschichte, die ich erzählen möchte.

Nun habe ich aber mit Goethes vielfältigen Forschungen in diversen naturwissenschaftlichen Disziplinen erhebliche Schwierigkeiten; ich bestaune das, und zugleich befremdet es mich. Man brauchte nur das Stichwort Blatt oder Blüte zu nennen, schon referierte er über Metamorphose und Morphologie von Pflanzen. Man brauchte ihm bloß ein kristallines Steinchen zu zeigen, schon kam Kristallklares über Mineralien zur Sprache. Wies man ihn auf eine besonders intensive Himmelsfärbung hin, so war a) ein Beitrag zur Farbenlehre, b) zur Meteorologie zu erwarten. Sprang ein Eichhörnchen über den Weg, konnte er umgehend Detailliertes über den Knochenbau dieses Säugetiers sagen. Sprach man ihn an auf allgemeine Themen (wie: Herrschaft und Freiheit) so konnte er sich hier ebenfalls druckreif äußern. Und wenn man – ach nein, ich will das jetzt nicht komplettieren, ich wollte nur in Erinnerung rufen, daß er letztlich auf fast jedem Gebiet Kluges, Fundiertes, Zitierfähiges zu sagen und zu diktieren wußte. Und das wird für mich nicht zur lockenden Herausforderung, mich ebenfalls auf vielfältigste Weise zu bilden; im sicherlich typischen Trotz eines Enkels möchte ich mich auch nicht ansatzweise in einer ähnlichen Rolle sehen. Ich brauche diese Verweigerung nicht einzuüben.

Weil im geplanten Buch diese Bereiche aber nicht ausgeklammert werden dürfen, habe ich eine Mitarbeiterin gesucht und glücklicherweise auch rasch gefunden. Sie wird jetzt die Möglichkeit erhalten, sich vorzustellen und dabei zu berichten, wie es zu dieser ungewöhnlichen Form der Zusammenarbeit kam. Vorher möchte ich noch betonen, daß es nicht Zufall ist, sondern Kalkül, wenn ich hier im ersten der vier Weimar-Kapitel ihren Vater als Besucher ins Haus brachte, denn: erst lernte ich Caroline kennen, und danach kam ich auf die Idee, ihren Vater einzuladen – der Anfang 1820 mit Goethe ja nachweislich in Verbindung stand! Und nun hat Caroline Nees von Esenbeck das Wort.

Ich habe den Buchentwurf bis zu diesem Punkt gelesen, schreibe hier also weiter. Ich werde, wie verabredet, das Konvolut partienweise auf dienstlichen Fahrten nach Jena mitnehmen, und Ihnen, lieber Herr Frommann, auf den Tisch legen – womit ich jeweils meiner Verantwortung für das Unikat ledig werde.

Vorzustellen brauche ich mich ja nicht mehr, biographische Angaben erübrigen sich, ich will nur (gleichsam zur Legitimation meiner Beiträge oder Exkurse) berichten, daß ich bei meinem Vater in die Lehre gegangen bin, daß ich vor allem durch Mitarbeit gelernt habe – als junger Frau war mir das Studium der Botanik verwehrt. Am Clemens-Schloß in Poppelsdorf gab es einige Abschnitte im Arboretum, für die ich verantwortlich wurde; die Spezialisierung vor allem auf Sträucher und Bäume brachte mir den Ruf ein, der mich nach Weimar führte.

Um es gleich zu gestehen: mein Ehrgeiz erfüllte sich auch hier nicht so ganz, und so stellte ich mir die Aufgabe, die Bibliothek im Verwaltungshaus des hiesigen Botanischen Gartens auszubauen. Auch hiermit hat es eine besondere Bewandtnis, und ich bin durch Herrn von Goethe aufgemuntert worden, auch so etwas zu skizzieren – durchaus im

Sinne Goethes, der stets erfahren wollte, welcher Charakter hinter welcher Erkenntnis steht. Zwar bin ich eine Frau von mittlerweile fünfzig Jahren, aber einige Herren sehen in mir doch eine Person, der sie gleichsam im Vorübergehen Anweisungen erteilen können: Bringen Sie das doch eben mal in Ordnung, Frau Nees … Ich bin zwar in der Lage, darauf jeweils die rechte Antwort zu erteilen, dennoch: ich brauche einen Bereich, in dem mir so leicht keiner dreinredet, und das ist die Bibliothek.

Sie hängt mit dem Werk und dem Wirken Goethes zusammen. Das einzige Gebiet, in dem seine naturwissenschaftlichen Beschäftigungen von der Fachwissenschaft akzeptiert sind, ist, soweit ich sehe, die Pflanzenmorphologie. Er entwickelte sie auch im Herzoglichen Botanischen Garten zu Jena, der mit anderen Institutionen seiner Oberaufsicht unterstellt war. Auch die Einrichtung des hiesigen Botanischen Gartens wurde von ihm gefördert. Die Bibliothek, die ich ausbaue, heißt im Hause mittlerweile Goethe-Gedächtnis-Bibliothek, abgekürzt GGB. Sie wächst über Botanik und Zoologie hinaus. Die meisten Bücher werden uns geschenkt. Zuerst kamen diese Gaben von der Universität Jena, inzwischen hat es sich weithin herumgesprochen, daß hier eine Gedächtnis-Bibliothek heranwächst, die auch von Studierenden benutzt wird, und so werden uns viele Neuerscheinungen sogar mit Widmung zugestellt: »der Verf.« Ich sitze hier also, wie Herr von Goethe sagte, »an der Quelle«; ich werde sie auch für sein Vorhaben fließen lassen.

Und wie kam es zur Zusammenarbeit mit Herrn von Goethe? Auf denkbar einfachste Weise: von meinem Arbeitszimmer aus sah ich den großen, stattlichen und (mit Verlaub) gutaussehenden Herrn durch die Anlage schlendern und mal diese, mal jene Pflanze genauer betrachten.

Ein System wurde dabei nicht erkennbar; er schien mir interessiert, aber desorientiert. Ich machte mich im Arboretum zu schaffen, und so ergab sich leicht ein Stichwort für ein eröffnendes Gespräch. Ich möchte Ihren Autor, lieber Freund in Jena, nicht in ein schiefes Licht rücken, aber er schien letztlich die Vorstellung zu haben, sich mit einigen Besuchen des Botanischen Gartens und mit der kursorischen Lektüre des einen und anderen Buchs in den Stand bringen zu können, Goethes botanische Texte richtig auffassen und gegebenenfalls treffend wiedergeben zu können.

Aus dem Eröffnungsplaudern ergab sich eine private Führung. Das Gespräch wurde konkret am Ginkgo biloba. Auch Herr von Goethe war, wie sein Großvater, von der Form der parallel- und gabelnervigen Blätter begeistert. Auf Goethes Gedicht hierzu muß ich nicht eingehen, es ist berühmt genug.

Über Goethe und über Goethe hinaus sprechend im Anblick dieser Silberaprikose (jap.) ergab es sich von selbst, daß Herr von Goethe mir über sein Vorhaben berichtete. Weil ich beim Namen Frommann gleich aufhorchte, beschleunigte sich die Annäherung: ich berichtete ihm, daß Ihre Schwester schon lange zu meinen Freundinnen zählt. So kam es, auch in Alwines Namen, zu einem bald sehr offenen Gespräch, das bei einem Essen fortgesetzt wurde im WEISSEN SCHWAN. Gleich am folgenden Tag wurden die Abmachungen getroffen, die kurz erwähnt werden sollten: ich werde für Beiträge zwar nicht namentlich verantwortlich zeichnen, werde aber zuständig sein für alle Ausführungen zu naturwissenschaftlichen Fragen, also nicht nur der Botanik. Die Bibliothek und mein Freundeskreis sind mittlerweile groß genug, um Grenzüberschreitungen zu rechtfertigen. Zudem soll ich jede erdenkliche Unterstützung bei Herrn Schuchardt finden, mit dem ich mich bereits zusammensetzte.

Noch ein Punkt sollte erwähnt werden: Herr von Goethe hat eine erfreuliche finanzielle Lösung für meine Mitarbeit gefunden.

Es ist für mich als Tochter des (vor neun Jahren hochbetagt verstorbenen) Besuchers Daniel Nees von Esenbeck leicht und schwer zugleich, die Skizze dieses Gesprächs fortzuführen, das in einen »langen Monolog« Goethes über seine Farbenlehre münden soll.

Ich muß vorab betonen, daß Herr von Goethe das Verhältnis zwischen seinem Großvater und meinem Vater treffend skizziert hat, die wichtigsten Punkte sind schriftlich bezeugt, wie mir Herr Schuchardt anhand von Briefen nachwies: die Unzufriedenheit Goethes, weil mein Vater in seinem Handbuch der Botanik die Farbenlehre zwar erwähnt, nicht aber umgesetzt (sprich: aus ihr zitiert) hat. Und: daß Goethe ihn gebeten hat, sich in Bonner akademischen Kreisen nach Mitstreitern, nach Bundesgenossen umzuhören und umzuschauen, die für den damals neu erschienenen Beitrag zu den entoptischen Farben eine Lanze brechen sollten und damit für die Farbenlehre überhaupt. Ergänzen möchte ich nur noch: mein Vater hat ein Malvengewächs nach Goethe benannt, die GOETHEA CAULIFLORA. Auch damit ist die Beziehung dokumentiert.

Doch jetzt zu den Voraussetzungen von Goethes Ausführungen, wie sie sich aus der Gesprächssituation heraus entwickelt haben mochten. Ich muß hier meinen Vater verteidigen, auch wenn er nicht direkt angegriffen wurde, aber: es könnte der Eindruck entstehen, er hätte dem Gastherrn gegenüber allzu wenig Kollegialität erwiesen, im Zitieren wie im Assistieren. Mein Vater war einer der zahlreichen

Bewunderer des Dichters Goethe, er hatte jedoch seine Vorbehalte gegenüber dem selbsternannten Naturforscher ohne Lehrstuhl. Weil hier das Stichwort Farbenlehre (Optik) vorgegeben ist, für die sich mein Vater gleichfalls interessierte, läßt sich der Name Newton nicht umgehen.

Man sollte den Lesern des geplanten Buchs bewußt machen, daß um 1820 die Veröffentlichung der OPTICKS weit mehr als ein Jahrhundert zurücklag, genau genommen waren es 113 Jahre! Weiter sollte betont werden, daß wiederum etliche Jahre zuvor, nämlich 1666, von Newton (mit 23!) die entscheidenden ersten optischen Experimente durchgeführt wurden. Goethe kämpfte also gegen eine altehrwürdige, längst etablierte Lehre an.

Lieber Herr von Goethe, lieber Bruder meiner Freundin Alwine: es ist unvermeidlich, daß ich das entscheidende Experiment Newtons und Goethes fundamentales Mißverständnis skizziere: das wirkte schließlich noch ein in den Diskurs mit meinem Vater. Auch auf diesem Gebiet trifft Goethes plausibler Vergleich zu: Wenn man bei einer Jacke den ersten Knopf ins zweite Knopfloch schiebt, wird die ganze Reihe schief. (Ich zitiere aus dem Gedächtnis!)

Ich habe die Materialien durchgesehen, die mir Herr Schuchardt vorgelegt hat, und ich habe mir von einem Physik-Dozenten in Jena noch einmal alles genau erklären lassen, bin hier also hoffentlich firm.

Der Anfang ist leicht, denn Newton hat sein Experimentum crucis selber beschrieben. »In dem Jahre 1666, als ich mich mit dem Schleifen von Linsengläsern von anderer als Kugelform beschäftigte, verschaffte ich mir auch ein dreiseitiges Glasprisma, um damit die berühmten Farberscheinungen zu untersuchen. Zu dem Zweck verdunkelte ich mein Zimmer, schnitt zum Einlassen einer passenden Menge Sonnenlichts eine kleine kreisrunde Öffnung in den Fensterladen und setzte mein Prisma so hinter die Öffnung, daß das Licht nach der gegenüberliegenden Wand gebrochen wurde. Es war zuerst eine angenehme Belustigung, die lebhaften und intensiven Farben zu betrachten, welche dadurch hervorgebracht wurden.« Dieses Grundexperiment wurde bald systematisch variiert und modifiziert.

Und nun Goethe in Italien, zehn Dutzend Jahre später! Sein Ur-Experiment sah völlig anders aus, obwohl er sich auf Sir Isaac Newton berief. Er hat sein Verfahren selbst beschrieben, im Buch ZUR FARBENLEHRE, das er auf alleruntertänigste Art der »Durchlauchtigsten Herzogin«, der »gnädigsten Frau«, der »Regierenden Herzogin von Sachsen-Weimar und Eisenach« widmete, weil »Ew. Durchlaucht« die »Gnade« hatte, »über die Farbenlehre sowie über verwandte Naturerscheinungen einem mündlichen Vortrag ihre Aufmerksamkeit zu schenken«. In einer eingeschobenen »Konfession des Verfassers« habe ich den Bericht über sein Experiment mit wachsendem Staunen nachgelesen. Um es kurz zu machen: er übernahm nicht die Versuchsanordnung von Newton und prüfte sein Ergebnis, er machte es völlig anders und verwarf das Ergebnis des englischen Forschers.

Goethe bewohnte ein Zimmer, das »völlig geweißt« war; das Fenster ging nach Südwesten, der Raum war von Licht also gleichsam durchflutet. Goethe verzichtete darauf, ihn zu verdunkeln, um dann einen Lichtstrahl durch ein Prisma zu lenken, er ließ das Zimmer so hell, wie es war, hielt sich am Fenster das Prisma vors Auge (!!), schaute durch das Glas auf die Wand gegenüber, und siehe da, dort zeigten sich keineswegs die Refraktionsfarben, die Newton beschrieben hatte, alles blieb weiß; Farbbrechungen nur an den Rändern des weißen Feldes. Und er zog sofort den Schluß: Newton irrte, und zwar gründlich!

Weil das geradezu aberwitzig klingt, lieber Frommann, sollte im definitiven Buch, zu Ergänzung und Bestätigung, der folgende Abschnitt aus Goethes Bericht zitiert werden. »Eben befand ich mich in einem völlig geweißten Zimmer; ich erwartete, als ich das Prisma vor die Augen nahm, eingedenk der Newtonschen Theorie, die ganze weiße Wand nach verschiedenen Stufen gefärbt, das von da ins Auge zurückkehrende Licht in soviel farbige Lichter zersplittert zu sehen.

Aber wie verwundert war ich, als die durchs Prisma angeschaute Wand nach wie vor weiß blieb, daß nur da, wo Dunkles dran stieß, sich eine mehr oder weniger entschiedene Farbe zeigte, daß zuletzt die Fensterstäbe am allerlebhaftesten farbig erschienen, indessen am lichtgrauen Himmel draußen keine Spur von Färbung zu sehen war. Es bedurfte keiner langen Überlegung, so erkannte ich, daß eine Grenze notwendig sei, um Farben hervorzubringen, und ich sprach wie durch einen Instinkt sogleich vor mich laut aus, daß die Newtonsche Lehre falsch sei.«

Diese donnernde Entdeckung teilte er Wissenschaftlern mit und war über ihre Reaktionen tief enttäuscht: sie fanden nicht uninteressant, was er unternommen hatte, erklärten ihm aber, offenbar respektvoll behutsam, »daß die Versuche in der dunklen Kammer weit mehr geeignet seien, die wahre Ansicht der Phänomene zu verschaffen«. Aber Goethe weigerte sich grundsätzlich, Newtons Experiment nachzuvollziehen, er blieb bei seinem Vorurteil, wurde sogar höhnisch. »Jeder Studierende fordere auf seiner Akademie vom Professor der Physik einen Vortrag sämtlicher Phänomene, nach beliebiger Ordnung; fängt dieser aber den bisherigen Bocksbeutel damit an: ›Man lasse durch ein kleines Loch einen Lichtstrahl usw.‹, so lache man ihn aus, verlasse die dunkle Kammer, erfreue sich am blauen Himmel und am glühenden Rot der untergehenden Sonne nach unserer Anleitung.«

Auch Isaac Newton, obwohl Stubenhocker, war Augenmensch genug, um einen Sonnenuntergang zu genießen, aber er hätte hier nie im Leben einen Beitrag zur Forschung gesehen. Goethe aber sah in seiner (pardon!) fahrlässigen Methode einen notwendig korrigierenden Beitrag zur Physik. Weil das so unglaublich ist, sollte das im Buch eventuell durch Wiederholung herausgehoben werden: Statt in einem systematisch verdunkelten Raum ein Prisma in einen Lichtstrahl von geringem Durchmesser zu halten, hielt sich Goethe in einem hellen Raum das Prisma vors Auge. Aus diesem grotesken Mißgriff leitete er sein Diktum ab, Newton habe sich geirrt. Und er begann mit seiner Campagne gegen Newton. Er versuchte allen Ernstes, die Fachwelt davon zu überzeugen, daß die Newtonsche Lehre von Licht und Farben auf einem kapitalen Irrtum beruhe. Und er war ganz erstaunt, als er damit auf beinah geschlossene Ablehnung stieß – nur der Herzog von Weimar, der Herzog Ernst von Gotha, der Prinz August von Gotha, sie ergriffen für ihn Partei; zumindest nannte er sie als Parteigänger. In der beinah kollektiven Reaktion sah er ein bekanntes menschliches Phänomen bestätigt: das von einer borniert orthodoxen Gruppe, in der man sich gegenseitig vor aufhellender Erkenntnis schützt. Newtons wahrhaft erhellende Experimente wurden für Goethe zu Dokumentationen eines Obskurantismus.

Und er stilisiert sich zum großen Einzelgänger, der das Licht der Wahrheit durch eine verfinsterte Welt trägt … Was er Newton vorwirft (»daß er unsägliche Mühe auf die Behauptung seines einmal festgestellten Irrtums verwendete«), genau dies zeigt sich bei Goethe, wortwörtlich so, über viele Jahre, über Jahrzehnte hinweg.

Dabei wären alle Polemiken nicht nötig gewesen, hätte Goethe den zweiten, den gravierenden, den subjektiven Fehler vermieden, sich selbst als Praeceptor veritatis an die Stelle Newtons zu rücken. Er brachte es nicht fertig, zu erklären: Ganz bewußt und sehr betont mache ich es nicht so wie Newton; wir gehen aus von völlig unterschiedlichen Voraussetzungen; ich schaffe mir eine ganz andere Versuchsanordnung, ich bin so frei, und was ich auf diese Weise erkenne, das kann und soll mit den Ergebnissen und Erkenntnissen von Newton nicht verglichen werden … Dann, ja dann wäre die Rezeption seiner Farbenlehre gelassener, entspannter gewesen, man hätte nicht Partei ergreifen müssen. Aber Goethe forderte ganz entschieden, daß man Partei ergreife: für ihn und gegen Newton. Er schien so gedacht zu haben: ICH bin die Wahrheit und das Licht, und wessen Kopf hell ist, der folge mir. Er rief auf zum postumen wissenschaftlichen Boykott einer Lehre, die von der Fachwissenschaft längst schon zur Grundlage weiterführender Forschungen geworden war, zwölf Jahrzehnte später. Goethe beging den Kardinalfehler, Newton unablässig Fehler nachweisen zu wollen, en gros und en detail. »Das Falsche seines ersten Experiments … Newton behauptet … Newton begeht hierbei den Fehler … Der grobe Irrtum, den hier der Verfasser begeht … Wie sicher muß Newton von dem blinden Glauben seiner Leser sein, wenn er zu sagen wagt … Geht Newton unredlich zu Werke … So mußte er sich, ganz oder halb bewußt, mit Reineke Fuchs zurufen: ›Aber ich sehe wohl, Lügen bedarf's, und über die Maßen!‹« Das ist ja nun, so würde man unter Männern sagen, starker Tobak: Newton ist unredlich, Newton lügt …

Goethe muß zuweilen gespürt haben, daß er auf verlorenem Posten stand, sonst hätte er sich nicht so vehement, so militant verteidigt. Unter den Begleittexten, die Herr Schuchardt für mich herausgesucht hat, finde ich einen Beleg für diese Militanz. Er nahm teil an der Belagerung von Mainz, und damit der ersten Republik auf deutschem Boden; er arbeitete indes im Heerlager bei Marienborn (vor Mainz) weiter an der Farbenlehre, konnte einem Schreiber sogar neue Texte zu diesem Komplex diktieren. Einen Tag nach der Eroberung von Mainz schrieb er in einem Brief: »Ich werde eine meiner Batterien nach der anderen auf die alte theoretische Festung spielen lassen.« Die Festung war natürlich die »Newtonsche Lehre«. Und Herr Schuchardt hat mir auf meine Frage erklärt, daß »spielen lassen« hier nichts anderes heißt als: abfeuern. Goethe bedauerte sehr, daß die alte Stadt Mainz so niedergebombt war, in Gedanken aber ließ er weitere Batterien feuern, nur auf ein anderes Ziel.

Und dieser Mann warf Newton vor, er schieße (auf kurze Entfernung!) mit Kartätschen, also mit mörderischen Portionen von kleinen Eisenkugeln oder zerhacktem Blei. »Also kartätscht unser gewandter Naturforscher seine homogenen Lichter dergestalt durcheinander« ... Ja, Newton tut, nach Goethes Meinung, dem Licht einen Tort an, er beengt es (»bringt es auf hunderterlei Art in die Enge«), er zwängt es durch kleine Löcher, er spaltet es auf (»das Licht zerstückeln«), er wirft es an die Wand, kurzum, er behandelt es gewalttätig, ja, er foltert es, dieser Newton, der überhaupt die »Natur auf die Folter spannte, um sie zu dem Bekenntnis dessen zu nötigen, was er schon vorher bei sich festgesetzt hatte«.

Wie wohltuend, wie schonend, nicht wahr, ist dagegen Goethes Umgang mit dem Licht: er läßt ihm die freieste Entfaltung und wird durch Glanz belohnt. Hier, auch hier wieder zeigt sich seine sanfte Methode. Sind seine naturwissenschaftlichen Methoden wirklich so sanft?

In zoologischen Aufzeichnungen lesend, die mir Herr

Schuchardt zusammengestellt hat, entdecke ich einen Goethe, der Lebewesen erstaunlichen Experimenten unterwirft.

Er sammelte drei Dutzend Wolfsmilchraupen (Hylis euphorbiae) und ließ sie austrocknen (»ausdünsten«), um den Gewichtsverlust zu messen; nach zwei Monaten ohne Futter und ohne Wasser verloren sie ein Fünftel ihres Gesamtgewichts. Er öffnete einen Ligusterschwärmer (Sphinx ligustri), um das Nervensystem, das Drüsensystem zu betrachten, preßte die smaragdgrünen Eier mit der Pinzette zusammen, trennte den Kopf ab. Er sezierte eine Hummel, sezierte eine Schnecke, »anatomierte ein Froschweibchen« (»Früh am Gedichte korrigiert, dann Anatomie der Frösche«), schnitt den Eierstock auf, legte einen Teil der Eier in Wasser, stellte nach drei Wochen fest, daß es noch nicht »faulig« roch. Mit weiteren Eiern machte er kürzeren Prozeß: er übergoß sie mit destilliertem Essig oder mit Salzsäure, untersuchte die prompte Wirkung. Er sezierte einen (offenbar vorsätzlich ausgehungerten) Windenschwärmer (Agrius convolvuli): »Der After scheint ganz Null geworden zu sein (...) Lange Wirkung dieses Muskels nach der Zerstücklung des Tiers« ... Er tauchte Windenschwärmer-Puppen in Branntwein: »sie bleiben eine Zeitlang lebendig«. Dagegen: »Eine in heißes Wasser getauchte Puppe ließ aus allen Stigmaten (also Öffnungen) auf einmal kleine Luftbläschen fahren.« Das war ihr Tod.

Ein grandioser Moment der Metamorphose war für ihn das Ausschlüpfen des Schmetterlings aus der Verpuppung der Raupe. Jedoch: »Ein ausgekrochener Schmetterling in dem Augenblick seines Ausschlüpfens aufgeklebt. (...) Ich schnitt dem Tiere, sobald es aufgeklebt war, den Kopf ab, damit es bei seinem hartnäckigen Leben sich nicht hin und her bewege und ehe der Gummi festgeworden wäre, die Lage verändern möge.« Oder: »Ein Schmetterling gleich nach seinem Ausfliegen gespießt.« Oder: er schnitt einem Falter sofort nach dem Ausschlüpfen den Kopf ab und beobachtete, was daraufhin mit den Flügeln geschah, »die noch nicht ausgefaltet waren«.

Oder: er schnitt eine lebende Raupe auf, beobachtete das »sogenannte Herz«: »Pulsiert auf dem Rücken. Vom After herauf. Schlug 48mal in einer Minute, Konvulsionen der Raupe dabei.« Kein Wunder!

Trotz seiner Plädoyers für die sanfte, alle Lebensformen respektierende Naturbetrachtung: er seziert und mikroskopiert, er schneidet Tiere auf, während sie noch leben, beobachtet das bloßgelegte Herz. Beispielsweise bei einer Hummel: ein »langes durchsichtiges Gefäß, das den ganzen Rücken hinuntergeht und sehr lebhaft pulsiert (ist das sogenannte Herz der Insekten). Es pulsierte 3 bis 4 Stunden, so lange, bis alle Feuchtigkeit vertrocknet war; wenn man es anhauchte, pulsierte es viel schneller. Es ist Versuch zu machen, wie lange es schlägt, wenn man es feucht erhält oder ob es etwa in der Kälte gleich erstarrt.«

Der Sinn solcher grausamen Experimente ist mir nicht klar. Ich kann hier nur subjektiv reagieren: Wer Raupen oder Hummeln lebendigen Leibes seziert, hat kein Recht, dem großen Newton vorzuwerfen, er gehe gewaltsam mit Lichtstrahlen um, nur weil er sie durch Prismen lenkt. Nein, lieber Herr von Goethe, lieber Freund in Jena, ich kann hier nicht die (wahrscheinlich erwartete) Gelassenheit zeigen – das alles empört mich! Und ich habe keine Neigung, diesen Exkurs harmonisierend ausklingen zu lassen, ich mache für heute Schluß.

Guten Morgen, alter Freund drüben in Jena! Die Buchskizze nimmt Form an, und so müßte sich (nach meinem Schema) dem Goethe-Kapitel der Bericht über ein Treffen mit meinem Bruder im ausgestorbenen Haus am Frauenplan anschließen. Während der Arbeit aber zeigte sich eine technische Notwendigkeit, die kurz kommentiert werden muß. Dir als Buchhersteller ist selbstverständlich aufgefallen, daß einige Zitate mit einem Asterisk markiert sind, andere nicht. Die Sternchen verweisen, wie üblich, auf Fußnoten oder Anmerkungen, in diesem Fall auf Quellennachweise, die im definitiven Buch erfolgen werden.

Solche Markierungen scheinen mir notwendig. Denn es finden Gespräche statt, die (im Sinne der Überlieferung!) mit relativer Freiheit entwickelt werden. Was zur Folge hat: es wird gleicherweise in Anführungszeichen gesetzt, was gesprochen und was zitiert wird. Damit sich die Leser nicht jeweils fragen müssen, ob ein Zitat erfunden oder überliefert ist, muß solch eine Kennzeichnung erfolgen. Also: authentische Zitate von Goethe und von anderen (beispielsweise auch von uns Enkeln!) werden in Zweifelsfällen mit einem Sternchen versehen. Ich verzichte darauf in Abschnitten, in denen aus dem Zusammenhang völlig klar hervorgeht, daß hier Überliefertes, Verifizierbares zitiert wird. (Was ganz bestimmt für die Beiträge von Caroline Nees zutrifft.)

Weil ich nun schon mal das Schreibverfahren zum Thema mache, gleich eine weitere Anmerkung. Da ist Überliefertes, das silbengetreu wiedergeben wird, da ist Fingiertes im Spielraum des Wahrscheinlichen: läßt sich beides miteinander verbinden? Ich sage und schreibe mit Überzeu gung: Ja. Dieses Verfahren hat eine ehrwürdige Tradition. Ich nenne einen Namen, der im Hause Goethe stets große Resonanz fand: Torquato Tasso. Einer der Autoren, die ich in meinen italienischen Dienstjahren gelesen habe, und dies nicht einmal mit Blick auf Großvaters hochstilisiertes Schauspiel. Mich interessierte der Autor, der die Last eines in der Literatur schon berühmten Namens zu tragen hatte: Bernardo Tasso, der Vater, und sein Rittergedicht AMADIGI DI GAULA. Weiter: Torquato Tasso hat (dies trifft zumindest auf sein Hirtenspiel AMINTA zu) in bedrängenden Zeiten geschrieben: wochenlange Regenfälle, Überschwemmungen, Epidemien, Erdbeben in der Umgebung von Ferrara.

Dieser Tasso hat in den DISCORSI sein literarisches Verfahren reflektiert und dabei zwei Begriffe zentral gesetzt, die mir ebenfalls wichtig werden: VERUM und VERISIMILE.

Beide Begriffe zusammengeführt in der riesigen Verserzählung LA GERUSALEMME LIBERATA. Erzählt wird ja vom ersten Kreuzzug unter Gottfried von Bouillon, und hier stützt sich Tasso auf Chroniken, auf Überliefertes: VERUM. Zugleich hat er in der Darstellung der Akteure, hat er mit der Einführung zusätzlicher, fiktiver Figuren Freiräume der Gestaltung beansprucht: VERISIMILE. Ich übernehme die beiden Begriffe und bedanke mich artig bei Torquato Tasso.

Auf meine Zitate angewendet: VERUM ist, was in Anführungszeichen gesetzt und mit einem Sternchen markiert wird; VERISIMILE, was in Anführungszeichen steht, ohne wortgenau überliefert zu sein. VERISIMILE sind auch ganze Szenen – die sich aber zu erkennen geben, also Authentizität nicht vortäuschen. Dies zu meinem Verfahren, das mit dem Hinweis auf Tasso eine Tiefenperspektive erhält, die hoffentlich Vertrauen schafft.

Und ich berichte, nach diesem Einschub, vom ersten Treffen mit dem Bruder im Haus am Frauenplan: eindeutig VERISIMILE … Aber wichtig sind mir auch Spiegelungen der Goethe-Figur.

In diesem Sinne grüßt Dich Dein ehemaliger Autor (Du erinnerst Dich noch an das Büchlein mit fiktiven Briefen, damals, 1842?), der wieder Dein künftiger Autor werden will (auch mit dem Bellarion-Projekt). Aus diesem beinah feierlichen Anlaß unterzeichne ich in ungewohnt vollständiger Form: Wolfgang Maximilian von Goethe, Dr. der Rechte, Großherzoglich Sächsischer Kammerherr und Königlich Preußischer Legationsrat.

Ankunft meines Bruders. Er bezieht wieder das Nachbar-Gartenhaus, ererbt von Ottilies Mutter. Er hätte mit mir über den Zaun kommunizieren können, doch hält er die Spielregeln ein, macht keinen Überraschungsbesuch, schickt einen Jungen aus dem Vulpius-Clan mit einem Kärtchen, lädt mich ins »Goethe-Mausoleum«, in die »alte Zauberburg« ein zum Dinner, »mit brüderlichen Grüßen«.

Offenbar hat er im Pförtner- und Dienerzimmer gewartet: er kommt mir entgegen, als ich durch die weit geöffnete Haustüre eintrete, macht eine ironisch betonte Verbeugung: »Walter Wolfgang Freiherr von Goethe beehrt sich, Herrn Dr. jur. Wolfgang Maximilian Freiherrn von Goethe zu einem Abendimbiß im Hause Goethe ergebenst einzuladen.« Umarmung, seine Stirn an meiner Schulter, meine Arme umfassen ihn leicht. »Bitte mir zu folgen ...«

Und er schreitet, nun in der Rolle eines Dieners, vor mir her durch das Vestibül, steigt, die Laterne hochhaltend, die breiten Stufen der vielgefeierten, auch skeptisch beurteilten Repräsentationstreppe hinauf. Wieder ein vorzeitig verdüsterter Abend, da ist die Lampe nötig. Walter betritt den Gelben Saal; der Tisch in der Mitte schon gedeckt, Gläser bereits gefüllt, Kerzen brennen. Walter setzt die Laterne am offenen Fenster ab; die Wolkendecke zwar geschlossen über Haus, Stadt, Land, aber es ist wenigstens nicht kalt.

Walter stellt sich hinter einen der Stühle, damit ist mir der Platz zugewiesen; wir heben die Gläser, trinken uns zu. Und mein Bruder berichtet: Das Essen, das gleich serviert wird, kommt nicht aus der häuslichen Küche, die hätte man erst einmal gründlichst reinigen müssen, für eine vereinzelte Mahlzeit sei dieser Aufwand zu groß, er habe das Essen aus dem WEISSEN SCHWAN kommen lassen; in der Warmhalteküche werde es zur Zeit nachtemperiert.

Wie auf Stichwort tritt ein Mann in den Salon mit einer Suppenterrine auf silbernem Tablett. Etwa fünfzig Jahre alt mag er sein oder etwas älter, ein Mann, den ich noch nie gesehen habe, der mir zumindest noch nie aufgefallen war. Er schöpft mit silberner Kelle, stellt die Terrine in Tischmitte ab. Seine braune Livree ist ihm sichtlich zu eng, auch zeigt sie Stockflecken, Spuren von Mottenfraß. Eine kleine Verbeugung, früher hätte man gesagt: ein Kratzfuß. »Max Seidel. Ich bin einer der Söhne von Philipp Seidel, dem in jeder Hinsicht ersten Diener des seligen Herrn Geheimrats.«

Er will sich zurückziehen, doch Walter bittet ihn, noch etwas zu bleiben. Löffelnd berichtet er: Herr Seidel hätte diesen Auftrag übernommen, um seinem Vater ein ehrenvolles Gedächtnis zu bewahren. Herr Seidel arbeite im Rentamt; eine gleichsam gegenläufige Bewegung: sein Vater, erst Diener, fand schließlich mit Goethes Hilfe eine Stellung im Rentamt; der Sohn, der diese Stelle auf Wunsch des Herzogs übernommen habe, er spiele für eine Stunde die Rolle des Vaters hier im Hause – zumindest eine der Rollen des vielseitig beschäftigten Philipp Seidel.

Kurzes Schweigen. Das Geräusch von Löffeln in Tellern. Seidel geht hinaus, um nachzuschauen, ob sich der Hauptgang im Wärmeofen der Kleinen Küche »benimmt«.

»Ich habe mir zugemutet«, so Walter, »für diesen Abend die Initiative zu übernehmen. Der Hausleiche etwas von unseren müden Lebensgeistern einhauchen … Ich hab im Gartenhaus den ganzen Tag über Kräfte gesammelt. Nun wird das Vorhaben hoffentlich von Gelingen gekrönt.«

Seidel junior kehrt zurück, nimmt Platz auf einem der Stühle an der Wand, schlägt ein Bein über das andre, verschränkt die Arme. So biete er eventuell prüfenden Blicken die geringste Oberfläche … Und er entschuldigt sich für den Zustand der Livree. Er hat sie im Pförtnerzimmer entdeckt, eine von mehreren vorschriftsmäßig aufgehängten und abgedeckten Livreen. Sämtlich in derselben Farbe, diesem Braun. In seiner Familie werde erzählt, daß Goethe alle paar Jahre neue Livreen für sein Personal schneidern ließ. Als die Livreen neu und die Diener jung waren, muß das ausgesehen haben, als wäre ein kleiner Trupp hier einquartiert, freilich waffenlos. Bis zu zehn dienstbare Geister – zu den Mägden und Dienern die Schreiber, der Kustos, dazu Herren wie Eckermann und Riemer, die schwer einzuordnen waren – »so etwas wie Faktoten für gehobene Aufgaben?«.

Walter lädt ihn wieder ein, am Tisch Platz zu nehmen, doch Seidel will, für diese Abendstunde, bei seiner Rolle bleiben, also keine Vertraulichkeiten. Obwohl ein hoher Grad an Vertraulichkeit weil Vertrautheit zwischen seinem Vater und dem jungen Herrn Goethe bestanden haben muß, laut Familienüberlieferung. In der allerersten Weimarer Zeit hatten sein Vater und Goethe und noch ein Hofmann ihre Betten in einem Zimmer, wahrscheinlich drüben im Jägerhaus, und es wurde zuweilen heftig diskutiert: Wie weit Glück sich mit Freiheit verbindet oder an Ordnung binden soll, ob also Glück sich eher in der Anarchie oder unter strenger, aber gerechter Ordnung entwickeln könne … Solche Diskussionen konnten sich bis vier Uhr morgens hinziehen … Selbstverständlich folgte sein Vater dem jungen Herrn auch ins Gartenhaus, führte dort die Aufsicht über die drei oder vier anderen dienstbaren Geister, die wohl im Anbau hausten, der längst wieder abgerissen ist. Erst recht nahm Philipp Friedrich Seidel seine Aufgaben wahr in diesem Hause – schrieb nach Diktat, führte Haushaltsbücher, nahm Besucher in Empfang. Weiteres ist ihm nicht gegenwärtig – er hat seinen Vater ja bereits als Kind verloren, er starb in der Anstalt. Und nun bitte er um Entschuldigung, er müsse wieder nach dem Rechten schauen, werde bald den Hauptgang servieren.

Mein Bruder, ihm nachblickend: Bei einem Hilfstrüppchen von beinah zehn Leuten konnte Großvater sich ja gut auf seine Arbeit konzentrieren. Überhaupt waren bei ihm alle Voraussetzungen gegeben für ungestörte und fruchtbare Arbeit – auch in seiner Konstitution! Einer der Hauptpunkte: er hatte offenbar nicht die geringsten Schlafschwierigkeiten. Beneidenswert …! Ging, nach seiner Abendbouteille, früh ins Bett, schlief urgesund, stand gegen sechs oder fünf oder vier Uhr auf, diese Heroen der Vorzeit waren ja allesamt Frühaufsteher, und nach winzigem Frühstück ging es sofort an die Arbeit: Fortsetzung des lebenslänglichen Diktierens … Dagegen unsereins: plagt sich schlaflos mit Problemen oder Schmerzen herum, ist angeschlagen, bevor der Tag überhaupt losgeht, schleppt sich nur so dahin, kann zusätzliche Belastungen nicht mehr verkraften – wie soll man da noch das notwendige Feuer entwickeln, in dem Neues geschmiedet wird? »Aber das kann ich nur dir so sagen, Pitti.« Ah, lange nicht mehr gehörter Kindername …! »Mutter Ottilie wäre über diese Äußerungen wieder mal entsetzt und würde gleich eine bewährte Hausmedizin vorschlagen, ein Sedativum Goetheanum: ›Trink abends eine halbe Flasche Rotwein, schlaf dich aus, fang gleich am nächsten Morgen mit dem Komponieren an, das bist du dir selbst und deinen Anlagen und deinen Angehörigen schuldig.‹« Wenn er so was hört, würde er am liebsten einen der Flüche ausstoßen, für die der junge Goethe so berüchtigt war, diese oft gerügten Flüche »niederster Art«*, mit denen er offenbar beim Herzog mithalten wollte, der Grobheit für eine Form der Aufrichtigkeit, feines Benehmen für eine Form der Heuchelei hielt. Ihm selber würde hier aber nur ein dekadentes Flüchlein einfallen, damit will er sich gar nicht erst hervorwagen, zieht sich lieber ins Schweigen zurück.

Wieder scheint Max Seidel gewartet zu haben, bis eine Pause eintritt, und er bringt den Hauptgang: Ilm-Forellen, gebraten, gedünstete Kartoffeln, gefüllte Äpfel. Er legt die Fische beinah formvollendet vor, plaziert die Beilagen, nimmt das Tablett auf, bleibt abwartend stehen.

Bis zum Abtragen hätte es noch ein bißchen Zeit, da solle uns Seidel den Gefallen tun und – mit der Laterne dort – im Haus umhergehen, auch im Hinterhaus. »Ich möchte erleben, wie es sich anhört, wenn Leben im Haus ist. Sie können die Schrittgeschwindigkeit ja variieren.«

Da er bei einer Behörde arbeite, könne ihn kein Auftrag mehr überraschen; er mache sich sogleich auf den Weg. Wir sehen ihn ins benachbarte Kleine Eßzimmer gehen, hören ihn das Tablett mit Betonung in der Oberen Küche abstellen, hören ihn weitergehen, an Klotür und Stiege vorbei, zu Christianes Zimmern; er scheint dort härter, fast dröhnend aufzutreten, damit wir seiner akustischen Spur auch in dieser Distanz folgen können. Und Seidel kommt wieder näher, bei durchaus unterschiedlichem Bodengeräusch: leicht quietschende Treppenstufen, die den Höhenunterschied zwischen Vorderhaus und Hinterhaus ausgleichen, knarrende und knackende Dielenbretter.

»Wie hörte es sich eigentlich an, wenn Großvater durch das Haus ging? Du als Älterer mußt das eigentlich noch im Ohr haben.«

»Nein. Aber ich kann es mir vorstellen: die rasch stapfende, energische Bewegung eines Mannes mit kurzen Beinen und starkem Körper. Aber das hier klingt völlig anders.«

Seidel durchquert unseren Raum, geht Richtung Treppenhaus. »Bitte mich nur akustisch wahrzunehmen« ... Und, kurz verharrend: »Hört es sich zufriedenstellend an, die Herren?«

»Absolut! Die Treppe können Sie übrigens aussparen, gehen Sie noch ein bißchen umher – die wahre Hausmusik, in unseren Ohren ...«

»Das Vergnügen ist ganz meinerseits. Auf diesen Böden hat sich schließlich auch mein Vater getummelt und gesputet.« Und er macht sich wieder auf den Weg.

Der Fisch löst sich leicht von den Gräten; die Kartoffeln sind ein wenig weich; die Äpfel mit authentischer Thüringer Farce ...! Wir speisen, trinken, horchen auf die Schritte. Ja, und er kann ruhig die Türen knallen, das soll die Mäuse vertreiben. Und jetzt, jetzt rumort er vor der Schlafkammer oder dem Schreibzimmer, vor dem Arbeitszimmer oder der Bibliothek, das ist nicht so genau auszumachen. Und wieder Knacken, Ächzen von Holz – da hört man schon, daß die Böden weitflächig erneuert werden müßten ... Seidel erscheint mit gerötetem Gesicht. »Ich hoffe, die Darbietungen waren zufriedenstellend. Wie ich sehe, sind die Herren mittlerweile fertig – ich darf abtragen? Und mich verabschieden? Unter erneutem Dank für die freundliche Zuwendung zur Familienkasse?«

Walter entläßt ihn, auch in meinem Namen, bittet ihn nur um eine Zugabe. Sobald er das Haus verlassen hat, möge er eine Runde auf dem Platz gehen, dann erneut das Haus betreten, es gleich darauf wieder verlassen und weiter nach Gusto verfahren. Wir werden es uns von hier oben aus ansehen.«

»Es wird mir ein zusätzliches Vergnügen sein, die Herren.« Während er die weiten Stufen des Treppenhauses hinunterschreitet, stellen wir uns an eins der Fenster, schauen zu, wie Seidel herauskommt, hereingeht. Als er zum zweiten Mal das Haus verläßt, schwenkt er jäh ab, Richtung Frauentor.

Wir nehmen wieder Platz, prosten uns zu. Diese Abendstunde ... diese blakenden Kerzen ... dieses Nachächzen von Bodenholz ... gelegentlich dieses Knacken ... das Echo der Schritte im Hauslabyrinth ... Walter hätte Lust, Gespenstergeschichten zu erzählen, sich Geistergeschichten anzuhören, aber das holen wir nach, vorher muß er berichten von einem durchaus gespenstischen Disput mit Mutter Ottilie. Das immergleiche Thema: Sohn Walter ist nun neunundvierzig Jahre alt, hat sich letztlich aufgegeben ... Und das als Enkel des großen, großen Goethe ... Vergeuden, Verschleudern von Erbe ... Inspirierendes in Fülle: hat in Großvaters Arbeitszimmer sitzen dürfen, am Kinderschreibtisch, auch er, und es hat ihm Goethe über die Schulter geschaut und gelegentlich den Kopf gekrault ... Nicht nur der gute Geist des Hauses, sondern alle guten Geister des Hauses versammelt, vereint ... Und ganz speziell hat er noch die Musikalität geerbt, von ihr, von Mutter Ottilie ... Und was hat er mit all diesen Anlagen gemacht, wie hat er die umgesetzt? Vierzig Lieder, nun gut, sogar veröffentlicht, aber wie viele Lieder sind, bitteschön, im vergangenen Jahrzehnt hinzugekommen? Drei Opern geschrieben; zugegeben, zwei harren noch immer der Uraufführung, aber der Einakter wurde in Weimar doch aufgeführt ... Ja, gewiß, die allzu hochgespannten Erwartungen der Öffentlichkeit, wenn jemand unter dem Namen Goethe auftritt und erst recht: wenn er unter diesem Namen etwas hervorbringt. Aber dieser Druck darf einen nicht verstummen lassen, der müßte einen eher zum Großen stimulieren. Aber er …?! Gibt das Komponieren auf, weil er zu wenig Resonanz findet, bisher, und weil Mendelssohn sich nicht gerade freundlich geäußert hat über ANSELMO LANCIA. Aber Carl Loewe ist doch mit ihm zufrieden, immerhin Carl Loewe, ein Mann mit mehr als hundert Opusnummern! Na gut, das meiste sind Balladen, Balladen, Balladen, aber immerhin auch TOM DER REIMER und der TRAUM DER WITWE! Und er, Walter Wolfgang von Goethe läßt sich auch davon nicht herausfordern, nicht stimulieren, gibt sich als Komponist auf …! Versucht es mit dem Schreiben, FÄHRMANN, HOL ÜBER!, mit diesem Novellenband wurde überhaupt nichts rübergeholt, in den ersten beiden Jahren 163 Exemplare verkauft, und die restlichen 792 sollen irgendwann mal eingestampft werden, das hat der Verleger Hertz schon vor langer Zeit angedroht. Und warum holte dieser Fährmann nichts rüber? Weil Walter aus schierem Trotz auf seinen angeborenen Namen verzichtete bei dieser Publikation, er wollte ja partout unter Pseudonym oder anonym veröffentlichen, und nun hat er die Quittung: hundertdreiundsechzig Stück … Drei vergebliche Novellen … Er soll doch bei seinem Metier, der Musik bleiben, soll endlich wieder komponieren! Eine vierte Oper und zu seinem 50. Geburtstag die Neugeburt, glanzvoll! Das muß, muß, muß zu schaffen sein …! Und sie kam auf ihren alten Vorschlag zurück, eine der Vorlagen des Großvaters zu vertonen! Der hatte ihr, seiner »allerliebsten Tochter«, ja des öfteren vorgelesen, es waren Texte verschiedenster Art, einer von ihnen ein Singspiel mit den Schweizer Namen Bertschi und Bluntschli – oder so ähnlich …

Brüderlich gemeinsames Gelächter. »Gestatte, Mama, das ist doch dünne Lymphe …! Und im übrigen heißt das: JERY UND BÄTELI.« Jaja, das muß es gewesen sein … Also, das soll er sich mal anschauen, eventuell schätzt er es dann höher ein ...

Dies als einer der Aufträge, die sie ihm mit auf den Weg gegeben hat. Aber das Ergebnis auch der zweiten Lektüre steht schon fest: nicht brauchbar als Libretto! Der große Mann hat auch Kleinkram geschrieben. Das sagte er ihr auch so. Und erhielt denn prompt den Auftrag, im Archiv nach weiteren Singspielen Ausschau zu halten, eventuell könnte man zwei eher schwache Singspiele zu einem starken kombinieren, könnte hier und dort nachbessern. Das haben die Herren Eckermann und Riemer bei einigen Werken Goethes ja auch gemacht: stilistisch redigiert und Fragmentarisches zu kleinen Beiträgen montiert, und so weiter und so fort ... Andauernd will ihn die Mutter zum Komponieren verleiten, obwohl er dieses Lebenskapitel längst abgeschlossen hat. Sie sieht noch Zukunft, wo für ihn bloß Vergangenheit ist. Immer wieder muß er seine volltönende Devise hervorkramen: »Alles durch mich, alles aus mir, nichts durch andere.«* Er will nicht mehr angestachelt werden, will Otie nicht mehr als »inspirierende Muse«* im Nakken haben. Früher wollte er ein bedeutender Mensch werden, heute will er nur noch glücklich oder wenigstens zufrieden sein. Aber andauernd ihre Wiederbelebungsversuche, andauernd ihre »Quälbriefe«. Dabei hat er ihr klipp und klar geschrieben: »Laß mich in Ruhe und auf meine Art meinen Weg gehen.«* Und was es noch bringt, wenn er »Papier mit schwarzen Tippelchen bekleckst? In Verlagskatalogen sind ein paar Titel mehr annonciert. Voilá tout!«* Auch das hat er ihr geschrieben, aber sie scheint so was nicht zur Kenntnis zu nehmen. Dabei warten Tausende von Kompositionen darauf, gespielt und gewürdigt und womöglich gefeiert zu werden, Tausende von unerlösten Klangseelen, die durch Kataloge geistern, alphabetisch gruppiert, bis sie endlich dahinschrumpfen und dahinschrumpeln und einschnurren und verhutzeln und sich verkrümeln. Sprich: bis sie in Neuauflagen von Verlagskatalogen nicht mehr aufgeführt werden. Wobei ja anzumerken ist, daß seine zwei Opern und das erste Öperchen gar nicht erst im Vertrieb von Verlagen auftauchten, nur die paar Lieder bei Haslinger und bei Simrock. Generell, man hat ihn aufgegeben, und dabei soll man getrost bleiben. Wenn er keine Herzbeschwerden hat und keine Depressionen, dann ist er fähig, seinen Zustand zu genießen: ein oft lang anhaltender Zustand sanftester Entspannung, der in seiner Sanftheit zuweilen an Glück heranreicht … Und das soll er aufgeben für irgendeine selbstmörderische Zielstrebigkeit? Er hat sich in diesen Zustand hineingefunden und will da nicht mehr herauskommen. »Und damit habe ich vorerst genug von mir gesprochen. War ja geradezu exzessiv heute!«

Er steht auf, nimmt einen der Kerzenleuchter, geht in den Salon nebenan, in das Junozimmer, stellt den Leuchter auf dem Flügeldeckel ab, den er gar nicht erst öffnet, setzt sich, greift ein paar Akkorde. »Katastrophal …! Muß ich in den nächsten Tagen mal stimmen lassen … Aber eigentlich, eigentlich entspricht das meiner eigenen Verstimmung, meiner fundamentalen Verstimmung …«

Ich folge ihm mit dem zweiten Kerzenleuchter, schaue ihm auf die Finger: wie lang ist es her, seit wir vierhändig gespielt haben … Er schüttelt heftig den Kopf: »Für die eine und andere Taste bräuchte man ja ein Hämmerchen! Aber da lasse ich die heiklen Noten halt weg, das macht der Brahms bekanntlich genauso, sobald es schwierig wird …«

Und er beginnt zu spielen. Das getragene Musikstück kommt mir bekannt vor – rasches Suchen im Gedächtnis. Walter ist unzufrieden, nicht nur mit dem Instrument. »Ich krieg das nicht mehr in die Finger! Dabei wär ich verpflichtet, das draufzuhaben! Schließlich hat der Schumann mir das gewidmet.«

Danke fürs Soufflieren, jetzt weiß ich Bescheid: zweites Stück (»innig«) der DAVIDSBÜNDLERTÄNZE. Walter nimmt einen zweiten Anlauf. »Immerhin die Widmung von Robert Schumann ... Und nun dieses Geklimper ...!«

»Das sollte dich nicht allzusehr belasten, Bruderherz! Daß Schumann dir das Opus gewidmet hat, das hing wohl eher mit der Verehrung des Herrn Komponisten für unsere Frau Mama zusammen – er wollte ihr ja unbedingt etwas vorstellen, vorspielen ... Und zum Ausgleich ging er mit dir spazieren und ließ die verkürzte Widmung drucken. Im übrigen hat er in einem Brief an sie –«

»Ist gut, ist gut, ist ja gut! Du mußt das nicht weiter ausführen! Bei dir hat sie ja auch ihre Fäden gezogen, und das offenbar etwas erfolgreicher. Daß du in den diplomatischen Dienst gekommen bist, hast du ja nicht nur deiner repräsentativen Erscheinung zu verdanken. Otie hat sich seinerzeit an den alten Alexander von Humboldt gewendet, mit der Bitte, seine Beziehungen zum preußischen Hof auch einmal für dich zu aktivieren, und das hat letztlich, indirekt, seine Wirkung getan.«

»Das hat sie dir so erzählt?«

»Sie hat das zumindest angedeutet. Aber den Namen Humboldt hat sie in diesem Zusammenhang explizit erwähnt.«

»Na, das ist doch eine großartige Adresse, findest du nicht? Aber vielleicht sollten wir besser darauf verzichten, solchen Austausch fortzusetzen.«

Walter nickt, das Nicken setzt sich fort; er blickt auf die Tasten dabei. Und setzt wieder an, versucht es noch einmal mit dem zweiten Davidsbündlertanz. Schollernd die Baßklänge, zirpend der Diskant; fehlende Noten. Das Gefühl, die beiden Kerzen müßten sympathetisch zu blaken beginnen. Nach dem Schlußakkord bleibt Walter am Flügel sitzen, als überlege er, was er als nächstes spielen sollte. Aber dann sehe ich, daß er weint. Verunglücktes, vergeudetes, verpfuschtes Leben …? Ich wende mich zum Fenster, damit er nicht sieht, daß auch mir die Tränen kommen. Und so weinen wir eine Zeitlang lautlos vor uns hin.

Zwei Brüder, und sie hatten eine Schwester: Epitaph für Alma Sedina, skandalös früh verstorben. Die Spielgefährtin, die Reisegefährtin, die geliebte Schwester.

Frage, die sich im Hause Goethe (dem Haus der Tantaliden, wie Walter sagt) von selbst stellt: Hat sie Goethe gelesen? Es gab eine Zeit, da wollte sie »gelehrt« werden; in dieser Zeit könnte sie durchaus Werke von ihm gelesen haben, aber: der »Enthusiasmus« für die Gelahrtheit war rasch wieder vorbei, sie war eher fürs Praktische. Almas Fürsorge für einige der Armen in Weimar. So etwas war eine Zeitlang Mode, viele Damenkränzchen, die sich der Wohltätigkeit verschrieben, doch Alma ging weiter, sie organisierte mit Entschiedenheit: einmal pro Woche mußte sich ihre Runde treffen, jede Freundin mußte einen kleinen Geldbetrag in die hölzerne Sparbüchse werfen, und Alma führte Buch. Nach diesem Ritual brach sie mit den Freundinnen auf, sie zogen in die ›schlechte‹ Straße von Weimar. Dort lernte sie Elend kennen: Frau sitzt auf dem Boden und näht Lumpen zusammen … Frau hat Kleid gewaschen, kann deshalb an diesem Tag nicht ausgehen … Kleider und Schuhe bei Nachbarn zusammenleihen, wenn man ausnahmsweise mal etwas vorhat … Familien, die am Sonntag untätig beisammensitzen, weil ihre Kleidung so elend ist, daß sie sich nicht mehr an die Öffentlichkeit wagen, auch nicht in die Kirche ... Und dann die teuren, die überteuren Kleider für die Einsegnung! Was die Waisenbehörde, was die Armendirektion zahlt, das ist stets zu wenig. Eine Frau verdient einen Taler die Woche, das Einsegnungskleid ihrer Tochter soll acht Taler kosten – wie viele Wochen lang muß sie wieviel abzweigen, um zuletzt das Kleid bezahlen zu können, das dann gleich wieder in Zahlung gegeben wird? Ja, auch in solchen Fällen half Alma; Freundinnen trugen die »Bundeslade« mit Stoffen und Tüchern und der Spardose, Alma selbst trug die große Pappschachtel mit Fächern für Nähzeug. Und gleich an Ort und Stelle wurde einem Mädchen das Kleid angemessen oder anprobiert. Gelegentlich wurden Kinder auch ins Haus einer Freundin eingeladen, dort fanden die Anproben statt. Alma vor allem sorgte dafür, daß es dabei weder peinlich noch allzu ernst zuging.

Und mit siebzehn war sie gestorben! Das Wort Typhus, das mir während der Arbeit am Buch sowieso durch den Kopf geistert: die Typhuskranken und Typhustoten schon beim Einmarsch in Frankreich ... Auch Goethe hätte an Typhus sterben können, wäre dann als dreiundvierzigjähriger Dichter der IPHIGENIE und des TASSO und des FAUST-Fragments verschieden ...

Fortsetzung meiner Frankreich-Reise. Auf der Fahrt respektive: der Suche nach Praucourt übte ich verschiedene Formen der Selbstbeschimpfung ein. Was, zum Teufel, lockt oder führt dich in diese öde Region? Welch enkelhafte Beflissenheit, zu Städten, Dörfern, Kaffs zu fahren, vor denen Großvater selig biwakiert hatte oder in denen er einquartiert war? Zeit genug, Schimpfworte zu sammeln, vorwiegend italienische, denn wiederholt blieb die Kutsche stehen,

Jean kletterte vom Sitz, tapste auf Leute zu, die vor Häusern standen oder aus Häusern kamen: Wo ist Praucourt? Von Auskunft zu Auskunft schien der Weiler noch kleiner zu werden, und als der Wagen nach mehreren Umwegen von der kleinen Landstraße auf schmalem Weg zu den zwei, drei Bauernhäusern hinüberfuhr, war auch das Minimum an Reiselust erreicht.

Im ersten Haus wieder die ausführliche Erkundigung; unter den Pferdehufen zerbröckelten, zerbröselten Matschverkrustungen, Schlammverhärtungen. Als Arendt schließlich vor die Türe trat und erklärte, dies sei tatsächlich Praucourt, da wurde der Verdacht konkret, daß der Frage des Kutschers erst mal ein Bericht über die merkwürdigen Reiseziele des Fahrgasts voranging, bei mindestens einem Schnaps.

Also: Praucourt, bitte schön aussteigen! Ich zögerte nach wiederholtem Rundblick: lohnte das überhaupt die Mühe, mich vom Sitz zu erheben? Natürlich hatte ich nicht erwartet, daß noch Zeltpflöcke oder ein dekorativ verwittertes Wagenrad zu sehen waren, ein liegengebliebenes Kanonenrohr, aber diese Gegend erschien mir allzu entschieden ausgeräumt.

Jean Arendt war schon wieder im Haus verschwunden, in dem Stimmen lauter wurden mit Gelächter. Galt das mir? Dann war es nicht ganz unberechtigt: noch nie wird jemand freiwillig in diesen desolaten Winkel gefahren sein! Ich ging von den drei Häusern aus ostwärts und sah eine langgestreckte Senke. Eine durch jährliches Pflügen geglättete Senke – wie viele Fruchtfolgen mittlerweile schon wieder? Die Senke respektive Geländefalte begann an einem kleinen Erddamm; von dort herab ein Bächlein, ein Rinnsal. Und sanft nach links, nach Osten hin ansteigend, eine Feldfläche und sehr sanft nach rechts, nach Westen hin ansteigend, eine Feldfläche: Platz genug für ein Heerlager. Das Bild, das ich beim Lesen gewonnen hatte, es begann sich mit dem

Bild zu decken, das ich sah, an einem geradezu höhnisch hellen, wolkenlosen Tag. Die Ackerflächen, die einander zugeschrägt sind, so gemach, daß selbst das Wort Senke übertrieben scheint, sie waren damals Matschflächen mit Zelten; das Rinnsal war ein kleiner Bach; oben, am jetzigen Teich, muß die Feldschlachterei gewesen sein; es dürfte dort bereits die Erdaufschüttung gegeben haben mit dem Wasser, das man zum Schlachten brauchte; dabei wurden die Innereien in den Teich geworfen. Und: der obere (!) Teil des Wasserlaufs als langgestreckte Latrine. Beim anhaltenden Regen stieg das Wasser hinter dem Erddamm immer höher, er wurde durchbrochen, Wasser, Matsch, Gekröse und reichlich Kot wurden hinabgeschwemmt, wurden so im Lager verteilt, eine wortwörtliche Schweinerei.

Den kleinen Teich zu inspizieren, hatte ich keine Lust mehr. Zum Wald oder zum Wäldchen hinüber war es mir zu weit: bestimmt drei Minuten Fußmarsch. Ich ging zum Haus, in dem Lachen und Sprechen verquirlt wurden, und rief: »À Longwy!« Und es sanken die Stimmen in sich zusammen, der Kutscher gab Laut, schurchte heran, zog sich mühsam zu seinem Sitz hoch, wendete, von der Familie beobachtet, die sich an der Haustüre locker gruppierte, ich hatte aber keine Lust zu einer Zählübung. Ich stieg ein, lehnte mich zurück, die Kutsche ruckte an, wir zuckelten zur Landstraße zurück, das Gefährt schwenkte nach rechts ein: à Longwy …!

Johann Konrad Wagner, bereits 55, und sein schwarzer Pudel als die ersten, die Goethe im Heerlager von Praucourt begrüßten: so hat er das diktiert, so ist es zu lesen im Bericht. Wagner wird als Zeuge wichtig, für Goethe und gegen Goethe. So widme ich ihm eine kleine Skizze.

Wagner, Kammerdiener und Kämmerer in einer Person, verfügt über einen eigenen Wagen, denn ihm ist die Weimarer Kriegskasse anvertraut: eine wohl eisenbeschlagene Truhe, sicherlich angekettet im Gefährt. Der Pudel als zusätzlicher ›Wächter‹. Im Schlamm und in der Scheiße des Heerlagers wird Wagner den geliebten Pudel tragen. Und er wird, bei einem Gespräch, den Pudel im Arm halten. Wird ihn als treu bezeichnen, wird ihn loben, weil er so gut die Kriegskasse bewacht, das Vertrauen des Herzogs rechtfertigend, zur Belohnung wird er in Paris eine leckere Fleischpastete erhalten, die wartet schon in einer Terrine auf ihn, denn alles wird ganz rasch gehen, die Franzosen werden allesamt die Flucht ergreifen, wenn es zu einer Feldschlacht kommt, nebenan in Longwy haben sie ja auch umgehend kapituliert, das wird in diesem Stil so weitergehen, jedenfalls wünscht er sich das (auch) für seinen Pudel, der mag es nicht, wenn es knallt, und schon gar nicht, wenn es besonders laut knallt …

Der Hund schläft ein, Wagner kann sich wieder anderen Themen zuwenden, und er will nicht stumm bleiben, wenn der Geheimrat schon mal bei ihm im Zelt sitzt. Sein Ernst, plötzlich: Ob die Mutter vom Herrn Geheimrat sich noch unter den Lebenden befinde?

Ja, sie ist noch sehr lebendig mit ihren sechzig Jahren, sie wohnt in Frankfurt, schreibt ihm zuweilen einen Brief, gelegentlich besucht er sie, und das ist meist sehr kurzweilig, sie äußert sich höchst originell. Doch so beweglich sie im Kopf ist – sie hat es noch nie geschafft, nach Weimar zu kommen. Von Reisen hält sie nichts. So wird er die »liebe Kleine« demnächst mit dem »Augustchen« nach Frankfurt schicken.

Für Wagner sind dies unerwartet vertrauliche Äußerungen; er kennt den Herrn Geheimrat nur von offiziellen Auftritten, also mit bestickter Uniform, mit dem Galanteriedegen, mit dem Hut unter dem Arm, und er macht förmliche

Verbeugungen, demonstriert Würde, hält damit auf Distanz. Nun, im Zelt, bei Regen, rückt man enger zusammen, und man spricht sogar über die Mutter, die Mütter. Ja, seine Mutter hat Wagner schon einige Zeit vor diesem Feldzug ins Stift bringen müssen, ins Altenspital, und er war entsetzt: alles im argen! Er hat sich das genau angesehen und eingeprägt, für den Fall, daß es sich einmal ergeben sollte, daß er dem Gnädigsten Herrn darüber Bericht erstatten kann. Zur Zeit hat Serenissimus freilich ganz andere Sorgen, er denkt eher an seine Männer auf dem Biwakstroh, soweit vorhanden, da kann er sich nicht für alte Frauen interessieren, die im Stift auf Stroh liegen – bis auf die wenigen, die sich eine Lagerstatt ergattert haben. Im Winter kann dieser Schlafsaal nicht geheizt werden, kein einziger Ofen hier, nur der alte Spittelmeister hat ein Öfchen in seinem Zimmer, und sobald es auf den Winter zugeht, wird er von alten Weiblein umworben, er hält sich, mit Verlaub, so etwas wie einen Harem von Greisinnen. Ja, es geht ihm nach, es verfolgt ihn, was er in diesem Altenstift mit eigenen Augen sehen mußte. Und er bittet den Herrn Geheimrat um Verzeihung, daß er inmitten all des Drecks und Elends hier im Lager auch noch vom heimischen Elend spricht. Aber er hegt dabei ein wenig die Hoffnung, auch Exzellenz könnte sich dafür einsetzen, daß die Gnädigste Frau Herzogin sich diese Einrichtung später einmal ansieht, am besten ohne Voranmeldung. Sie wird sich viel damit zumuten, aber die alten Leute dürfen nicht länger in diesem Dreck bleiben. Das Stroh wird viel zu selten gewechselt, also fault es wegen der Ausscheidungen der Körper – meist unkontrollierte Ausscheidungen, und das alles in den meist ungelüfteten Räumen – »Euer Gnaden können sich nicht vorstellen, welch ein pestilienzialischer Gestank sich da entwickelt.«

»Wollen Sie unbedingt, daß ich das Zelt verlasse?!«

Eine der Erweiterungen, die sich während des Schreibens ergeben: daß ich zwischen den Kriegsbildern mit Goethe gelegentlich ein Familienbild zeige. Dies als Brief, den er aus dem Feld an seine »Hausgenossin«, »Freundin«, an seinen »Küchenschatz«, »Bettschatz« schrieb – die siebenundzwanzigjährige Mutter des bald dreijährigen Sohnes.

»Gestern bin ich im Lager bei dem Herzoge angelangt, habe ihn recht wohl und munter gefunden und schreibe Dir in seinem Zelte mitten unter dem Geräusch der Menschen, die an einer Seite Holz fällen und es an der andern verbrennen. Es ist fast anhaltender Regen, die Menschen werden weder Tag noch Nacht trocken, und ich kann sehr zufrieden sein, daß ich in des Herzogs Schlafwagen eine Stelle gefunden habe, wo ich die Nacht zubringe. Alle Lebensmittel sind rar und teuer, alles rührt sich und regt sich, um sich seine Existenz nur ein wenig leidlicher zu machen. Dabei sind die Menschen meist munter und ziehen bald aus diesem, bald aus jenem Vorfalle einen Spaß. Gestern kamen zwei erbeutete Fahnen, himmelblau, rosenrot und weiß, einige Pferde, zwei Kanonen und viele Flinten an, worüber man sogleich Regen und Kot vergaß.

Dieses schreibe ich Dir auf französischem Grund und Boden nicht weit von Longwy, das die Preußen vor einigen Tagen eingenommen haben. Sei meinetwegen unbesorgt, ich habe Dich recht lieb und komme sobald als möglich wieder. Küsse den Kleinen, an den ich oft denke. Auch an alles, was um Dich ist, an unsre gepflanzten Kohlrüben und so weiter; lebe wohl, mein Liebstes. G.«

Goethe hatte offenbar keine klar definierte Aufgabe bei der »Kriegsoperation« in Frankreich, aber es wurde sicherlich von ihm erwartet, daß er dem Herzog und seinen Offizieren gelegentlich etwas darbot, das sie ablenkte, unterhielt, ermunterte – er selbst deutet seine Rolle als Gesellschafter, als Alleinunterhalter an. Diese Andeutungen genügen dem Enkel freilich nicht, und so ergänze ich, meinen Spielraum nutzend.

Der Herzog, damals Mitte Dreißig, setzte auch in Frankreich die Tradition des »Offizierstischs« fort, und hier war Goethe willkommener Gast. Falls man sich einquartieren konnte, versammelte man sich in einem Zimmer; sonst rückte man eng zusammen im Herzogszelt. Bei der nassen Witterung gab es wahrscheinlich Punsch. Schließlich aufgefordert, von sich und seiner Arbeit zu erzählen, könnte Goethe von einem Projekt berichten, das ihn bereits in Italien beschäftigt hatte: das Opernlibretto DIE MYSTIFIZIERTEN. Er mußte diesen Plan allerdings aufgeben; damit die Vorarbeiten nicht umsonst waren, hat er den Stoff in ein Lustspiel umgewandelt: DER GROSS-COPHTA. Das Stück erschien dieses Jahr im Druck. Die, zugegeben, sehr geringe Resonanz veranlasse ihn, in diesem Kreis lieber vom vorhergehenden Opernprojekt zu sprechen.

Die Hauptfigur der komischen Oper sollte ein souveräner Betrüger sein: Cagliostro. Durch seine Betrügereien deckte er auf, wieviel Betrügerei in der höfischen Gesellschaft des Ancien régime üblich geworden war: Korruption in verschiedenster Hinsicht. Um dies zu verdeutlichen, verband er die Betrugsmanöver Cagliostros mit dem großangelegten Betrug der Halsbandaffaire, die das Königshaus in Mißkredit brachte und vor allem die höfische Gesellschaft. Diese Ereignisse liegen bereits sieben Jahre zurück, er darf sie kurz in Erinnerung rufen.

Jeanne de St. Rémy de Valois, damals um die Dreißig, war verheiratet mit dem Grafen de La Motte. Kein echter Graf, aber als Graf akzeptiert. Zum näheren Bekanntenkreis seiner Frau gehörte der Straßburger Fürstbischof, Kardinal Louis-René de Rohan. Der war in einer mißlichen Lage: als Gesandter hatte er in Wien den Fehler begangen, Maria Theresia, die Mutter der Königin Marie Antoinette, zu kritisieren, ja zu schmähen. Am Hof daraufhin in Ungnade gefallen, setzte er alle Hebel in Bewegung, um wieder akzeptiert zu werden; dabei sollte die Königin selbst eine vermittelnde Rolle spielen. Die Gräfin Jeanne de St. Rémy de Valois, in die Überlegungen einbezogen, gaukelte ihm vor, sie könne eine Begegnung mit Marie Antoinette arrangieren, im Park von Versailles, im Schutz der Dunkelheit. Es kam zu diesem Treffen, aber auch hier herrschte Betrug: die Königin wurde dargestellt von der Schauspielerin und Dirne Marie-Nicole LeGuay d'Oliva, dreiundzwanzig. Sie schenkte dem fast sechzigjährigen Kardinal zum Abschluß des kurzen Gesprächs eine Rose, deutete an, er könne wieder die Gunst des Hofs erringen, nannte aber noch nicht die Konditionen. Das Betrügerpaar fälschte Briefe der Königin an den Kardinal. Auf diese Weise wurde Rohan souffliert, die Königin wolle sich bei einem Pariser Juwelier ein überaus kostbares Halsband kaufen, und dazu brauche sie einen diskreten Vermittler. Der Kardinal übernahm gern diese Aufgabe, schloß mit den beiden kooperierenden Juwelieren den Kaufvertrag ab, der Ratenzahlungen durch den Hof vorsah, erhielt das Halsband, übergab es dem falschen Grafen, der ihm versprach, er werde es der Königin persönlich überreichen. Das Ehepaar jedoch halbierte das Halsband, es wurde in Frankreich und (durch den rechtzeitig geflohenen ›Grafen‹) in England verkauft. Die Juweliere warteten vergeblich auf die erste Rate, mahnten sie schließlich bei Hof an; damit wurde alles ruchbar. Der Kardinal, die Dirne, die Gräfin wurden in der Bastille eingesperrt. Das Parlament berief einen Ausschuß ein zur Untersuchung der Vorgänge. In der Öffentlichkeit wurde immer lauter ausgesprochen, die Königin sei in die Affaire eingeweiht, ja sei an ihr beteiligt gewesen. Das Königshaus machte sich noch verdächtiger, als es wiederholt versuchte, den Ausschuß zu beeinflussen: alle Schuld sollte dem Kardinal angelastet werden. Der aber konnte nachweisen, daß er getäuscht worden war, er wurde im Prozeß freigesprochen, die Dirne ebenfalls. Die Gräfin aber wurde hart bestraft.

Wie sehr Goethe von dieser Affaire schockiert war, welche Befürchtungen um das Ansehen der Monarchie bei ihm, dem Monarchisten, ausgelöst wurden, das hat er hinreichend dokumentiert. Der unermüdliche Schuchardt hat mir dazu eine Liste von Zitaten überreicht. In der definitiven Fassung des Buchs werde ich sie in die Szene einarbeiten. Hier nur eine kurze Aufreihung.

Goethe hat diese Affaire, hat den Prozeß »mit großer Aufmerksamkeit« verfolgt; es eröffneten sich ihm »Hof- und Staatsabgründe«; die »Würde der Majestät« wurde »untergraben«; er sah »den schönsten Thron der Welt erschüttert«, sah »Ungeheures«; der Prozeß brachte ihn »fast um den Verstand«; er glaubte, das »Haupt der Gorgo« zu erblicken. »Die durch jenen Prozeß entstandene Erschütterung ergriff die Grundfesten des Staates, vernichtete die Achtung gegen die Königin und gegen die obern Stände überhaupt: denn leider, alles was zur Sprache kam, machte nur das greuliche Verderben deutlich, worin der Hof und die Vornehmeren befangen lagen.« Und er schrieb, 1781, an seinen Freund Lavater: »Ich habe Spuren, um nicht zu sagen Nachrichten, von einer großen Masse Lügen, die im Finstern schleicht, von der du noch keine Ahnung zu haben scheinst. Glaube mir, unsere moralische und politische Welt ist mit unterirdischen Gängen, Kellern und Kloaken miniert, wie eine große Stadt zu sein pflegt, an deren Zusammenhang, und ihrer Bewohnenden Verhältnisse wohl niemand denkt und sinnt; nur wird es dem, der davon einige Kundschaft hat, viel begreiflicher, wenn da einmal der Erdboden einstürzt, dort einmal ein Rauch aus einer Schlucht aufsteigt.«

In dieser Affaire sieht Goethe das Symptom einer Krankheit, die bereits chronisch geworden war. Bei all dem Blendwerk, bei all der Betrügerei, bei allem Okkultismus und Obskurantismus der höfischen Gesellschaft Frankreichs hätten nur die mit Überzeugung und Nachdruck wieder aufgegriffenen Lehren der Aufklärung helfen können. Er war und ist der Meinung, daß man aus dieser Vorgeschichte der blutigen und blutrünstigen Revolution lernen müsse, außerhalb Frankreichs – falls es nicht gelinge, die Revolution mit Waffengewalt in ihre Schranken zu verweisen. »Die Halsbandgeschichte als düstre Vorbedeutung« respektive als schlimmes Vorzeichen, »die Revolution selbst als die gräßlichste Erfüllung«. Mit seinem Opernprojekt wollte er, mit seinem Lustspiel will er verhindern helfen, daß sich im deutschen Bereich Zustände entwickeln, wie sie hier in Frankreich zur Revolution geführt hätten.

Würde jemand aus der Runde nun eine kritische Frage riskieren? Beispielsweise: Goethes dezidierte Kritik am Ancien régime und seine dezidierte Ablehnung der Volkserhebung gegen die Monarchie – wie läßt sich das vereinbaren?

Und es regnete in der Champagne, und es regnet in Sachsen. Tropfenspuren, die von weiteren Tropfenspuren durchquert, durchschrägt werden; langsam herabgleitende, stokkende, hinabschießende Tropfen; fortgesetzt das Plicken von Tropfen ans Fensterglas. Und es wachsen die Pfützen. Ich weiß nicht, ob Goethe dieses Wort jemals benutzt hat:

Pfütze. Die kleinen Pfützen, die weiten Pfützen, die Pfützespfützen, jedes Pfützchen will Pfütze werden, jede mittlere Pfütze will Großpfütze sein; zumeist dichte, manchmal weniger dichte Verteilung von Regentropfen auf Wasserflächen, die sich aus zahllosen Regentropfen gebildet haben; der Regen möchte sein Spiegelbild finden in ausgedehnten Pfützen, doch die Spiegelflächen werden unablässig von aufplitschenden Regentropfen gesprenkelt, Kreise breiten sich aus, überschneiden sich überschneidende Kreise. Eigentlich möchte das Wasser nur noch ablaufen, aber es weiß schon nicht mehr wohin: Teiche sind schwappvoll, Bäche treten über die Ufer, Ackerflächen scheinen bereit zum Anbau von Reis.

*K*urzgefaßtes Schreiben von Schuchardt an den sehr geehrten Herrn Dr. von Goethe! Gerne übernehme ich den Auftrag, einige charakteristische Textstellen der C.I.F. mit Tagebuchaufzeichnungen des »Kämmeriers« Wagner zu vergleichen, soweit sie von G. herangezogen wurden. In Anbetracht meiner Aufgaben als Direktor der hiesigen Zeichenschule und der in den letzten Wochen erheblich gewachsenen Inanspruchnahme als Kustos des Archivs (derzeit vor allem durch Frau Nees von Esenbeck, deren Anfragen vielfach nur durch Exzerpte aus Handschriften zu beantworten sind!) sehe ich mich außerstande, diesen Auftrag in gewünschter und gewohnter Zügigkeit auszuführen.

Da Wagners Tagebuch ohnehin in der Großherzogl. Bibliothek archiviert ist, habe ich meinerseits einen Mitarbeiter herangezogen mit der Aufgabenstellung, in ausgewählten Beispielen eine Transkription der kriegsbedingt problematischen Handschrift zu erstellen und selbständig die gewünschten Vergleiche einiger charakteristischer Textstellen durchzuführen. Gustav Roethe (die Ähnlichkeit des Familiennamens ist rein zufällig!), der diese Arbeit übernommen hat, zieht seinerseits Vergleiche mit der Kriegsrealität, wie er sie in den Jahren 1813/14 erlebt und erlitten hat. Seine Urteile zitiere ich unter Vorbehalt, ich stelle Ihnen die Nutzung anheim.

Weil lediglich ein Eindruck vermittelt werden soll von Gs. Arbeitsweise, beschränke ich mich auf (jeweils) zwei Vergleiche. In Grevenmacher, kurz hinter Igel, ließ sich G. vom Postmeister informieren. Den sicherlich realistischen Bericht gibt G. »verharmlosend« wieder (laut Roethe). Demnach hob der Postmeister hervor, »wie die Preußen beim Einmarsch ruhige und schuldlose Dörfer geplündert, es sei nun durch die Truppen geschehen oder durch Packknechte und Nachzügler; zum Scheine habe man's bestraft«.

Wagner hört und berichtet es anders: »Ein Frauenzimmer schoß einen Husaren, daß er vom Pferde fiel; auch blieben 2 preußische Jäger auf der Stelle tot; über den verwundeten Husaren fiel nun alles her und mordete ihn. Die Husaren aber machten aus diesen Mördern ein Haschee; das Frauenzimmer, welches den Husaren geschossen, wurde ebenfalls in Stücke gehauen.«

Zweiter, noch deutlicherer Vergleich: die Beschreibung des Heerlagers von Praucourt. Goethe: »Man denke sich's auf einer Ebene am Fuße eines sanft aufsteigenden Hügels, an welchem ein von alters her gezogener Graben Wasser von Feldern und Wiesen abhalten sollte; dieser aber wurde so schnell als möglich Behälter alles Unrats, aller Abwürflinge; der Abzug stockte, gewaltige Regengüsse durchbrachen nachts den Damm und führten das widerwärtigste Unheil unter die Zelte. Da ward nun, was die Fleischer an Eingeweiden, Knochen und sonst beiseite geschafft, in die ohnehin feuchten und ängstlichen Schlafstellen getragen.« (Unter ängstlichen Schlafstellen versteht G. wohl unangemessene, unbequeme, womöglich unzumutbare Schlafstellen.)

Nun Wagner. »Wir standen allda nahe an einem Holz, um welches ein Graben gezogen war. In diesen Graben hatten die Feldmetzger alle Eingeweide ihres ausgeschlachteten Viehs geworfen; auch bedienten sich die allda stehenden Soldaten desselben zu ihrem Abtritt; alle diese Därme, Mägen und dergl. auch alle darinnen befindlichen Exkremente brachte dieses Wasser nun mit und schlemmte alles dies in die Gegend, wo unsere Zelte standen; dies verursachte nun einen erschrecklichen Gestank, so daß wir genötigt waren, unsere Lager zu ändern.«

Gs. Beschreibung, laut Roethe: »Schlimmstes mildernd«, »Schrecken nur gestreift«. Überhaupt rundet G. Kanten ab, reduziert Sperriges. Hält damit wohl Material disponibel, vergrößert seinen Spielraum. Zitat Roethe, auf Vorbehalt: »Alles, was von Wagner abweicht, halte ich für freie, teils absichtliche, teils sorglose Umgestaltung.«

Zum Abschluß des ersten Briefbeitrags: die Läuse- und Wanzenplage in der Armee wird von G. nicht erwähnt, auch nennt er die (früh schon!) »eingerissene Krankheit« nie beim Namen, in der C.I.F. ist nirgends die Bezeichnung Typhus zu lesen, auch nicht Ruhr, Blutruhr.

G. filtert aus, mildert ab. Sein Leitwort: Euphemismus. TAG- UND JAHRESHEFTE 1821: »Man wollte durchaus wahr bleiben und zugleich den gebührenden Euphemismus nicht versäumen.« G. schrieb, mit Blick auf diesen Feldzug, vom »Widerwärtigsten, das durch milde Behandlung wenigstens erträglich werden kann«. Auch das neue Buch solle »hinreichend unterhaltend« werden. G. war nach erster Probelektüre des Ganzen zufrieden: »Das Unheil geht denn doch so leicht hintereinander weg, es ist verdrießlich, aber lastet nicht.« Also: Leser sollen nicht belastet werden. Der Euphemismus obsiegt, bis auf einige Punkte der Irritation.

*K*leines Weimarer Modell der Wahrnehmungsweise Goethes. Ich schreibe ihm ein gelb getöntes Glas zu und lasse ihn Assoziationen folgen, sich selbst aus der Farbenlehre zitierend. (Caroline Nees sei für die grundlegenden Notizen gedankt.)

Also: die niederdrückende Wirkung des anhaltend schlechten Wetters kann, in wahrhaft begrenztem Rahmen, ein wenig gemildert werden, wenn man die verregnete Landschaft durch das gelbe Glas betrachtet; damit wird sogleich ein Gefühl von Wärme entstehen, trotz der kühlfeuchten Luft, und »das Auge wird erfreut, das Herz ausgedehnt, das Gemüt erheitert«. In seiner »höchsten Reinheit« wirkt das Gelb stets aufhellend; dies kann unter den obwaltenden Umständen aber nur erdacht werden. Es liegt, bei dieser Witterung, bei den gegenwärtigen Lichtverhältnissen näher, sich das Gelb beschmutzt zu denken oder »einigermaßen ins Minus gezogen«. Hier denkt man beispielsweise an Schwefel: Gelb mit einem durchaus unangenehmen Stich ins Grüne. Oder es fallen einem »die gelben Kreise auf den Mänteln der Juden« ein. Mischt sich das Gelb aber mit dem Rot zum Rotgelb, so »wächst die Farbe an Energie«, erscheint »mächtiger und herrlicher«, man denkt an »Wärme und Wonne«, die Farbe repräsentiert »höhere Glut« und den »milderen Abglanz der untergehenden Sonne«. Noch energiereicher wirkt das Gelbrot, hier ist die »höchste Energie«; kein Wunder, »daß energische, gesunde Menschen sich besonders an dieser Farbe erfreuen«.

Dies sind höchst erwünschte Farben, doch es herrschen

eher »Farben von der Minusseite« vor zu dieser Zeit. Betrachtet man die Regenlandschaft durch ein blaues Glas, so erscheinen alle Objekte in einem besonders »traurigen Licht«. Und das Licht wird »furchtbar«, wenn man sich ein Purpurglas vor die Augen hält – so ungefähr wäre das Licht am Tag des Jüngsten Gerichts. Es empfiehlt sich aber nicht, in dieser durchaus traurigen Lage von traurigem Licht zu sprechen, also kein Wort mehr über Blau, Rotblau und Blaurot, man denke viel lieber an reines Rot, ohne einen Stich ins Gelb oder Blau. »Die Wirkung dieser Farbe ist so einzig wie ihre Natur«, sie vermittelt den Eindruck von »Ernst und Würde«, von »Huld und Anmut«. Und damit genug.

*F*ortsetzung meiner Frankreichreise. In Longwy, das wir ohne Umweg erreichten, begann sich zaghaft ein Sinn des Unternehmens abzuzeichnen: der Ortstermin brachte zusätzliche Erkenntnisse zur Lektüre, zumindest für mich als Leser, der von Militaria nicht viel versteht. Zwar kann ich in Gentleman-Manier eine Pistole laden und abfeuern, aber ich hatte kaum eine Ahnung vom Festungsbau, hier wurden mir in Longwy die Augen geöffnet.

Zuvor, während der Anfahrt: der Ortsname Longwy gliederte sich auf. Am Fuß des Steilhangs der Stadtteil Longwy-Bas; von dort aus fuhren wir in weiten Serpentinen zur Oberstadt, der eigentlichen Festungsstadt Longwy-Haut, am Schluchtenrand des Hochplateaus. Wir kamen am späten Nachmittag an, ich suchte erst einmal Quartier, fand es in einem bescheidenen Hotel. Nach der Enttäuschung von Praucourt ein Dämmerschoppen, ein gutes Abendessen; anschließend ein Stadtbummel ohne Erkenntnisgewinn. Zahlreiche Uniformen auf den Straßen, die Stadt weiterhin als Garnison. Und der desolate Eindruck eines übermäßig weiten Marktplatzes mit einem Rathaus und einer Kirche auf einer der Karreeseiten.

Dem Kutscher gab ich für den nächsten Vormittag frei. Ich spazierte wieder in der kleinen Stadt umher. Auf dem überweiten Platz wurde exerziert, ich schaute nicht weiter hin. In welche Richtung ich auch ging, ich stieß auf Festungsmauern, Festungswerk – Zutritt jeweils streng verboten. Ich ging zum Stadttor hinaus, durch das wir am Vorabend hereingefahren waren, und was ich bei flüchtigem Blick festgestellt hatte, das bestätigte sich beim erkundenden Promenieren: ungeheuer massive Festungswerke in hellem Sandsteinmauerwerk.

Von der Brücke vor dem Stadttor führte ein Pfad hinunter in den Festungsgraben. Niedriges Buschwerk, Frieden signalisierend. Oben auf dem Mauerwerk zuweilen ein Uniformierter, offenbar bewachend, was sich selbst schützt. Ich umwanderte die große Festung, die kleine Stadt. In regelmäßigen Abständen gewaltige Bastionen. Eine weitere Brücke, ein zweites Stadttor. Fortsetzung der Umrundung, ich erreichte wieder meine Brücke, stieg hinauf. Über dem Tor, an seinen Flanken viel Halbrelief: Tusch und Trommelwirbel und Fanfarenstoß im hellen Stein – emblematische Selbstdarstellung, Selbstfeier der Monarchie.

Erst im Hotel, auf einem Kupferstich hinter Glas, erkannte ich die Grundform der Stadt: eine sternförmige Festung mit sechs vorgeschobenen Bastionen; zentral der große Platz. Aus der Vogelperspektive gesehen, wurde die Stadt mit Festungswerk zu einer Festungsanlage mit kleiner Stadt. Etwa die Hälfte des gesamten Areals von Festungswerk bedeckt; geometrisch angelegt die Straßen und Gassen. Der Stadtgrundriß von der Regelmäßigkeit eines Kristalls.

Ich muß Dich darauf vorbereiten, lieber Freund in Jena, daß ich, voraussichtlich an dieser Stelle, in das Buch einen kleinen Exkurs einrücken werde über eine Stadt als Festung. Denn Longwy und (später) Verdun: dies sind keine befestigten Städte, dies sind Städte als Festungen. Als ich nach Longwy fuhr, hatte ich erst die Vorstellung, solch eine Stadt sei mit einer Mauer mittelalterlicher Tradition umgeben, verstärkt von Türmen, und mit Geschützen versucht man, die Befestigung sturmreif zu schießen: Mauer fällt zusammen, Soldaten stürmen durch die Lücke ... So etwas aber ist schon lange her – ich hatte mich vor dieser Reise um militärische Entwicklungen nicht weiter gekümmert. Also mußte ich nachholen.

Dazu habe ich, unverhofft, einen Berater gefunden: Ludwig von Gleichen-Rußwurm. Du wirst seinen Namen wahrscheinlich nur mal gehört haben, eine etwas erweiterte Visitenkarte dürfte also hilfreich sein. Emilie, seine Mutter, ist das jüngste von Schillers Kindern; auf Schloß Gleichenstein in Franken verwaltet sie den Nachlaß ihres Vaters; Ludwig nimmt der Zweiundsechzigjährigen (die ihre drei Geschwister bereits überlebt hat) zuweilen eine Archivalienreise ab; zur Zeit hält er sich in Weimar auf, sucht Dokumente zu Schillers hiesiger Theaterarbeit. Ich habe Ludwig in einem privaten Cercle kennengelernt: wir Enkel haben uns sofort verstanden. Er hat alles gelesen, was von seinem (vorbehaltlos bewunderten!) Großvater veröffentlicht wurde; durch die Zuarbeit für seine Mutter kennt er sich auch im Nachlaß aus. Ich darf allerdings anmerken, daß Schiller nicht siebzehntausendachthundert Gesteinsproben, zwanzigtausend Briefe, fünfundzwanzigtausend Rechnungen und Quittungen und (ich übertreibe vorsätzlich!) einige Festmeter an Texten aller Art hinterlassen hat, auf Gleichenstein hat die literarische Hinterlassenschaft nachkommenfreundlichere Dimensionen.

Ludwig zeichnete mir, mit flottem Strich, den typischen Grundriß einer Festungsanlage, wie sie der große Vauban geschaffen hatte, der wohl meistbeschäftigte und höchstdotierte Festungsbauer des 18. Jahrhunderts.

Was Ludwig mir skizzierte: das Sechseck einer »bastionierten« Stadt; das regelmäßige Straßenraster mit dem Platz in der Mitte; die »Kernmauer«; die ins Terrain hinausgeschobenen Bastionen, zwischen denen der Gegner verbluten sollte. Zusätzlich die Detailzeichnung einer solchen Bastion in der »Manier« von Sébastien le Prestre de Vauban. Ich notierte Fachbegriffe, habe sie vor mir auf dem Tisch liegen, kann aber nicht mehr viel mit ihnen anfangen, mir geht, mit Verlaub, alles durcheinander: Defenslinie und Brustwehr; Kurtine und Ravelin; die Lünette, die Grabenschere; das Reduit. Die Liste ist noch viel länger! Alles sehr, sehr kompliziert, alles bestimmt von sogenannten Feuerplänen; sämtliche auch nur erdenkbaren Möglichkeiten des Angriffs sind architektonisch berücksichtigt: Abgesichertes sichert Abzusicherndes, das wiederum Abgesichertes absichert ... Als größte fortifikatorische Monstrosität gelte die Stadtfestung Luxemburg: auf jeden Hektar Stadtgebiet etwa dreißig Hektar Verteidigungsanlagen.

Soviel verstand ich trotz der Begriffsinvasion doch auf Anhieb: die Stadtfestungen, die Festungsstädte waren so angelegt, daß jede Belagerung sinnlos wurde bei entschlossenen, gut proviantierten und ausgerüsteten Verteidigern. Dennoch wurden solche bastionierten Stadtfestungen erobert. Wie ging das?

Durch beschießende und bombardierende Artillerie, dann durch stürmende Infanterie. Ludwig zeichnete noch einmal, vereinfacht, das Sechseck mit den Bastionen, skizzierte Artilleriestellungen, die von den Belagerern durch Erd- und Schanzwerk vor dem Beschuß der Stadtfestung geschützt werden. Zweierlei Arten von Kanonen. Das gewöhnliche Feldgeschütz, das direkt auf das Festungswerk schießt, an genau ausgesuchten Punkten. Hier wird schließlich eine Bresche geschossen. Die sieht ähnlich aus wie ein kleiner Erdrutsch – hinter dem zerschossenen Mauerwerk bricht die aufgeschüttete Erde hervor, und über diese Erdschräge versucht man, die Stadtfestung zu erstürmen.

Das führt in kürzester Zeit zu einer völligen Überlastung der Militärärzte bei den Belagerern, kostet übermäßig viele Tote. Also setzt man Mörser ein, deren kurze Läufe in berechneten Winkeln schräg nach oben gerichtet sind. Die Kugeln fliegen steil in die Luft, fallen am Scheitelpunkt in gleichem Winkel hinab, schlagen innerhalb der Festungsanlage auf: die Kanonenkugel als »Bombe«. Die Festungswerke werden also gleichsam übersprungen, die vielpfündigen Kugeln schlagen dort ein, wo eine Stadt nicht befestigt werden kann: in Dächern. Falls eine Kugel ausgehöhlt und mit einem Brandsatz gefüllt ist (der schon beim Flug sichtbar wird in kleinem Feuerschweif), so wird mit dem Aufschlagen in einem Speicher oder Dachgeschoß leicht ein Brand ausgelöst. Bombardierte Städte brennen oft weitflächig; das kann schließlich zu einer Übergabe, einer Kapitulation führen – falls es nicht, nach einer »Breschierung«, zum Sturmangriff kommt.

Das war, so ergänze ich, in Longwy aber nicht nötig, die erboste Bevölkerung setzte dem Festungskommandanten zu, er solle die Stadt vor der Vernichtung bewahren, solle die Stadttore öffnen lassen. So fiel Longwy recht bald. Und es machte sich im Koalitionsheer die Erwartung breit, das werde so weitergehen, und ehe man sichs versehe, sei man in Paris.

Wie eine Bombardierung von Stadtbewohnern erlebt, erfahren, erlitten wurde, das hat Goethes Mutter bezeugt, »Frau Aja«. Ein paar Zitate, von Schuchardt herausgesucht.

Frankfurt, von den Franzosen belagert und beschossen, ein paar Jahre nach der Campagne: »Wir sehen und hören tagtäglich nichts als Bomben, Kugeln, Pulverwagen, Kranke, Gefangene; und den ganzen Tag und besonders nachts geht's Kanonieren beinah in einem fort.« Man versuchte, sich zu schützen, brachte die »größten Bütten mit Wasser oben auf die Böden der Häuser; sowie eine Kugel zündete, waren nasse Tücher, Mist und dergleichen bei der Hand«. Also: In Erdgeschoßzimmern wartete man auf das Einschlagen einer Kanonenkugel im Speicher, lief sofort hinauf und löschte, falls sie mit einem Brandsatz gefüllt war. Sobald die Beschießung aufhörte, ging man schlafen, aber »gegen zwei Uhr frühmorgens fing's wieder an«. Man schleppte Besitz in den Keller. Das Bombardement wurde Tag um Tag, Nacht um Nacht fortgesetzt. Immer häufiger hörte man von Opfern: »Dem der Arm, dem der Fuß vom Leibe weg u. dgl. Nun fing mir an, Angst zu werden.«

Goethe hat sich in seinem autobiographischen Bericht nicht ausschließlich mit dem Krieg beschäftigt; fast die Hälfte des Buchs ist der Zeit nach der Rückkunft in Trier gewidmet, und damit: sehr unterschiedlichen Themen. So hat er zum Abschluß seitenlang ausgewählte Stücke seiner umfangreichen Gemmensammlung skizziert. Da kann ich es mir wohl leisten, unter Freunden, vom erneuten Besuch der schönen Gemmenschneiderin, Steinschneiderin zu berichten.

Ja, Angelica Bellonata Facius war wieder im Gartenhaus; ich habe ihr erneut Modell gesessen, im Altanzimmer. Damit mein Gesichtsausdruck »sprechend« wurde, mußte ich ihr berichten, woran ich arbeite. Und sie modellierte weiter den Tonbatzen, der Form annimmt.

Es ergab sich von selbst, mußte nicht erst verabredet werden, daß Angelica noch blieb, als ihr Werk mit feuchten Tüchern wieder verhüllt war. Ein ausnahmsweise heller Tag, so lockte uns das Licht hinaus. Zugleich eine Flucht aus dem klammen Haus. Dies sollte doch mal erwähnt werden, damit nicht die Vorstellung entsteht, ich lebte derzeit in einer schieren Idylle: das Haus in Hanglage sowie feucht, es hat sich nach den anhaltenden Regenfällen mit Nässe gleichsam vollgesogen; die Raumfeuchtigkeit zusätzlich erhöht durch den Brunnen unter der Treppe.

Hinausgelockt und hinausgetrieben zugleich verließen wir das Haus, ich hatte eine Flasche Wein im Griff. Wir setzten uns an den Steintisch, tranken uns zu, schlenderten dann umher auf Goethes Wegen, die fast überwachsen, zumindest stark verkrautet sind. Und wir blieben stehen am »Stein des guten Glücks«. Ich hatte diese Plastik nie weiter beachtet, Angelica aber wurde ganz aufgeregt: ein Kubus und eine Kugel! Sonst nichts: eine Kugel auf einem Kubus. Einfachste aller Formen … Geometrisch streng … Nicht die üblichen klassizistischen Figuren und Figurationen, mit denen Weimar sich feierte … Eine geradezu revolutionäre Form … Kubus unter Kugel … »Wie kommt das hierher?«

Leider konnte ich nicht viel berichten, höchstens: Unterstützt vom Herzog hatte Goethe diese geometrische Komposition herstellen und aufstellen lassen, bereits in einem der ersten Weimarer Jahre; der runde Stein sollte Glück bringen oder für die Fortsetzung seines Glückes bürgen … Mehr weiß ich nicht, mußte ich gestehen. Und wir standen vor der kopfhohen Doppelform aus Sandstein, ihre Hand in meinem eingewinkelten Ellbogen, ihre Schulter an meinem

Oberarm, und gemeinsam betrachteten wir die plötzlich wie neu konturierte Plastik.

Die paßte überhaupt nicht zu den Vorstellungen von Angelica, die, als junges Mädchen, den »Alten« ja noch gesehen hatte. Für sie als Künstlerin war Goethe auf dem Gebiet der bildenden Kunst ein »Fossil«, mit Verlaub, der Repräsentant einer damals schon überholten Kunstrichtung: des Klassizismus. Alles sehen und gestalten wie Griechen, mehr noch: wie Römer ... Goethes Zeichnung seiner Liebsten, stilisiert zu einer jungen römischen Dame mit streng klassizistischem Profil. Aber hier nun diese revolutionär einfache Form ... Keine Säule, keine Amphore, keine Büste – nur eine Steinkugel auf einem Steinkubus!

Angelica wollte nicht von der Stelle weichen, sie redete sich mehr und mehr in ihre Begeisterung hinein. Ich holte eins der Gläser vom Tisch, wir nippten gemeinsam in fortgesetzter Betrachtung des bisher Übersehenen. Das wuchs in seinen Dimensionen, denn Angelica stellte jäh eine Gedankenverbindung her: diese Steinkugel und die riesige Hohlkugel aus Stein, die Boullée entworfen hat als Denkmal für Newton ... Leider nie ausgeführt, aber die Entwürfe blieben erhalten, sie hat Reproduktionen gesehen. Fünf Jahre vor Beginn der Revolution hatte Boullée diese revolutionäre Architektur entwickelt, diesen Kugelbau, hoch wie ein Dom. So war es geplant: Man betritt ihn durch eine festlich ausgestaltete Unterführung, sieht nichts als den leeren Sarkophag, kein Gegenstand sonst in der weiten Hohlkugel, aber – und das hätte atemberaubend gewirkt – Löcher in der Ummantelung, und die sollten Tageslicht durchlassen in den Positionen von Sternen! Nichts als diese Sternen-Lichtpunkte, in einem sonst nachtschwarzen Raum. Und das alles Newton zu Ehren, der »le vrai système du monde« entdeckt, beschrieben hat, der »Baumeister« einer neuen Welt.

Der hätte in der Tat solch ein solitäres Bauwerk verdient! Ob Goethe von diesem revolutionären Entwurf je gehört hat?!

Angelica in ihrem Überschwang – ich bewunderte sie noch mehr. Angenommen, rief sie, auch Goethe hätte das Kriegsziel erreicht, wäre nach Paris gekommen – ob er dann (auch) Etienne-Louis Boullée aufgesucht hätte? Wenn sie mich beim Modellieren recht verstanden hat, suche ich nach einem überzeugenden Motiv für Goethes Teilnahme am beschwerlichen Feldzug – einmal abgesehen von dienstlichen Verpflichtungen, denen er sich unter dem Alibi anderer dienstlicher Verpflichtungen doch wohl hätte entziehen können ... Oder er wäre, mal wieder, auf eindrucksvolle Weise krank geworden ... Also, wäre hier nicht ein phantastisches Motiv: Goethe will Boullée kennenlernen?! Aber mit welcher Erwartung, mit welchem Hintergedanken, mit welcher Absicht ...?!

Weil ich, zögerlich, von einem puren Gedankenspiel sprach, umarmte und schüttelte sie mich. »Wir sollten was für deine Inspiration tun, etwas Belebendes für deine Phantasie ... Komm, ich werde dich be – jetzt habe ich doch tatsächlich das Tätigkeitswort vergessen! Aber vielleicht fällt es mir wieder ein, wenn wir jetzt ins Haus gehen und die Türe hinter uns zumachen.«

Fortgesetzter Bericht über meine Frankreichreise. Die Marschroute Longwy–Verdun, sie führte direkt am kleinen Dorf Pillon vorbei. Also war es ohne langes Nachfragen, ohne weite Umwege leicht, den Ort zu erreichen.

Kein Heerlager dort, man hatte biwakiert. Und ausnahmsweise hatte es nicht geregnet, es hatte sogar die Sonne geschienen – dieselbe Sonne, die meine kleine Reise illuminierte und temperierte. Mit Pillon verband sich auch für Goethe angenehme Erinnerung: eine Waldwiese … ein Küchenfeuer … ein Bach … zwei Teiche mit sauberem Wasser. Einen der Teiche gab er (mit welcher Vollmacht?) zum Tränken von Pferden frei, den anderen verteidigte er »mit Heftigkeit«, ließ Pfähle einschlagen, Seile spannen: Gesperrt!

Eine Episode. Nein, nicht einmal dies: höchstens eine Anekdote. Doch sie trägt bei zur Charakterisierung Goethes.

Ich schaute mich um. Kurz vor dem Ort eine Geländesenke, in ihr ein Bach: l'Orthain. Über eine Wiese ging ich zum Bachrand, setzte mich. Es gelang mir aber nicht, mich auf Goethe zu konzentrieren, so kehrte ich zum Wagen zurück, stupste den Kutscher wach, der seinem professionellen Schlafbedürfnis frönte, und er fuhr, nach meiner Anweisung, auf eine Anhöhe.

Von dort aus entdeckte ich westwärts ein kleines Château, blickte südwärts auf den gelassen mäandernden Orthain, auf den sanft ansteigenden Gegenhang, auf Kirchturm und Dächer von Pillon, und zwischen Bäumen sah ich sogar, an einem Bauernhof, einen Teich. Einer der beiden Teiche, die Goethe beschützt hatte: Trinkwasser für den Herzog und seine Offiziere? Zu diesem Teich fahren, anschließend? Oder würde ich damit albern ins Detail gehen?

Souveränität bewahren …! Nicht in jede Geländefalte kriechen, die Goethe beiläufig erwähnt. In der Mittagsstunde, der Mittagsstille erst einmal ein Picknick. Und mit fasziniertem Gruseln sah ich wieder zu, wie Jean Arendt Wurst, Käse, Brot dicht, sehr, sehr dicht vor den Lippen mit dem Messer kappte, zurechtsäbelte. Weil ich keine andere Anweisung erteilte, bereitete er sich auf einen ausgedehnten Mittagsschlaf vor, unter einem Baum.

Ich stieg in die Kutsche, nahm das Fernrohr aus dem Futteral, holte den Teich näher heran. Doch dahin fahren …? Ich hatte schon am Orthain gesessen, sollte ich mich auch an den Teichrand hocken?!

Ich ließ das Mittagsbild mit fernem Schloß, sanftem Hang, mit Kirchturm, Dächern, Teich und Bach auf mich einwirken, damit es sich einprägte. Pillon; ein Biwak.

Serenissimi Bitte, in dieser kleinen Biwakrunde etwas Bestärkendes und Bestätigendes, Ermunterndes und Ermutigendes vorzutragen, komme er gern entgegen. Weil ihm Begriffliches nicht fremd, Anschauliches jedoch wesenseigen sei, wolle er versuchen, vor den inneren Augen der Herren einen Triumphzug zu entwerfen, zu skizzieren. Anregen lasse er sich dazu von Julius Cäsars Triumphzug, gemalt von Mantegna. Er habe diese neun Bilder auf Karton seinerzeit in Italien gesehen, könne sich das Werk zu Hause jederzeit wieder vor Augen führen, da er eine Wiedergabe in einer Folge von neun Holzschnitten besitze, in seiner bereits umfangreichen Sammlung von Zeichnungen und Graphiken. Bei sich bietender Gelegenheit werde er, das stehe bereits fest, einen – voraussichtlich nicht allzu umfangreichen – Aufsatz schreiben über dieses Werk des Renaissancemalers. Formulierungen der Arbeit werde er hier aber nicht vorwegnehmen, entwerfe er doch einen Triumphzug, der gleichsam parallel zum gemalten Triumphzug dahinziehe. Ein Triumphzug diesmal nicht in der römischen Hauptstadt, sondern in einer eroberten Hauptstadt – wie auch immer sie heißen möge …

Kleines, zustimmendes Gelächter der Offiziere, die sich im Zelt des Herzogs drängeln – es hat wieder zu regnen begonnen. Draußen Stimmen, Pferdeschnauben, Hufestampfen, Kettenklirren; das Zischen, Knacken, Krachen von nassem Holz in Lagerfeuern. Weitere akustische Impressionen aus dem militärischen Lagerleben hat Goethe vor Mainz notiert: das »Werda?!« der Schildwache vor dem Zelt, das »Werda?!« der Infanteriewachen; das metallene Anschlagen von Säbeln an Sporen; das Bellen ferner, das Knurren naher Hunde; das Singen, das Reden, das Streiten von Soldaten.

Grundlage seines kleinen Beitrags, so könnte Goethe nun fortfahren, seien Romstudien, die zu Beginn dieser Campagne eine erneute Anregung erhalten hätten durch das Schein-Hochgrab, das wohl alle Anwesenden kurz hinter Trier gesehen hätten: das kirchturmhohe Grabmonument, mit dem sich zwei Brüder des Textilgewerbes feierten, im Halbrelief portraitiert, von Darstellungen damaligen Alltagslebens umgeben: Szenen zwischen Küche und Kontor, zwischen Warenlager und Warentransport – soweit die oft arg verwitterten Darstellungen dies noch erkennen ließen. Er hatte sich in Igel, dem alten Agulia, vorgenommen, zu Hause die Studien römischen Lebens wieder aufzunehmen. Seinem Sinn für abrundende Konstellationen würde es sehr entgegenkommen, wenn er nach siegreich beendetem Feldzug erneut an diesem Grabmonument vorbeikomme, um, dort eine angemessene Zeit verharrend, den Übergang in eine friedliche Zeit auf einprägsame Weise markiert zu sehen.

Nach diesen zwar nicht ständig, aber wiederholt fortgesetzten und demnächst fortzusetzenden Studien nun die Skizze des Triumphzugs in einer, wie gesagt, eroberten Hauptstadt, wobei die Anteilnahme der Bevölkerung an Straßenrändern, in Fenstern und womöglich auf Dächern dahingestellt, sprich ausgespart bleibe.

Ein exemplarischer römischer Triumphzug wird eingeleitet durch eine Gruppe von Senatoren, denen sich ein stattliches Aufgebot von Musikern anschließt, gefolgt von Männern, die Beutestücke tragen oder schleppen, vorzugsweise aus Silber oder Gold. Danach eine kleine Herde von weißen Stieren, mit Girlanden und Kränzen geschmückt, die Hörner vergoldet; sie werden später in rituellem Akt geschlachtet. Es folgt eine Gruppe schöner, kaum bekleideter Jünglinge, die silberne und goldene Schalen tragen, in denen später das Blut der Opfertiere, Opferstiere aufgefangen wird. Anschließend eine Gruppe von Gefangenen hohen und höchsten militärischen Ranges; sie werden der Reihe nach enthauptet, sobald der Triumphzug sein Ziel erreicht haben wird.

Nach den gefangenen Offizieren und womöglich Feldherren der Höhepunkt: der Triumphwagen, von vier weißen Rössern gezogen. Der Triumphator in der tunica palmata, dem purpurfarbenen, goldbestickten Untergewand und der toga picta, der Toga mit Goldstickereien und Goldapplikationen. In seiner Rechten ein Lorbeerzweig, in der Linken ein Szepter aus Elfenbein, an der Spitze ein Adler. Ein kräftiger Sklave, hinter dem Triumphator stehend, läßt über seinem Haupt eine übergroße, goldene Krone schweben – zu groß sogar in dieser Stunde des Triumphs ... Hat der Triumphator kleine Söhne, so stehen sie mit ihm oder hinter ihm auf dem Wagen; größere Söhne schreiten unmittelbar hinter dem Gefährt einher.

Und es folgen Truppeneinheiten in schönster Paradeordnung. Zu bewundern sind die runden und die länglichen Schilde, die Wurfspeere, die Helme mit und ohne Visier, die Schilde, die sogenannten Spanischen Kurzschwerter, zum Stechen, aber nicht zum Dreinhauen geeignet, die ledernen Beinschienen, die ehernen Panzer in ihren verschiedenen Ausführungen, als Plattenpanzer, lorica segmentata, als Schuppenpanzer, lorica squamata, als Kettenpanzer, lorica hamata. Auf großen, hochgereckten Tafeln werden sodann, in gebotener Kürze, die Heldentaten des Triumphators vermeldet, die zugleich dokumentiert werden durch eine möglichst lange Kolonne von Wagen, die mit Beute beladen, ja scheinbar überladen sind. Ihnen folgen wiederum Gefangene von hohem Rang oder hohem Stand; auch sie sind zur Hinrichtung bestimmt.

Applaus, und Goethe verneigt sich, hebt sein Glas; ein Trinkspruch auf Ihro Durchlaucht, die als Triumphator in die feindliche Hauptstadt einziehen möge, mit reicher, der Landeskasse hochwillkommener Beute ...

Zuweilen, lieber Frommann, werde ich ein Miniaturkapitel entwickeln als »Szene am Rande«. Hier wird skizziert, was Goethe nur andeutet oder was aus begleitenden Berichten zu erschließen ist. Beispielsweise: gelegentliches Auftauchen französischer Emigranten, die sich dem Heer anschlossen. Begleiterscheinungen ...

Eine hohe (entsprechend schwankende!) Karosse, das Holz versilbert oder womöglich vergoldet. Die Livree des Kutschers noch vergleichsweise sauber: als würde er vor dem Hinaufklettern auf den Kutschbock sorgsamst jede Pfütze, jede Matschmulde mit Grätsch- und Sprungbewegungen aussparen ... In höfischer Kleidung, mit gepuderten Perücken drei Herren hinter den Glasscheiben mit Dreckspritzern ... Den vierten Platz könnten zusammengelehnte Gewehre und ein großer (eventuell aus China importierter) Vogelbauer einnehmen, in dem der Exotenvogel freilich verstummt ist ... Die Herren aber werden sprechen. Was sie sagen, muß ich noch offenlassen – ich werde erst eins der Memoirenwerke aristokratischer Emigranten lesen müssen.

Zweites Notizblatt des mitdenkenden (aber nicht mitschreibenden!) Bruders, von Gartenhaus zu Gartenhaus per Bote.

Was, wie ich meine, besonders herauszuarbeiten wäre: Gs. Einstellung zur franz. Revolution ist bestimmt von seinen frühen und seinen fortgesetzten Aktivitäten. Keine abstrakten Ideen (die würden eher zu Schiller passen), sondern abgeleitete Gedanken. Seine Position: enger Mitarbeiter eines Fürsten. Und seine Erfahrungen, als hoher Verwaltungsmann: mit diesem Fürsten kann man reden, der ist Argumenten aufgeschlossen; dieser Fürst ist sogar musisch; er ist liberal: Pressefreiheit im Herzogtum. Reformen von oben! Also kein Grund für G., sich diesen Herzog wegzuwünschen. Ein Bekenntnis zur Revolution aber hätte geheißen: auch Herzog Carl August von Sachsen-Weimar-Eisenach muß weg. Die Absetzung seines Fürstenfreundes aber wäre für G. schlechthin undenkbar. Zu oft schon hatten sie sich umarmt, nüchtern und angeheitert. Und sie hatten gemeinsam Mineralogie erlernt, um ein Bergwerk wieder flottzukriegen. Der Herzog hörte sich Lesungen und Vorträge von G. an. Unausgesprochene oder ausgesprochene Devise: Gemeinsam mit diesem Freund das Gute wollen und erreichen.

Schon deshalb war Revolution für ihn außerhalb des Denkbaren. Vor allem eine (wie in Frankreich) konsequent verwirklichte Revolution, die von der Monarchie zur Republik führte. Und keine Privilegien mehr für den Adel. Mit solchen Ideen wäre er dem Herzog in den Rücken gefallen. Vereinfacht: Wer für die Revolution war, mußte gegen Fürsten sein; wer für seinen Fürsten war, mußte gegen Revolution sein. So zogen Fürst und Dichter gemeinsam durch Frankreich, um die Revolution wieder zu beenden, die bei drohender Ausweitung nach Deutschland auch einen Carl August von Sachsen-Weimar abgeschafft hätte.

Das wärs, für heute. Punkt und Gruß! W.

Und Fortsetzung des Berichts über meine Frankreichreise: die Landstraße führte von einer Höhe herab auf Verdun zu. An einem Punkt mit umfassendem Ausblick ließ ich anhalten, erklärte Jean Arendt, wir müßten wenigstens eine Stunde hier bleiben. Schon ruckelte er sich für einen Zwischenschlaf zurecht. Und ich nahm das Fernrohr mit, ging auf einem Pfad an der Hangflanke weiter, schaute hinüber, hinunter zur Stadt im weiten Talkessel, sah einen Abschnitt der Maas, sah die Kirche, fast kathedralengroß, auf dem Stadthügel.

Von meiner Höhe, von anderen Höhen herab also wurde die Stadt beschossen, bombardiert; von Batterien der Befestigungen wurde das Feuer erwidert; irgendwo an einer der Hangflanken die Weinbergmauern, in deren Schutz Goethe mit einem illustren Gesprächspartner auf und ab ging, bei fortgesetztem Artilleriefeuer der Belagerer wie der Belagerten. Ich hatte nicht erwartet, sofort eine zu Goethes Andeutungen passende Weinbergmauer zu entdecken, nahm mir aber auch nicht vor, nach solch einem Mauerstück zu suchen, das wäre mir allzu beflissen erschienen.

Die Situation aber hatte ich klar vor Augen: die Stadt in der weiten Mulde, die nicht allzu hohen, langgestreckten Hügel fast im Kreis um sie herumgezogen, nah und zugleich fern genug: nah genug für Kanonen, zu fern für Gewehre.

Ich setzte mich in den Schatten eines Birnbaums, lehnte mich an den Stamm, lauschte dem Summen von Insekten, atmete Frieden ein. Mir die Belagerung dieser Stadt auszumalen, das gelang mir überhaupt nicht, und so nahm ich mir vor, den Kutscher als nächstes die Stadtfestung umrunden zu lassen, anschließend in die Stadt hineinzufahren, die ebenfalls rasch kapituliert hatte, auf Druck der Bevölkerung – der Stadtkommandant beging daraufhin Selbstmord in seinem Amtssitz. Anmerkungen über diese Stadt, so nahm ich mir weiter vor, werde ich mir freilich aufsparen für das zweite Kapitel Verdun; einen Monat nach der Ankunft kehrte er wieder hierher zurück.

Verdun als Stadtfestung … Ich hatte mir vor der Reise Zeichnungen herausgesucht, die Goethe seinerzeit gemacht hatte, und das Bild, das mir seine aquarellierte Bleistiftzeichnung von Verdun vermittelte, es ließ sich nicht in Deckung bringen mit dem Bild der Stadt, wie ich sie nun überblickte. Goethe hatte idyllisiert: behaglich wirkendes Städtchen mit einer schlichten Stadtmauer – nichts von den mächtigen, auch aus größerer Entfernung unübersehbaren Festungsanlagen des Monsieur Vauban, mit ihren weit hinausgeschobenen Bastionen. Diese gewaltige Fortifikation hat Goethe in seiner Stadtansicht einschrumpfen lassen zu bescheidenem Mauerwerk. Und im Vordergrund sitzt geruhsam ein Mann mit Flinte, als würde er eine Schafherde oder einen Weinberg bewachen. Friedliches Städtchen, mäandernde Maas … Die Hügel allerdings wirken auf dem Bild ein wenig aufgesteilt und zusammengerückt; so werden Bildakzente gesetzt. Goethe ließ sich von der Realität also nichts diktieren, verhielt sich ihr gegenüber souverän; das werde ich bei der eigenen Arbeit beherzigen …

Wieder ein Brief aus dem Feldlager, nun vor Verdun. Worüber Goethe seiner Christiane nichts berichtet, worüber er jedoch im Campagne-Buch schreibt, das ist die Beschießung der Stadt, ihre unablässige Bombardierung. Was dies heißt, ist mir erst seit Longwy bewußt: die Verteidigungsanlagen waren derart ausgeklügelt, derart bombenfest, daß ein direkter Angriff nur die schlimmste aller militärischen Lösungen sein konnte. Es wurden zwar Wehranlagen unter Beschuß genommen, aber das konnte nicht viel Wirkung zeigen – die Verteidiger waren geschützt auch durch Kasematten, durch bombensichere Gänge und Räume. Die Bevölkerung dagegen hatte nur dünne Dächer und Holzböden über den Köpfen. Und so lautete die (unausgesprochene) Devise von Belagerern: die Zivilbevölkerung so lange bombardieren, bis das Militär aufgibt. Im extremsten Fall: die Festungswerke stehen noch, die Stadt ist zerstört.

Was Goethe seiner Geliebten schrieb oder diktierte, es war also grundiert von Artilleriedröhnen. Das war schon damals über Dutzende von Kilometern hinweg zu vernehmen – die Kanonade von Mainz wird man auch in Frankfurt hören. Allein schon akustisch muß das Dauerfeuer eine enorme Wirkung gehabt haben. Goethe wagte sich einmal in den Schußbereich vor, setzte sich aber rasch wieder ab – zu massiv der Lärm! In der Nähe des Hauptquartiers waren sicherlich keine Batterien in Stellung gegangen, aber dem Dröhnen konnte man sich nicht entziehen im weiten Talkessel von Verdun.

Im Gefolge des Herzogs ist Goethe in einem der Häuser von Jardin Fontaine gut, ja bequem untergebracht; er kann sich schreibend seiner Geliebten zuwenden.

»Du erfährst wieder, daß ich mich wohl befinde, Du weißt, daß ich Dich herzlich lieb habe. Wärst Du nur jetzt bei mir! Es sind überall große breite Betten, und Du solltest Dich nicht beklagen, wie es manchmal zu Hause geschieht. Ach! mein Liebchen! Es ist nichts besser als beisammen zu sein. Wir wollen es uns immer sagen, wenn wir uns wieder haben. Denke nur! Wir sind so nah an Champagne und finden kein gut Glas Wein. Auf dem Frauenplan solls besser werden, wenn nur erst mein Liebchen Küche und Keller besorgt.

Sei ja ein guter Hausschatz und bereite mir eine hübsche Wohnung. Sorge für das Bübchen und behalte mich lieb.

Behalte mich ja lieb! Denn ich bin manchmal in Gedanken eifersüchtig und stelle mir vor: daß Dir ein andrer besser gefallen könnte, weil ich viele Männer hübscher und angenehmer finde als mich selbst. Das mußt Du aber nicht sehen, sondern Du mußt mich für den besten halten, weil ich Dich ganz entsetzlich lieb habe und mir außer Dir nichts gefällt. Ich träume oft von Dir, allerlei konfuses Zeug, doch immer, daß wir uns lieb haben. Und dabei mag es bleiben.«

Zweites der vier Kapitel »Goethe in Weimar, 1820«: seine Arbeit am autobiographischen Bericht. Der Titel lautete ursprünglich: AUS MEINEM LEBEN. ZWEITER ABTEILUNG FÜNFTER TEIL. Fortsetzung der Rekonstruktion der Arbeitssituation.

Was schon skizziert wurde, kann weiter ausgeführt, muß aber nicht wiederholt werden: die Phase zwischen dem Aufwachen in der Schlafkammer und dem Betreten des Arbeitszimmers. Von Ottilie zur Pünktlichkeit ermahnt, ja getrieben, hat Sohn August, hat mein Vater bereits alle Vorbereitungen getroffen für das Schreiben nach Diktat.

Und Goethe tritt nicht ein, er tritt auf! Wie im Reflex erhebt sich August vom Stuhl: Goethe in schwarzem Frack mit dem großen Stern der Ehrenlegion, mit weißer Weste und »sehr feinen Manschetten«; schwarze Hose und schwarze Stiefelchen; das Haar sorgsamst gekämmt und weiß gepudert. Die Begrüßung des Sohns formbetont. Es gelte die Zeit zu nutzen bis zum pünktlichen Erscheinen der hohen Herrschaften, drei Stunden, die er nicht vergeuden wolle, deshalb habe er August gebeten, ihm bei der Arbeit zu helfen, bis zum zweiten Frühstück; dem John habe er für diesen Tag freigegeben, er treffe sich in Erfurt mit seinem Namensvetter, der sich auf einer Durchreise befinde.

»Das ist doch dieser Widerling, den du mal rausgeschmissen hast, vor vielen Jahren!«

Nun, »rausgeschmissen«, das sei mal wieder einer der so betont burschikosen Ausdrücke des Herrn Sohnes; er hätte das Dienstverhältnis mit Ernst John aufgelöst, weil einige Eigenschaften sich zu Problemen auswuchsen; glücklicherweise sei Johann John eine ganz andere Natur, und gerade, weil er so pflichteifrig und zuverlässig seinen Dienst erfülle, habe er der Bitte stattgegeben und ihn für diesen Tag beurlaubt. Die Arbeitszeit sei diesmal ohnehin eingeschränkt. Das habe die Bitte erleichtert, August möge für diesen Vormittag einspringen. Als zusätzliche Begründung, als kleines Lockmittel: er werde heute vor allem Berichte diktieren zu den während des Feldzugs konsequent wenn auch eingeschränkt fortgeführten Naturforschungen.

Erst jetzt scheint ihm aufzufallen, daß über einem Teil der Tischfläche eine grobe Decke ausgebreitet ist, unter der sich Objekte andeuten. Goethe wird die Frage stellen, die sich in solch einer Situation von selbst ergibt.

Und August erhebt sich. »Ich habe mir erlaubt, Vater, eine kleine Ausstellung zu improvisieren.«

Wie ein Zeremonienmeister oder Zauberer hebt er die Decke vom Tisch ab. Kleiner Ausruf des Erstaunens und der Freude beim Siebzigjährigen. Ja, da ist die Landkarte der Jägerschen Buchhandlung in Frankfurt am Main, mit der Bezeichnung »Kriegstheater«, handschriftlich hinzugefügt. Richtig, und das ist der Stockdegen, der ihn seit einem Besuch im Zeughaus von Verdun getreulich begleitete. Ah, und der Band des Physikalischen Lexikons, den er beim Rückzug einer kranken Küchenmagd zu treuen Händen hinterlassen hatte und den sie unter dem Kopfkissen hervorzog, als er sie in Trier im Hospital wieder aufspürte. Ach ja, und das Sattelholfter mit den beiden klobigen Pistolen.

Der Enkel sieht es zwar vor sich, mag aber nicht schreibend entwerfen, wie Goethe eine der Waffen aus dem Holfter zieht und prüfend betrachtet, sie womöglich fachgerecht kommentiert - alle Exponate bleiben liegen, werden in ihrer Präsenz nur durch Auflegen der Dichterhand bestätigt und akzeptiert. Kurz berührt er auch die Decke, die August zusammenfaltet: die hat ihm, von einem der preußischen Soldaten gemietet, beim überwiegend naßkalten Wetter gute und beste Dienste geleistet ... Kantengenau gefaltet, legt August die Decke nun auf den Tisch. Der Vater nimmt den Sohn in die Arme. Das sei wieder einmal bezeichnend für den Herrn Sohn, dieses Sammeln und Ordnen von Objekten verschiedenster Art! Er sei sicher, diese kleine Exposition werde förderlich sein beim Versuch, das bald drei Jahrzehnte zurückliegende Geschehen gegenwärtig werden zu lassen.

Und Goethe beginnt, auf und ab zu schreiten. Anknüpfend, überleitend: man befinde sich im Lager vor Verdun. Er hatte weiterhin die Ehre und das Vergnügen, mit dem Herzog im sogenannten Schlafwagen zu übernachten, einer viersitzigen Kutsche mit solidem Gehäuse; der Herzog und er selbst würden ja nun bei weitem nicht das Gardemaß erreichen, also konnten sie hier einigermaßen ausgestreckt schlafen. Das Heerlager auf einer weitgestreckten Wiese ... Und er bittet August, nun mitzuschreiben.

»Auf dem großen grünen, ausgebreiteten Teppich zog ein wunderliches Schauspiel meine Aufmerksamkeit an sich: eine Anzahl Soldaten hatten sich in einen Kreis gesetzt und hantierten etwas innerhalb desselben. Bei näherer Untersuchung fand ich sie um einen trichterförmigen Erdfall gelagert, der, von dem reinsten Quellwasser gefüllt, oben etwa dreißig Fuß im Durchmesser haben konnte. Nun waren es unzählige kleine Fischchen, nach denen die Kriegsleute angelten, wozu sie das Gerät neben ihrem übrigen Gepäcke mitgebracht hatten. Das Wasser war das klarste von der Welt und die Jagd lustig genug anzusehen. Ich hatte jedoch nicht lange diesem Spiele zugeschaut, als ich bemerkte, daß die Fischlein, indem sie sich bewegten, verschiedene Farben spielten. Im ersten Augenblick hielt ich diese Erscheinung für Wechselfarben der beweglichen Körperchen, doch bald eröffnete sich mir eine willkommene Aufklärung. Eine Scherbe Steingut war in den Trichter gefallen, welche mir aus der Tiefe herauf die schönsten prismatischen Farben gewährte. Heller als der Grund, dem Auge entgegengehoben, zeigte sie an dem von mir abstehenden Rande die Blau- und Violettfarbe, an dem mir zugekehrten Rande dagegen die rote und gelbe. Als ich mich darauf um die Quelle ringsum bewegte, folgte mir, wie natürlich bei einem solchen subjektiven Versuche, das Phänomen, und die Farben erschienen, bezüglich auf mich, immer dieselbigen.

Leidenschaftlich ohnehin mit diesen Gegenständen beschäftigt, machte mir's die größte Freude, dasjenige hier unter freiem Himmel so frisch und natürlich zu sehen, weshalb sich die Lehrer der Physik schon fast hundert Jahre mit ihren Schülern in eine dunkle Kammer einzusperren pflegten. Ich verschaffte mir noch einige Scherbenstücke, die ich hineinwarf, und konnte gar wohl bemerken, daß die Erscheinung unter der Oberfläche des Wassers sehr bald anfing, beim Hinabsinken immer zunahm, und zuletzt ein kleiner weißer Körper, ganz überfärbt, in Gestalt eines Flämmchens am Boden anlangte.«

Obwohl auch dieses Kapitel nur Entwurf ist, habe ich den langen Auszug getreulich abgeschrieben, damit für Dich, lieber Frommann, die Konzeption ablesbar wird.

Goethe, eine kurze Zeit reglos stehend, beginnt wieder, auf und ab zu schreiten. Wie im Reflex greift August erneut zur Feder, tunkt die Spitze ein, schon setzt Goethe das Diktat fort.

»Um Mitternacht fing das Bombardement an, sowohl von der Batterie auf unserem rechten Ufer als von einer andern auf dem linken, welche, näher gelegen und mit Brandraketen spielend, die stärkste Wirkung hervorbrachte. Diese geschwänzten Feuermeteore mußte man denn ganz gelassen durch die Luft fahren und bald darauf ein Stadtquartier in Flammen sehen. Unsere Ferngläser, dorthin gerichtet, gestatteten uns auch, dieses Unheil im einzelnen zu betrachten; wir konnten die Menschen erkennen, die sich oben auf den Mauern dem Brande Einhalt zu tun eifrig bemühten, wir konnten die freistehenden, zusammenstürzenden Gesparre bemerken und unterscheiden. Das alles geschah in Gesellschaft von Bekannten und Unbekannten, wobei es unsägliche, oft widersprechende Bemerkungen gab und gar verschiedene Gesinnungen geäußert wurden. Ich war in eine Batterie getreten, die eben gewaltsam arbeitete, allein der fürchterlich dröhnende Klang abgefeuerter Haubitzen fiel meinem friedlichen Ohr unerträglich, ich mußte mich bald entfernen. Da traf ich auf den Fürsten Reuß den XI., der mir immer ein freundlicher gnädiger Herr gewesen. Wir gingen hinter Weinbergsmauern hin und her, durch sie geschützt vor den Kugeln, welche herauszusenden die Belagerten nicht faul waren. Nach mancherlei politischen Gesprächen, die uns denn freilich nur in ein Labyrinth von Hoffnungen und Sorgen verwickelten, fragte mich der Fürst: womit ich mich gegenwärtig beschäftige? und war sehr verwundert, als ich, anstatt von Tragödien und Romanen zu vermelden, aufgeregt durch die heutige Refraktionserscheinung, von der Farbenlehre mit großer Lebhaftigkeit zu sprechen begann. Denn es ging mir mit diesen Entwicklungen natürlicher Phänomene wie mit Gedichten, ich machte sie nicht, sondern sie machten mich. Das einmal erregte Interesse behauptete sein Recht, die Produktion ging ihren Gang, ohne sich durch Kanonenkugeln und Feuerballen im mindesten stören zu lassen.«

Und hier wäre denn ein günstiger Zeitpunkt für das zweite Frühstück. Carl Stadelmann bringt heimisches Brot, Oberweimarer Landkäse, Königseer Wurst, Wein aus Madeira. Die Gläser werden vom Diener randvoll gegossen; mit leichter Verbeugung geht er hinaus. Nun müssen Vater und Sohn erst einmal »abtrinken«. Und sie beginnen zu essen, mit gutem Appetit. Die Gläschen sind rasch geleert, August schenkt nach. Sicherlich, so sagt er, ja ganz gewiß werde auch ein Bericht über mineralogische Studien in Frankreich zum Diktat kommen, doch sehr gerne wüßte er jetzt schon Genaueres darüber …

Das Wort »Studien« wird Goethe kaum gelten lassen, doch welcher Ausdruck wäre angemessener? Er hat sich fachkundig umgeschaut, hatte jedoch kaum Gelegenheit, mit dem Hammer Gesteinsproben zu lösen, die hätte er ohnehin nicht mitnehmen können, jedes Stück wäre zur Überlast geworden. Kein Stadelmann in Frankreich, der schließlich einen Zentner Gestein in der Kutsche verfrachtet – sein Wägelchen stand ihm nicht immer zur Verfügung, längere Strecken mußte er reiten, also konnte er nicht auch Steine im Feldsack mitführen, den Pferden mußte jede unnötige Belastung erspart werden, schließlich war auch der Hafer knapp. Zu wenig Hafer für die Pferde, zu wenig Brot für die Soldaten. Und so hatte er Gestein nur untersuchen können, um es dann zurückzulassen. Er habe sich mit dem Gedanken getröstet, daß seine Sammlung ohnehin ins Übermäßige wachse.

Eine ähnliche Erfahrung macht August mit der eigenen Gesteinssammlung. Allein von seiner letzten Reise habe er an die achtundzwanzig Pfund Gesteinsproben mitgebracht, vor allem durch Tausch erworben. Hätte er geahnt, daß sie darauf zu sprechen kämen, er hätte einige der interessantesten Stücke mitgebracht. In schönster Kristallbildung ausgeprägt: Zinkblüte und Kobaltblüte, und kantenscharf ein Bleiglanzwürfel, in feinstem Filigranwerk ein Federherz, ein wahrer Feenkristall, und Rosenquarz, Rauchquarz. Und es dürfen nicht fehlen: Magnetkies und Kupferschiefer in schönstem Habitus! So wachse die Sammlung beinah stetig an, und er wisse bald nicht mehr, wo und wie er sie angemessen unterbringen könne.

Goethe mag nun den Vorschlag machen, im Pavillon an der Ackerwand noch freie Flächen zu nutzen. Stadelmann könne ihm dabei zur Hand gehen und Gesteinsproben beschriften – er stelle ihn, falls August das wünsche, für den Nachmittag frei.

Bei solchen Mitteilungen und Vorschlägen darf es nicht bleiben: mein Vater (schon kurz nach der Geburt ehrenhalber in die Jenaer Mineralogische Gesellschaft aufgenommen) war Fachmann auch in Gesteinskunde. Also könnte sich das Gespräch rasch zum Fachgespräch entwickeln. Weil ich allerdings nicht die geringste Vorstellung habe, wie das verlaufen könnte, bitte ich Caroline Nees, auf den folgenden, leer gelassenen Seiten einen Vorschlag zu unterbreiten – mit ihrer kleinen Auflistung von Mineralien hat sie selbst das Stichwort dazu gegeben.

Ich nehme den neuen Auftrag gerne an und schlage vor: August von Goethe fragt seinen Vater, ob er je einen Kristall gesehen habe, von dem sich sagen ließe, er hätte eine idealtypische Form entwickelt?

Dies wird Goethe nur verneinen können: soweit er weiß, ist bisher nie eine idealtypische Kristallbildung entdeckt worden, immer gab es nur »reale Kristalle« (ein Fachbegriff!). Üblich sind Baufehler, Verzerrungen, üblich sind Verunreinigungen, Einschlüsse, Einlagerungen: Bergkristall mit Turmalin … Vulkanischer Auswürfling aus körnigem, olivgrünem Aggregat mit dunkelvioletter Schlackenkruste … warzige Kristalle, auf einem Quarzkristall aufsitzend … spindelförmige Kristalle mit Querrissen …

Aber, so könnte August von Goethe nun anmerken: es muß bei allen Unterschieden der Kristallisationsprozesse, bei aller Vielfalt störend einwirkender Faktoren dennoch Gemeinsames geben, Verbindendes: das Symmetriezentrum, die Symmetrieachse, die Spiegel-Ebenen, der sogenannte Habitus …

Ja, das läßt sich nachweisen bei verschiedensten Kristallisationsformen, vor allem bei tafeligen Kristallen, bei rhomboedrischen Kristallen, selbstverständlich bei Kristallen mit prismatischem Habitus, bei verzerrten Pyramidenwürfeln, aber das wird sehr, sehr schwierig bei kugeligen Aggregaten, bei garbenförmigen oder radialfasrigen Aggregaten, bei warzigen Kristallen, bei Kombinationen von Oktaeder, Würfel und Rhombendodekaeder, bei feinfasrig krustenartig-nierigen Aggregaten, bei feinnadeligem Kristallfilz, bei –

Doch hier breche ich ab, wende mich wieder an Sie, lieber Frommann, denn mir kommen Bedenken, und die werde ich auch Herrn von Goethe mitteilen, bei der nächsten Gelegenheit. Wenn beim Bericht über Goethes Diktieren am Vormittag nur authentische Zitate eingebracht werden, so kann nicht mittendrin ein fiktives Frage- und Antwortspiel inszeniert werden. Das paßt so schlecht zusammen wie ein warziger Kristall und ein Quarzkristall – diese kleine Warze sollte wieder entfernt werden. Und ich plädiere dafür, daß auch hier nur authentische Goethe-Zitate einbezogen werden. Die Gesprächssituation mag bleiben wie entworfen, doch Goethe könnte erst einmal (was ihm ja vielfach nachgesagt wird) zu monologisieren beginnen. Mit solch einem geologischen Exkurs mag der Einschub enden. Um auch meinerseits anschaulich zu machen, wie ich mir das vorstelle, habe ich mir in der Bibliothek einen, wie ich hoffe, charakteristischen Ausschnitt aus Goethes mineralogischen Schriften herausgesucht.

»Bei meinem öftern Aufenthalt in Karlsbad mußte besonders auffallen, daß große Feldspatkristalle, die zwar selbst noch alle Teile des Granits enthielten, in der dortigen Gebirgsart überhäuft, den größten Bestandteil desselben ausmachten. Wir wollen nur des Bezirks Elbogen gedenken, wo man sagen kann, die Natur habe sich mit der kristallinischen Feldspatbildung übernommen und sich in diesem Anteile völlig ausgegeben. Sogleich erscheint aber auch, daß die beiden andern Teile sich von der Gemeinschaft lossagen. Der Glimmer besonders ballt sich zu Kugeln, und man sieht, daß die Dreieinheit gefährdet sei. Nun fängt der Glimmer an, eine Hauptrolle zu spielen, er legt sich zu Blättern und nötigt die übrigen Anteile, sich gleichfalls zu dieser Lage zu bequemen. Die Scheidung geht jedoch immer weiter; wir finden auf dem Wege nach Schlaggenwalde Glimmer und Quarz in großen Steinmassen vollkommen getrennt, bis wir endlich zu Felsmassen gelangen, die ganz aus Quarz bestehen, Flecken jedoch von einem dergestalt durchquarzten Glimmer enthalten, daß er als Glimmer kaum mehr zu erkennen ist.«

Mit Dank für diesen Beitrag führe ich den Entwurf weiter aus, stelle dabei eine thematische Verbindung her, die sich mühelos in die Chronologie der Diktierphase fügt: noch immer liegt man vor Verdun. Die beinah winterkalte Nacht des Septemberbeginns ist überstanden …

»Der Morgen war frisch, aber trocken; wir gingen, teils gebraten, teils erstarrt, wieder auf und ab und sahen an den Weinbergsmauern sich auf einmal etwas regen. Es war ein Pikett Jäger, das die Nacht da zugebracht hatte, nun aber Büchse und Tornister wieder aufnahm, hinab in die niedergebrannten Vorstädte zog, um von da aus die Wälle zu beunruhigen. Einem wahrscheinlichen Tod entgegengehend, sangen sie sehr libertine Lieder, in dieser Lage vielleicht verzeihbar.

Kaum verließen sie die Stätte, als ich auf der Mauer, an der sie geruht, ein sehr auffallendes geologisches Phänomen zu bemerken glaubte; ich sah auf dem von Kalkstein errichteten weißen Mäuerchen ein Gesims von hellgrünen Steinen, völlig von der Farbe des Jaspis, und war höchlich betroffen, wie, mitten in diesen Kalkflözen, eine so merkwürdige Steinart in solcher Menge sich sollte gefunden haben. Auf die eigenste Weise ward ich jedoch entzaubert, als ich, auf das Gespenst losgehend, sogleich bemerkte, daß es das Innere von verschimmelten Brot sei, das, den Jägern ungenießbar, mit gutem Humor ausgeschnitten und zu Verzierung der Mauer ausgebreitet worden.«

Damit könnte das Diktat beendet werden, Goethe will rechtzeitig im Salon sein, um die Herrschaften zu empfangen: die Herzogin persönlich wird kommen und ihre russische Schwiegertochter …!

Bei jeder anderen Gesellschaft würde Goethe in seinem Zimmer warten, bis ihm gemeldet ist, alle Gäste seien pünktlich und vollzählig eingetroffen. Dann das Ritual: der Diener ruft »Herr von Goethe!«, öffnet die neuartige Schiebetür, und Exzellenz treten ein, ganz in Schwarz, mit einem silbernen Orden oder deren zwei auf der Brust; er begrüßt die verstummte Gesellschaft mit leichter Verbeugung, spricht sonor seinen Gruß aus; zum Gegengruß verneigen sich nun die

Gäste, und er wendet sich huldvoll einzelnen Besuchern zu, verhält sich betont würdevoll. In Tagebüchern und Briefen wird dann berichtet über diese kühlen, formellen Gespräche – er »segnet den Tee«, wie einer der Besucher das formuliert. Und man schreitet zur Tafel oder nimmt Platz auf Stühlen, das Essen oder die Vorlesung beginnt.

Nun aber, bei den ranghöchsten Damen des Herzogtums, spielt er die Rolle des formvollendeten Höflings. In Floskeln, die alle politischen und militärischen Ereignisse der vergangenen Jahrzehnte überdauert haben, die ich hier aber nicht nachbilden mag, in dieser Sprache des Hofes begrüßt Goethe den »Flor« der Damen dem Rang und nicht der Reihe nach, begleitet von Ottilie, der Dame des Hauses.

Er beginnt mit devotem Handkuß bei der Gemahlin des Großherzogs: Luise Auguste, über sechzig, große, blaue, etwas vorquellende Augen, kleiner Mund, kurze Nase. Schmales Persönchen, hat acht Geburten hinter sich, es überlebten der Erbprinz Carl Friedrich, dessen Bruder, seine Schwester. Sie hält sich in Bewegung, macht Eilwanderungen, die ihre Hofdame zum Keuchen bringen. Bewundert unter Goethes Werken vor allem FAUST und TASSO.

Anschließend begrüßt Goethe, mit leichter hingehauchtem Handkuß, Luises Schwiegertochter: Maria Pawlowna, Mitte Dreißig, Enkelin Katharina der Großen, Zarenschwester; sie ließ den etwas tumben Carl Friedrich zu Hause. Auch der Großherzog kann nicht kommen, hat Verpflichtungen, es tut ihm sehr leid, gerade in Anbetracht des Themas, aber vielleicht läßt sich das einmal privatissime nachholen. Maria Pawlowna steht gewöhnlich um fünf Uhr in der Frühe auf, macht einen Spaziergang; danach ihre Verpflichtungen. Aber auch lange Abwesenheiten – meist in St. Petersburg, das mehr Glanz besitzt als Weimar.

Und Goethe begrüßt die Schwestern von Egloffstein. Zuerst die Hofdame: Caroline, Gräfin von Egloffstein, 31, Gesellschafterin der Anna Pawlowna, musiziert mit ihr; sie hat ein Anrecht auf Hofequipage und Logenplatz im Theater. Dann die Malerin: Julie, zwei Jahre jünger, sie malt so, daß Goethe und Meyer entzückt sind, also klassizistisch, weiß aber nicht, ob sie das durchhalten kann – nimmt man einer Gräfin ab, daß sie ernsthaft malt?

Besonders formbetont, dafür etwas lauter sprechend, begrüßt er die ehemalige Hofdame Charlotte von Stein: Ende Siebzig, klein, hager, wie ausgesogen von sieben Geburten – vier Töchter gestorben, drei Söhne überlebten. Sie ging auf Distanz, als Christiane Vulpius ins Haus kam; seit deren Tod wieder gesellschaftlicher Umgang. Leidet häufig unter Kopfschmerzen, Zahnschmerzen, Ohrensausen und hört nur noch schlecht.

Zuletzt begrüßt er den einzigen Herrn in der Corona: Friedrich Wilhelm Facius, Mitte Fünfzig, Graveur, Medailleur, Gemmenschneider: Homer oder Leda, auch Portraits von Goethe, Carl August, Wieland, Herder, Schiller. Hält sich bescheiden zurück, strebt das Amt eines Hofmedailleurs an, läßt sich von den Schwestern Egloffstein gern zu solchen Einladungen mitnehmen. Wie zum Ausgleich für diese späte Begrüßung fragt Goethe nach dem Befinden der entzückenden Tochter, die nun im vierzehnten, nein, tatsächlich schon im fünfzehnten Lebensjahr sei und ein immer lebhafteres Interesse für die Kunst und das Handwerk des Vaters hege und pflege …?

Ritualisierte Abläufe weiterhin: am oberen Ende der Tafel nimmt Großherzogin Luise Platz, zu ihrer Rechten die Schwiegertochter, zu ihrer Linken Caroline von Egloffstein, und in einer Anwandlung oder Andeutung von Galanterie bietet der Hausherr, wiederum etwas lauter als sonst sprechend, Frau von Stein den Platz zu seiner Rechten an, und Ottilie nimmt ganz selbstverständlich zu seiner Linken Platz. In der Mitte des Tischs sitzen sich Julie von Egloffstein und Herr Facius gegenüber, die beiden Künstler. Eine Symmetrie, die sich nicht von selbst ergibt, hier hat Ottilie behutsam lenkend nachgeholfen, hat Caroline gebeten, ihre malende Schwester mitzubringen. Die kleine, agile Dame des Hauses schaut sich, kopfruckend wie ein Vogel, in der geschlossenen, damit perfekten Runde um.

Zwei Glasbehälter auf dem Tisch, mit Bonbons. Stadelmann tritt ein, in der braunen Livree des Hauses Goethe, mit hochglanzpolierten Schnallenschuhen, mit makellos weißen Strümpfen zur Kniebundhose; er schenkt den Besucherinnen Tee ein, dann den beiden Herren. Leichtes höfisches Geplauder währenddes am oberen Ende der Tafel; Goethe scheint die Papiere zu sortieren, die Riemer bestimmt schon längst geordnet hat. Der Siebzigjährige zeigt kaum noch etwas vom Fett des Mannes um die Fünfzig; es bestätigt sich, was in Weimar wiederholt wird: er sei ein rüstiger Greis. In seinem schnellen Blick in die Runde der so oft beschworene Glanz, das Feuer in den großen Augen, deren Wirkung so stark ist, so bannend, daß in dieser Runde wohl nur Facius bewußt bleibt, daß Goethes rechtes Auge ein wenig tiefer liegt als das linke. Belebende Asymmetrie bei einem Mann, der Symmetrien in der Kunst liebt, im klassizistischen Ebenmaß.

Bevor er seinen Vortrag beginne, bitte er die Herrschaften, ihre Wünsche vorzutragen zur Gestaltung der nächsten Mittwochtreffen. Das Spektrum der mittlerweile vorgestellten künstlerischen und naturwissenschaftlichen Arbeiten sei groß, es sei ihm auch unter diesem Aspekt an auswählender Akzentuierung gelegen. Und er wendet sich, selbstverständlich, zuerst an die Gemahlin seines Dienstherrn. Luise bittet

Goethe, noch einmal aus der Farbenlehre vorzutragen; vor mittlerweile zwölf Jahren habe er ihr die Entoptischen Studien gewidmet; hier sei Kontinuität erwünscht.

Und Anna Pawlowna, in russischer Akzentuierung und Phrasierung, wünscht sich, daß Weiteres aus dem FAUST vorgetragen wird, diesem so bewundernswerten Werk, das für die literarische Öffentlichkeit noch immer Fragment sei, von dem sie ihren Freunden in St. Petersburg bei ihrer nächsten Reise aber gern Weiteres und Genaueres berichten würde.

Wiederum lauter sprechend, wendet sich Goethe nun der alten Dame zu. Sie nennt das Stichwort TASSO, fragt, ob sich unter seinen Übersetzungen nicht auch Gedichte des Torquato Tasso befänden und ob er nicht überhaupt etwas zu Leben und Werk dieses Dichters sagen könne.

Der Hausherr bedankt sich artig auch für diese höchst erwünschte Anregung, bittet aber weder die Schwestern Egloffstein noch Meister Facius um Vorschläge. Diese Wahrung der Etikette wird vor allem der Großherzogin Luise willkommen sein; sie achtet seit jeher streng auf die Formen höfischen Umgangs.

Bevor ich Goethes Vortrag entwerfe, ein Dank, mal wieder, an Schuchardt, der mir die notwendigen Materialien aus dem Archiv übermittelt hat, versehen mit überaus nützlichen Anmerkungen. In welcher Form seine Mitarbeit im definitiven Buch gewürdigt wird, weiß ich noch nicht – die übliche Danksagung zum Schluß wäre unangemessen, wäre fast eine Form des Undanks.

Und Goethe hebt an: Er habe diesmal keinen Vortrag ausgearbeitet, werde auch keine neue literarische Arbeit vorlesen, er müsse den verehrten Herrschaften von einem Problem berichten, von einem Casus verzwickter Art: es gehe um eins der Werke, die bisher Fragment geblieben seien, in deren Entelechie es aber nicht liege, Fragment zu bleiben. Solch ein unvollendetes Werk erinnere wiederholt an sich selbst, fordere gleichsam Hinwendung und Zuwendung ein. Während er zur Zeit, bekanntlich, seinen Bericht über den Frankreich-Feldzug erarbeite, stellten sich wiederholt Assoziationen ein an ein früheres Projekt, die ACHILLEIS. Indem er davon spreche, erhoffe er sich eine Belebung des alten Plans, ja, er hoffe herauszufinden, in welche Richtung dieser Text sich entwickeln wolle – er stehe hier an einem Scheideweg. Vielleicht finde er, indem er über diese Arbeit spreche, von selbst den rechten Weg. Wenn nicht, so sei wenigstens frische Luft in den bisher verschlossenen Raum eingedrungen – ein seit zwei Jahrzehnten unter Verschluß gehaltenes Fragment.

Einleitend wolle er berichten, daß Homer (oder wer auch immer sich hinter diesem Sammelnamen von Dichtern und Redaktoren verberge), daß »Homer« für ihn von früher Jugend an ein getreuer Begleiter war. Schon als Junge las er die ILIAS, und als Student der Rechte führte er eine Zeitlang stets die ODYSSEE mit sich. Homer als eins der Leitgestirne am Himmel der Poesie – als zweites, ebenso leuchtstarkes Gestirn bald darauf Shakespeare. Als er hier nach Weimar kam, war Homer nicht vergessen – trotz der rasch anwachsenden Verpflichtungen, die er freiwillig auf sich nahm. Die verehrte Frau von Stein könne dies bezeugen, sagt er lauter als zuvor, sie befinde sich im Besitz von Briefen aus Italien, in denen erneut und weiterhin der große Name genannt werde. Als er in Verwirrung, ja Verstörung geriet durch die vulkanischen Ereignisse der Revolution in Frankreich, als er am Feldzug der Koalitionsarmee teilnahm, als er auch Zeuge war der Belagerung von Mainz – in dieser überaus unruhigen Zeit versuchte er wiederholt, in das Reich der

Dichtung zurückzufinden, indem er, fürs erste, übersetzte und bearbeitete. Das Ergebnis dieser übertragenden Bearbeitung sei bekannt: REINEKE FUCHS. Daß er, etwas später, in Ansätzen versuchte, die ILIAS und die ODYSSEE zu übersetzen, dies dürfte selbst dem eingeweihten Kreis der Anwesenden unbekannt sein. Professor Riemer habe die wenigen Fragmente dieser Versuche zusammengestellt, es seien nur jeweils wenige Zeilen; Übertragungen in vorerst skizzenhafter Form, die noch der strengen redaktionellen Bearbeitung harrten.

Mehrfach in seinem bisherigen Leben habe er die frühe ILIAS und die spätere ODYSSEE gelesen; er dürfe in diesem erlauchten Kreis die Werke als durchaus bekannt voraussetzen. Wichtig sei es, mit Blick auf sein Projekt, noch einmal daran zu erinnern, daß die ILIAS kurz vor dem Fall der Stadt Troja ende und damit kurz vor dem Tod des großen Belagerers Achill. Er dürfe das in einem (eingangs raffenden) Zitat wiedergeben ... Und er beginnt zu deklamieren, mit weitaus mehr Stimmvolumen als nötig für den mittelgroßen Raum.

Ilios fällt! ... so mag denn auch
fallen Achilleus!
Er, der Beste der Griechen, der würdige
Liebling der Götter,
Denn wer im Wege steht dem Geschick,
das dem endlichen Ziele
Furchtbar zueilt, stürzt in den Staub,
ihn zerstampfen die Rosse,
Ihn zerquetschet das Rad
des ehernen heiligen Wagens.

Kurz hier vielleicht ein Schweigen Goethes; als er wieder zu sprechen beginnt, klingt seine Stimme wie aufgerauht: er werde hier heimgesucht von einer Erinnerung an den Rückzug in Frankreich, an eine grauenerregende Konstellation von Wagenrad und Pferdeleib – er wolle und könne das hier nur andeuten.

Um wieder zurückzufinden in seine Ausführungen, eine Wiederholung: Die ILIAS endet kurz vor dem Tod des größten der griechischen Helden, und die ODYSSEE beginnt kurz nach dem Fall von Troja mit dem Aufbruch des Odysseus zur umwegreichen Heimkehr. Es ist von den Göttern so bestimmt worden, unwiderruflich: »Auf denn! wer Troja beschützt, beschütze zugleich den Achilleus.« Der hat im Zweikampf den großen trojanischen Gegner besiegt, Hektor, die so lange belagerte Stadt ist bereit zur Kapitulation, doch damit ist auch dem Leben des griechischen Helden ein Ende gesetzt.

Er hatte sich früh schon gefragt, »ob nicht zwischen Hektors Tod und der Abfahrt der Griechen von der trojanischen Küste noch ein episches Gedicht inneliege? oder nicht?«*. Oder doch? Er las in einem Buch, das zu Beginn des 18. Jahrhunderts erschienen war: »Dictys Cretensis et Dares Phrygius de bello et excidio Troiano«. Mit dieser Lektüre wurde es zur Gewißheit: es muß ein, wenn auch nicht so sehr umfangreiches, Versepos gegeben haben – um sich einen selbstironischen Scherz zu erlauben: so etwas wie einen literarischen Zwischenkieferknochen. Er las sich ein, er studierte, er schematisierte, er begann mit der Arbeit, 1790 in Jena, vollendete dort den ersten Gesang der ACHILLEIS, die, ohne Proemium, die letzten Zeilen der ILIAS aufgreife, nach mehr als zweieinhalb tausend Jahren … Die sechshunderteinundfünfzig Verszeilen werde er im weiteren Verlauf den verehrten Herrschaften vorstellen. Doch zuvor gehe er der Frage nach, ob er das Vorhaben erneut aufgreifen solle. Denn es werde unausweichlich zum

Scheideweg führen, den er bereits erwähnte: Fortsetzung des Versepos in Hexametern oder Transposition des Stoffs in einen Roman. Denn hat nicht das Thema »ein bloß persönliches und privates Interesse«*?

In welcher Form auch immer: zwischen den Schlachten der ILIAS und den Kämpfen der ODYSSEE ein Werk, in dem es keine einzige Schlachtenbeschreibung geben wird, keine einzige Darstellung eines Zweikampfs. Der größte und berühmteste der griechischen Helden will nicht mehr kämpfen; der Krieg hat mehr als genug Opfer gefordert; es wird für diesen jungen Mann, ganz überraschend, ein völlig anderer Lebensinhalt wichtig: die Liebe. Dies ist, vorwegnehmend zusammengefaßt, die Geschichte, die er, als »Sohn des Friedens«, in seinem Versepos erzählen will.

Deutliche Zustimmung der anwesenden Damen. Er faßt dies auf als Ermunterung und Ermutigung, auf dem eingeschlagenen Weg fortzuschreiten.

Und hier gelte es nun, den entscheidenden Punkt herauszuarbeiten, in erneutem Ansatz. Die Schlacht um Troja ist geschlagen, Hektor, der große trojanische Held, ist im Kampf gefallen; der Untergang Trojas hat zuletzt auch noch Patroklos, dem Freund des Achill, das Leben gekostet. Und nun sieht Achill in der Ferne die Mauern der Stadtfestung Troja, sieht vor ihr das große Feuer, in dem Hektors Leiche eingeäschert wird. Zur selben Zeit werden auch Vorbereitungen getroffen zur Beisetzung des Patroklos, der ebenfalls eingeäschert wurde: es wird ein monumentaler Erdkegel aufgeschüttet als Grabmal, als Grabdenkmal, in dem auch Achill beerdigt werden möchte: Doppelgrab von Freunden. In der Simultaneität des großen Feuers vor Troja und der Aufschüttung des Grabmals am Rande des griechischen Heerlagers wird Achill erneut bewußt, daß sein Ende nah bevorsteht; der Sieger wird seinen Sieg nicht lange überleben. Als Anfang des Epos oder des Romans: Achill in sicherer Erwartung des »nahen Geschicks«*. Dies zur Situation, in der er den ersten Gesang beginnen ließ, als »letzter Homeride«* … Er wird, wie angekündigt, abschließend das Fragment vortragen, hier nur das erste Dutzend von Zeilen. Und wieder hebt Goethe die Stimme, wie das oft genug bezeugt wurde, es dröhnt sein Baß.

Hoch zu Flammen entbrannte
die mächtige Lohe noch einmal,
Strebend gegen den Himmel,
und Ilios' Mauern erschienen
Rot durch die finstere Nacht;
der aufgeschichteten Waldung
Ungeheures Gerüst, zusammenstürzend,
erregte
Mächtige Glut zuletzt. Da senkten sich
Hektors Gebeine
Nieder, und Asche lag der edelste Troer
am Boden.
Nun erhob sich Achilleus vom Sitz
vor seinem Gezelte,
Wo er die Stunden durchwachte, die nächtlichen,
schaute der Flammen
Fernes schreckliches Spiel und des wechselnden
Feuers Bewegung,
Ohne die Augen zu wenden von Pergamos'
rötlicher Feste.
Tief im Herzen empfand er den Haß noch
gegen den Toten,
Der ihm den Freund erschlug und der nun
bestattet dahinsank.

Ein letztes Aufflackern von Haß, ein letzter Reflex des Zorns, der zum Thema der ILIAS wurde ... Achill hat sich gewandelt, vollzieht diese Wandlung folgerichtig – ein auf charakterisierende Weise wiederholtes Wort sei hier »sanft«. Der durch den Verlust des Freundes und im Gefühl des Sieges sanft gewordene Achill. Er kennt sein Schicksal, sein »Geschick«, er begehrt nicht auf, er nimmt es an. Ja, das Grabmal aus Erde, es wird auch sein eigenes Grab sein, in Sichtnähe zur Stätte und Stadt auch seines Sieges, den er nicht überleben soll. Er treibt die Arbeiter an, die einen kreisrunden Damm aufschütten, der dann hochwachsen soll zum »vollendeten Kegel«. Er hat sich, noch ein Jüngling, mit allem abgefunden, doch er weiß, sein Ruhm wird ihn überleben, man wird ihn besingen.

Alle Seitenzweige der Entwicklung erst einmal kappend, will er das Geschehen in den notwendigerweise groben Zügen schildern. Ein Jahrzehnt lang ist Krieg geführt worden um Troja, die Stadtfestung steht kurz vor der Übergabe, es wird verhandelt. Denn der Wunsch nach Frieden ist groß, ist übermächtig geworden. Die geraubte Helena (der Kriegsgrund!) wird von Menelaos nicht zurückgefordert, er ist mit einer anderen Frau zufrieden; eine der trojanischen Königstöchter soll ihm überlassen werden. Die Trojaner beschließen, ihre Friedensabsichten unter Beweis zu stellen, indem sie die Königstöchter Kassandra und Polyxena zu den Belagerern bringen, damit König Menelaos seine Wahl treffen kann. Dies beschließt eine Mehrheit in einer Volksversammlung; eine kleinere Gruppe ist freilich entschieden gegen diese Lösung. Die Delegation der Trojaner trifft im Lager der Griechen ein, die beiden jungen Frauen sind bereits mitgekommen. Achill sieht Polyxena: Liebe auf den ersten Blick! Diese Liebe beginnt den jungen Mann, den todgeweihten Helden zu beherrschen – vorher sein Groll, seine Kampfwut, nun die Liebe. Er hat, sein Ende voraussehend, die kostbare Rüstung bereits an Freund Ajax weitergegeben, er ist, auch seelisch, ungeschützt. Die große Begegnung, die sein Leben verändert, in der kurzen Frist, die ihm noch bleibt. In der Zeit des Waffenstillstands, der Vorbereitungen auf den Friedensschluß: seine keimende, sich rasch entfaltende, seine rasch aufblühende Liebe. Glück und Überschwang des Glücks! Der fünfte Gesang unter dem Stichwort »Achills Leidenschaft«.

Ein weiteres Stichwort in seinem Schema der geplanten Fortsetzung: »Verschwörung des Ulyss und Diomeds«*. Die beiden intrigieren gegen den Friedensschluß. Nach etlichem Hin und Her aber wird die Hochzeit zwischen Achill und Polyxena angesetzt, anberaumt, sie findet statt im Tempel von Thymbra (»Ein Tempel ernst und würdig«*). Vom höchsten Punkt des Glücks nun der Sturz – in seinem Schema das Stichwort »Tod des Achill im Tempel. Die Trojaner fliehen.«* Die Fronde, die gegen den Friedensschluß ist, sie hat ihn ermordet. So ergibt sich mit seinem Tod in zwingender Verbindung der definitive Untergang der Stadtfestung. Achills Rüstung erhält, entgegen der Abmachung, Odysseus. Von ihm erzählt Homer dann weiter.

Erneutes Brudertreffen im ausgestorbenen Haus am Frauenplan. Walter hat die Rolle des Hausherrn übernommen, der zum Besuch lädt und empfängt: braucht er das repräsentative Ambiente des Vorderhauses, um wieder ein wenig Selbstvertrauen zu gewinnen?

Ich steige die breite Treppe hinauf, mit der Laterne, ohne zum Deckenfresko des »Kunscht-Meyer« aufzublicken – diese epigonal klassizistische Malerei würde Angelica nur nachsichtig belächeln … Ich betrete den Gelben Saal. Auch diesmal stehen sämtliche Zwischentüren weit offen: rechts zum Deckenzimmer, zum anschließenden Majolikazimmer, sogar zum Großen Sammlungszimmer; links zum Junozimmer, zum Urbinozimmer. Normalerweise sind die Türen geschlossen; dafür sorgen Schuchardt und seine Frau. Auch zu Goethes Zeiten waren sie nur bei seltenen größeren Empfängen geöffnet.

Ich gehe, nein: schreite auf den Bruder zu, der auf dem Sofa sitzt, unter dem Gemälde des Herzogs von Urbino – es hing viele Jahre im Mansarden-Salon von Mutter Ottilie. Walter hat ein Bein über das andere geschlagen; eine Bouteille Rotwein, drei Gläser auf dem Tisch.

Die letzten Schritte kommt er mir entgegen; die beiden Nachbarn im Ilmtal umarmen sich – die Begrüßung noch herzlicher als beim Wiedersehen mehr als eine Woche zuvor. Mich zum Tisch geleitend, sagt Walter, er habe einen Mann eingeladen, der Interessantes zum Thema erzählen könnte, auf das ich zur Zeit fixiert sei, einen Mann, der mit Goethe über Krieg gesprochen und dabei Aufschlußreiches erfahren habe. Ein schüchterner Mann, dieser Besucher – Bruno Riemer holt ihn gerade ab. Weil sie bestimmt bald eintreffen werden, rasch ein paar Worte vorweg. Johann Christian Lobe war bis vor einigen Jahren Flötist in der hiesigen Theaterkapelle, hat mehrere Opern komponiert, es könnten an die fünfe sein, hierorts alle aufgeführt, also ein vergleichsweise erfolgreicher Kollege, aber, wie gesagt, nun im Ruhestand, wohnhaft in Jena, doch kommt er gern zu Besuch hierher, Freunde, Verwandte, und so hat er ihn hier auch kennengelernt, im WEISSEN SCHWAN, wo sonst. Lobe hat vor sechs oder sieben Jahren eine Autobiographie veröffentlicht, AUS DEM LEBEN EINES MUSIKERS, er könnte aus diesem Buch eigentlich vorlesen, aber da der Verfasser noch unter den Lebenden weile, dürfte es sinnvoller sein, wenn man ihn selbst erzählen lasse. »Kommt er schon?«

»Nein.« So kann ich noch meine Frage anbringen, wieso Bruno Riemer diesen Lotsendienst übernommen hat, als Mann der Verwaltung.

»Er hat sich selbst dazu angeboten – zum postumen Ausgleich für unseren großen Krach mit seinem Vater.« (Ich ergänze hier für Jena: Anlaß war die Veröffentlichung seiner MITTEILUNGEN ÜBER GOETHE mit den nichtautorisierten respektive heimlich kopierten Auszügen aus Goethes Tagebüchern. Natürlich hat Riemer junior mit dieser Affaire nichts zu tun, aber es haftet für ihn ein »Makel« am Namen Riemer, und er wünscht sich, daß wieder volles Einvernehmen hergestellt wird zwischen den Riemers und den Goethes.) Als Walter im WEISSEN SCHWAN erwähnte, daß er die Freundlichkeit von Seidel junior nicht ausnutzen will und daß Carl Stadelmann (im Suff untergegangen, Selbstmord am Strick) keinen Sohn hinterlassen hat, der aushilfsweise seine Tradition fortführen könnte – da erklärte Bruno Riemer sofort, er würde gern mal solch eine Rolle und Aufgabe übernehmen, wenn der Name Riemer damit wieder den guten, alten Klang erhalte.

Und Walter horcht auf: »Wie auf Stichwort – sie kommen!« Wir wollen das Gespräch fortsetzen, damit Lobe nicht auf zwei erwartungsvoll dreinblickende Brüder trifft, aber es gelingt uns nicht, also gieße ich Walter nach, und wir prosten uns zu. Die Tür steht offen zwischen Treppenhaus und Gelbem Saal, aber der Besucher, von Riemer geleitet, klopft an den Türrahmen. »Darf man eintreten?«

Der zu erwartende Zuruf, doch der Besucher zögert. Walter steht auf, geht ihm entgegen. Es naht ein großer, hagerer, leicht nach vorn gebeugter Mann, und mir fällt ein Vergleich ein, den ich irgendwo mal gelesen hatte: Wie eine überreife Kornähre … Erneutes Zögern des Gastes: Sein Wunsch, schon so lange, so sehr lange, einmal die Schwelle zu den Privaträumen des Hauses überschreiten zu dürfen, und nun erst, jetzt erst …

Es sieht so aus, als wolle er hinknien, die Schwelle küssen, doch Riemer faßt ihn am linken Ellbogen, als wäre dies nur ein kleiner Schwächeanfall, und wir komplimentieren ihn vollends herein. Lobe begrüßt auch mich, schaut in die Zimmerflucht – die Türrahmen nur schwach beleuchtet im Widerschein der Kerzen in unserem Zimmer. Und er nickt ausführlich. Ja, so ähnlich hätte er sich das damals vorgestellt, nach Beschreibungen von Besuchern. Aber, wie gesagt, er war noch nie hier oben, hatte Goethe in Jena besucht, als junger Mann. Er war damals noch sehr viel aufgeregter als jetzt; übergroße Nervosität auch noch beim zweiten Besuch. Dabei war der verabredet: er war zwischenzeitlich in Berlin, und nach der Rückkehr sollte er Bericht erstatten. Und alles, was er mitteilen wollte, lag wohlgeordnet in seinem Kopf bereit, »wie die Gegenstände in einem beleuchteten Saal«*, aber je näher der zweite Besuchstermin heranrückte, desto dunkler wurde es in ihm, »als würde von einem unsichtbaren Geisteratem eine Kerze nach der anderen ausgeblasen, und als mich meine zögernden Schritte endlich an die Tür geführt, waren alle bis auf die letzte erloschen. Während der Diener mich anmeldete, stand vor der Tür nur mein hämmerndes Herz.«*

Echohaft wiederhole ich, deklamierend: »Stand vor der Tür nur mein hämmerndes Herz … Aber Sie müssen hier nicht stehenbleiben …« Ich schiebe die Hand unter seinen Arm, führe ihn zum Tisch, zu einem Polsterstuhl. Walter verabschiedet sich von Riemer: Sobald er gebraucht würde, gebe man im WEISSEN SCHWAN Bescheid … Riemer junior nickt und geht.

Die kleine sachliche Absprache scheint beim Besucher ein wenig den Bann zu lösen. Ja, er trinke gern ein Gläschen Wein mit uns. Und eh wir uns versehen, ist es leer, wird gleich wieder gefüllt. Ich frage ihn, wie nach dem Lichterlöschen im Hirnsaal, wie nach dem Herzschlag-Prélude die Begegnung selbst verlaufen sei.

Lobe betont noch einmal, er sei damals noch keine Zwanzig gewesen. Und er hatte einen Riesenrespekt vor dem berühmten Mann. Wie es ihm erging, so war es auch anderen ergangen – er hat mit einigen Besuchern darüber sprechen können. Alle, besonders Frauen, waren erst unglaublich aufgeregt, dann ungeheuer beeindruckt. Etwas mehr als mittelgroß war er und robust im Körperbau – eine überaus stattliche Erscheinung ... Die hohe Stirn, die tiefe Stimme ... Das braune Auge, die schöne Braue ... Die aufrechte Haltung, die huldvolle Begrüßung ... Wahrhaft fürstliche Erscheinung, aber das ist eine Floskel, die wenigsten Fürsten wirken ja fürstlich, Herzog Carl August sah in seinem grünen Polenrock und mit seiner alten Schirmkappe eher aus wie ein »kleiner, dicker Förster«. Und stets die bange Frage mit Blick auf Goethe: Ist er heute abweisend, ist er freundlich? Wie eine der Besucherinnen sagte: er konnte »kalt wie eine Klinke«* sein. Er konnte aber auch herzlich auf einen zukommen, auf einen eingehen. Wie auch immer er sich verhielt – fast alle waren beeindruckt. Nur einige Herren aus anderen Ländern, beispielsweise aus Amerika, sie zeigten Gelassenheit, registrierten auch mal einen schmuddeligen Hemdkragen, sonst aber: Enthusiasmus. Eine Stunde mit Goethe durchweg als Sternstunde. Stets bewegte sich das Gespräch unter seiner Regie auf höchstem Niveau, ständig inhaltsschwere Sätze, zitatfähige Sentenzen. Es ist erstaunlich, wie ein einziger Mensch so viele allgemeingültige Aussagen machen kann, in Büchern wie in Gesprächen wie in

Briefen. Ein schier unerschöpflicher Quell der Weisheit, und viele, viele nahmen von diesem Weisheitsbrunnen einen Becher mit, nippten lange daran …

»Hier müssen Sie aber nicht nippen …« Gelächter unter den Musikern; ein Zwischenschluck. Aufatmend schaut Lobe sich um: daß er hier nun im Haus des verstorbenen Intendanten sitzt … Dieses »Salve« vor der Schwelle auf sich zu beziehen, so etwas wäre einem Orchestermusiker niemals in den Sinn gekommen, auch nicht als Flötisten … Eher schon einem Komponisten – ja, ein Komponist, ein erfolgreicher Komponist hätte eventuell die Chance gehabt, nach einem Besuch in der Wohnung von Jena eine Audienz hier im hohen Haus zu erhalten, vermittelt von der Schwiegertochter, an die man sich in jedem Fall zuerst wenden mußte. Übrigens eine gute Sängerin! Es reichte zwar nicht für öffentliche Auftritte, in kleineren Kreisen aber war sie als Liedsängerin geachtet. Selbstverständlich sang sie meist Lieder nach Gedichten von Goethe, das heißt: Vertonungen von Altmeister Zelter, der ebenfalls hier im Hause gespielt hat. Es soll hier noch immer der alte Flügel stehen …?

Ja, drüben im Empfangsraum, im Juno-Zimmer, der Flügel aus Wien, von Streicher. Walter berichtet, daß er ihn mittlerweile stimmen ließ, allerdings hapert es noch mit der Mechanik, da müßte ein guter Klavierbauer etliches nacharbeiten, das Instrument hat vor allem beim Repetieren seine –

Bevor die Musiker sich ins Detail verlieren, bitte ich ihn, etwas mehr vom Gespräch damals in Jena zu erzählen. Wann hat es stattgefunden?

»Ungefähr 1820. Da war Goethe eigentlich schon ein Greis von siebzig, aber ein überaus stattlicher und lebendiger alter Herr, ein imposanter Patriarch, ein –«

»Gewiß, die hohe Stirn, die tiefe Stimme … Aber bitte, das Gespräch!«

»Nun – ein Gespräch im eigentlichen Sinne war es nicht. Ein Gespräch kam eigentlich nie zustande, wenn man Goethe besuchte.« Dies hat er von verschiedenen Besuchern gehört. Entweder schoß er, wie Napoleon, eine Frage nach der anderen ab, lauter Sachfragen, oder er hielt Monologe. In denen äußerte er sich »kaleidoskopisch« über alles: Kunst, Wissenschaft, Philosophie, Mineralogie, Farbenlehre, Dramaturgie und Theater. Dazu noch »Erfahrungen, Beobachtungen, Lebensregeln«. Wer nicht belehrt wurde, der wurde ausgequetscht. Eine Frau, Helene von Kügelgen, hat das mal sehr drastisch ausgedrückt: »Ein solcher Mensch erscheint mir wie ein Polyp, der seine Arme unaufhörlich nach Raub ausstreckt und mit gleicher Begierde alles und jedes an sich reißt.« Ja, so kam ihm das vor beim zweiten Besuch – er fühlte sich fast wie zum Rapport bestellt. »Berichten Sie mir zuerst, welche Stücke Sie in Berlin gesehen haben ... Wie sind Ihnen die Schauspieler und Sänger im Verhältnis zu den unsrigen erschienen? ... Fahren Sie fort in Ihrem Bericht. Was haben Sie mir von Emilia Galotti zu berichten? ... Welche Vorstellung hat Ihnen am besten gefallen? Erzählen Sie ...«*

»Ja, und was haben Sie erzählt?«

»Ich habe vor allem von Spontinis neuer Oper erzählt – mein stärkster Eindruck! FERNAND CORTEZ OU LA CONQUÊTE DU MEXIQUE. Das interessierte den Herrn Geheimrat ganz besonders: eine Oper, die ›sein‹ Kaiser in Auftrag gegeben hatte. Ja, so sagte er immer: ›mein Kaiser‹.« Der hatte sogar den Inhalt vorgegeben: der Eroberer wollte einen Eroberer auf der Bühne sehen ... Ein straff geführter Trupp von fünfhundert Abenteurern besiegt ein ganzes Königreich ... Entschiedenheit, die alle Widersprüche hinwegfegt ... Dieses martialische Geschehen hat Gaspare Spontini mit geballter Instrumentation überzeugend zu Gehör gebracht. Atemberaubend die Wirkung, als Spontini den Kommandostab hob, und es setzten, in der Ouvertüre, sieben Kontrabässe, zehn Celli, dreißig Violinen ein, und die Klarinetten sechsfach besetzt und verstärkt das Blech …! Und das alles dann wieder im PAS DES GUERRIERS, diesem hinreißenden Marsch!

Dieses Stichwort führt nun zu Goethes Frage nach seinem Verhältnis zu Kriegsgeschichten. Dazu konnte er nur sagen, daß ihn Kriegsgeschichten stets schon interessiert hätten. Er hat sich damals in Jena bei jeder Gelegenheit vom Krieg erzählen lassen, vor allem Geschichten vom Krieg zwischen Frankreich und Preußen, 1806, und Geschichten vom Befreiungskrieg, 1813/14. »Ich nenne diese allgemein bekannten Zahlen nur, um anzudeuten, wie es zu diesem Interesse kam: 1806 war ich neun, 1813 war ich sechzehn. Ich habe, am Rande, das eine und andere Ereignis mitgekriegt, vor allem die Einquartierungen, in direkter Form aber habe ich den Krieg nicht miterlebt. Also habe ich mir von Soldaten und Offizieren erzählen lassen, wenn sich das ergab, und falls sie überhaupt Lust hatten, darüber zu berichten. Dann sprachen sie aber nie vom Schlimmsten, sie erzählten eher Anekdoten.«

»Und Goethe – wollte er so etwas hören?«

»Sie fragen jetzt fast schon wie Ihr Großvater! Ja, er ›ließ sich die Erzählungen mehrerer Fälle durchaus gefallen‹.«

»Zum Beispiel?«

Das kann er jetzt im einzelnen nicht mehr sagen. Er weiß nur noch, welche Art von Geschichten ihm damals wichtig waren. Zum Beispiel, naheliegenderweise, Geschichten über die Schlacht bei Jena. Also etwa, wie Napoleon einer Artillerieeinheit half. Nach dem gemeinsamen Abendessen mit seinen Generälen und Marschällen ging er noch zu einer Anhöhe, auf der Batterien aufgestellt werden sollten – die

Preußen, in ihrer alten Taktik des Kriegstheaters, hielten so etwas ja für überflüssig. Napoleon stellte fest, daß die Kanonen den Höhenzug noch gar nicht erreicht hatten, sie steckten fest in einer Schlucht, die man mit einer Talstraße verwechselt hatte. Man war in eine Art Hohlweg geraten, und hier standen die Felsen so eng, daß die Kanonen nicht weiterkamen. Es ging weder vorwärts noch rückwärts, zweihundert Fahrzeuge warteten. Der Kaiser unterdrückte seine Wut, fragte nach dem Oberstkommandierenden der Artillerie, der war aber nicht anwesend. So ließ Napoleon die Kanoniere antreten; ein kurzer Appell, er ließ sämtliche verfügbaren Sturmlaternen und Fackeln anzünden, ließ alle Spaten und Schaufeln und Hacken hervorholen, »nahm selbst eine Fackel in die Hand, mit der er den Kanonieren leuchtete, die unter seiner Leitung den Hohlweg erweiterten«. Er harrte so lange aus, bis die erste Kanone durchkam …

»Als Sie ihm solche Geschichten erzählten – folgten daraufhin Äußerungen oder Stellungnahmen zum Thema Krieg?«

»Nein, er fragte erst mal, ›ob ich Neigung zum Soldatenstand‹* hätte. Da konnte ich mit voller Überzeugung sagen: Niemals! Im Gegenteil, es sei mir völlig unbegreiflich, wie ein Mensch Lust haben könne, Soldat zu werden. ›Kriegsgeschichten dagegen lese und höre ich mit großer Begierde.‹*« Darauf formulierte Goethe eine seiner Sentenzen, die man nicht vergißt, er hat sie in seinen Lebenserinnerungen gebührend hervorgehoben. »So kann einem also eine Sache zugleich widerwärtig und angenehm sein. Widerwärtig, wenn man sie selbst unternehmen soll, angenehm, wenn man sie an anderen wahrnimmt. Wer diese Doppelgabe am ausgebreitetsten besitzt, ist der Glücklichste in dieser Welt. Er kann niemals ohne Interesse sein, folglich niemals Langeweile empfinden.« Hier konnte man eigentlich nur noch Ja und Amen sagen …

Wir trinken uns zu. Und ich versäume es, in einem Anfall von Trägheit, auch von Enttäuschung, eine weiterführende Frage zu stellen, und so entwickelt sich rasch ein Gespräch zwischen den beiden Herren Opernkomponisten: Wie stand es eigentlich um Goethes Musikverständnis? Sofort fällt der Name Zelter: der frühere Maurer, Bauunternehmer, Kiesgrubenbesitzer, der auch Komponist wurde, Leiter der Berliner Singakademie. Dieser alte Raunzer (»Whist spielen heißt: Halt dein Maul!«) war nun mal einer der dienstältesten Freunde Goethes, und was er komponierte, entsprach völlig dessen Geschmack. Immerhin fragte Goethe in Jena den jungen Besucher, was er von Zelters Kompositionen halte. Schwierige Situation ... Man wußte ja, daß Goethe es gar nicht gern hatte, wenn seine Meinung in Frage gestellt wurde, daß er da schroff reagieren konnte, aber Lobe nahm allen Mut zusammen und sagte über Zelters Lieder, soweit er sie kannte: »Die Melodie ist bei Zelter immer charakteristisch deklamiert, akzentuiert und rhythmisiert, aber seine Tonfiguren sind jetzt veraltet.«* Das Harfnerlied, in der zweiten Fassung: Nachklänge des alten Bach ... Und wenn man die Klavierbegleitung eines seiner Lieder für sich nimmt, so gibt die nichts her – nur harmonische Stützen und rhythmische Akzente. Lobe schlägt vor, das gleich mal am Flügel vorzuführen.

Natürlich ein Vorwand ... Er will ja bloß auf dem Flügel spielen, auf dem der alte Zelter mit seinen teilweise gelähmten Fingern Melodien zurechtgefingert, auf dem der sehr junge Mendelssohn brillant konzertiert hatte, auch die heute so berühmte Clara Schumann – damals unter ihrem Mädchennamen, versteht sich ...

Wir tragen sämtliche Lichter zum Flügel, Lobe spielt sich ein, murrt über die Mechanik, aber für Zelter-Kompositionen reiche es allemal, und er stellt uns einige Akkompagnements vor zu Vertonungen von Goethe-Gedichten. Wir verstehen sofort, weshalb Goethe diese Vertonungen so lieb waren: das Wort bleibt primär. Lobe stellt weitere Beispiele vor, dazu von Walter durch Fragen animiert; ich hole die Gläser, den Wein. Die Musiker beginnen, sich abwechselnd vorzuspielen, wie von selbst kommt man auf Schumann, dann auf Brahms, Lobe spielt einen der Ungarischen Walzer, in einer Aufwallung von Übermut packe ich Walter, und wir tanzen im Juno-Zimmer, werden schneller, immer schneller, spüren, wie der Boden unter uns zu schwingen beginnt, wir drohen uns an, gleich werde die Decke unter uns einkrachen, und wir würden mit aufwirbelnden Staubwolken im Dreivierteltakt zur Hölle fahren … Lobe spielt, nun in Fahrt gekommen, einen weiteren Walzer, wir tanzen, tanzen, ich habe keinerlei Atemprobleme, Walter scheint nichts von der sonst vorherrschenden Müdigkeit zu spüren, ausgelassen tanzen wir im Zimmer der ehemals feierlich-steifen Empfänge, brechen schließlich keuchend ab, und wir lachen im Terzett.

Auch Alma tanzte, Alma Sedina, sie tanzte gern, sie tanzte viel, und horizontweit entfernt Probleme mit Goethe, sie tanzte, tanzte, Dreivierteltakt, es existierte für sie nicht die Frage, warum es eine zweite Fassung von WILHELM MEISTERS WANDERJAHREN gab, sie tanzte, tanzte, Dreivierteltakt, und nicht das kleinste Interesse daran, das Geheimnis der Turmgesellschaft in diesem Roman zu lüften, sie tanzte, tanzte, Dreivierteltakt, und sternweit die Frage entfernt, wie das Genie zum Übergenie stand, zu Shakespeare, sie tanzte, tanzte, Dreivierteltakt, Alma Sedina, sie tanzte und tanzte.

Ach, und den Riemer, Vorname: Bruno, den haben wir ja ganz vergessen, er sitzt noch im WEISSEN SCHWAN, wartet darauf, daß seine angebotenen Dienste weiter in Anspruch genommen werden; die beiden Musiker kommen eine Zeitlang auch ohne mich aus, womöglich läuft das Gespräch dann sogar noch besser. Und tatsächlich: »Jaja, geh du nur, wir haben noch einiges zu besprechen.« Sicherlich werden sie bald vierhändig Klavier spielen, die beiden Herren, die zusammengezählt acht Opern komponiert haben.

Ich schreite die gegenläufige Treppe hinunter, ziehe die Haustüre ins Schloß, gehe über den Platz zum WEISSEN SCHWAN. Pfeifenrauch, Gelächter, Stimmen. Riemer sitzt allein an einem Tisch, redet hinüber zu einem anderen Tisch, ich trete höflich dazwischen; sogleich lädt Riemer mich ein, läßt ein zweites Glas kommen: »Für Herrn von Goethe, ein Glas für den Freiherrn von Goethe …!«

»Nun lassen Sie es schon gut sein …«

Riemer, der das Stichwort »Dienst« offenbar schon vergessen hat, gießt mir das Glas voll, Wein von der Unstrut, vergißt auch sich selbst nicht, prostet mir zu. »Und, wie war es? Hat sich der Herr gelohnt?«

»Es war ein angenehmes Gespräch, ohne Zweifel; als Beitrag zum Thema war es eher enttäuschend. Ich hätte von diesem Zeitzeugen gern etwas mehr über Goethes Haltung dem Militär und dem Krieg gegenüber erfahren.«

»Das wäre in gewisser Weise sicherlich interessant, ja … Darf man mit Ihnen, was den Herrn Geheimrat selig betrifft, eigentlich auch mal ein offnes Wort reden? Ich komme darauf, weil Ihr Herr Bruder sich in dieser Hinsicht frank und frei äußert – wir haben hier ja schon gelegentlich einen gepichelt. Und da hat er, mit Blick auf Haus und Archiv, zum Beispiel den Ausdruck ›Goethe-Gerümpel‹ benutzt. Als jemand, der gelegentlich auf die Jagd geht, würde ich eher von Goethe-Gewölle reden ... Alles, was dieser übergroße Raubvogel an Unverdaulichem wieder ausgewürgt hat, Haare, Sehnen, Knöchelchen ...! Allein schon all dieses schriftlich fixierte Administrations-Gewölle ...! Wenn Sie mich fragen, als Mann der Verwaltung, und ich bin ja schon lange hier im Dienst, also wenn Sie mich fragen, da kann ich nur sagen: Ihr Herr Großvater hat sich in eigentlich alle Belange der Verwaltung eingemischt. Besonders schlimm muß das vor der Italienreise gewesen sein, aber danach war er auch noch viel zu aktiv. Ohne Goethe nichts als Faulheit und Schluderei und Schlamperei in der Verwaltung! Ohne Goethe, zum Beispiel, werden Straßenbaukolonnen nicht organisiert, ohne Goethe werden nicht einmal die richtigen Straßenarbeiter eingestellt, ohne Goethe wird ein Zunftstreit zwischen Maurern und Ziegeldeckern nie im Leben beigelegt, ohne Goethe wird bei Jena die Saale nicht richtig reguliert, ohne Goethe zeigen die Studenten dort nicht das erwünschte moderate Verhalten, ohne Goethe wird an der Jenaer Universität der juristische Lehrstuhl nicht richtig besetzt, ohne Goethe wird ein im Duell getöteter Student nicht ordnungsgemäß begraben ...!«

Und Bruno redete sich noch mehr in Rage, die Riemerschen Glupschaugen schienen noch weiter vorzuquellen, er sprach in seiner alkoholisierten Suada fast ohne Punkt und Komma. In einer administrativen Sauregurkenzeit hat er sich die entsprechenden Faszikel einmal angesehn – niederschmetternd ...! Weitere Beispiele gefällig ...?!

Ohne Goethes Mitwirkung und Votum erhalten die Mitglieder des Husarencorps nicht die rechten Wildlederhosen, ohne Goethe werden rückständige Steuern nicht eingezogen, ohne Goethe wird das neue Tuchmanufaktur-Reglement unzureichend formuliert, ohne Goethe läßt sich nicht einmal die Anfertigung und der freie Verkauf von hölzernen und kupfernen Handspritzen regulieren, ohne Goethe drängen sich im Theater die Hauptdarsteller vor auf Kosten der Nebenrollen, ohne Goethe, ohne Goethe kann der Kompetenzstreit zwischen Regierung und Militärgericht im Mordfall Tambour nicht geschlichtet werden, ohne Goethe keine durchgreifende Bekämpfung der Sperlingsplage, »ja, ja der Sperlingsplage«, rief Bruno Riemer mit nun weit vorgewölbten Glupschaugen, deren Weiß sich zu röten begann unter dem Druck der Vorwürfe, »Goethe kümmerte sich auch um die Sperlingsplage, administrativ, man stelle sich das mal vor! Ohne Goethe schien eigentlich so gut wie überhaupt nichts zu funktionieren in Weimar, schon gar nicht vor seiner Italienzeit, dieser Goethe entwickelte sich zu einem Verwaltungsmoloch, einem Verwaltungsgolem, und der soll in seinem Wahn von der schrankenlosen Zuständigkeit und Verantwortung auch noch bewundert werden?!«

Bruno Riemer bestellte eine zweite Flasche Wein, diesmal von der Saale, begann mit einem Protesttrinken, setzte, weit ausholend, die Suada des Verwaltungsmannes fort, der es Goethe nicht vergessen kann, wie er der Vorgeneration von Beamten dreingeredet, dreindiktiert, dreinformuliert hat – hoho, Bruno Riemer kam in Fahrt! »Goethe als Geist über allen Wässerchen und Wassern und notfalls auch Hochwassern … In diesem Sinne: Prost!«

Nachts, wenn ich schon mal vors Haus trete: Sterne, wie zum Hohn, sogar der Fremdkörper Mond. Doch während ich aufatme, ist über dem Atlantik längst schon wieder zum Sammeln geblasen worden, und am Vormittag zieht es heran, zwischen Augen und Sonne wird die unvorstellbar weite, dennoch reißfeste Wolkendecke gespannt – ja, nun erst weiß ich, was das ist: eine Wolkendecke. Auf der wird

Wasser gesammelt aus einer womöglich noch höheren Wolkenschicht, und in starken Schauern wird Wasser von der Wolkendecke heruntergeschwappt, und damit es sich gleichmäßig verteilt, helfen Winde nach aus wechselnden Richtungen – der Regen soll nicht bloß auf Köpfe und Schultern fallen, er soll in Gesichter, gegen Körper getrieben werden, womöglich waagrecht, als müsse in wenigen Stunden ein Ausgleich geschaffen werden für viele Wochen Trockenheit. Und setzt nachmittags mal Erschöpfung ein in der atlantischen Wetterküche, unter den Wetterköchen, die unablässig anrühren müssen mit den allergrößten Löffeln, so wird in dieser Atempause, dieser Windstille der Regen nur sanfter, hört aber beileibe nicht auf.

*F*ortsetzung des Berichts über die Frankreichreise, deren Route durch Goethes Buch vorgegeben war. So kam auch ich zum Argonnerwald. Zusätzliche Erkenntnisse habe ich in diesem von Norden nach Süden gestreckten Hügel- und Waldgebiet allerdings nicht gewonnen. Ich habe die Holz- und Erdfestungswerke von Les Islettes nicht mehr gefunden, die dem Heer den Vormarsch nach Westen verwehrten: das Holz wird verfault sein, das Erdwerk überwuchert. Wir haben aber auch nicht lange gesucht, der Kutscher konnte niemanden fragen im Mischwald, so legte er sich, legte ich mich unter einen Argonnenbaum. Auch nach der Erfrischung durch den Mittagsschlaf, den Jean Arendt ausdehnte zu einem Frühmittagsschlaf – ich entwickelte keine Initiative zum Suchen der Straßensperre, die das Heer gezwungen hatte, nach Norden auszuweichen – womit wiederum vorgegeben war, wohin wir weiterzockelten.

Fahrt an den Argonnen entlang: ich hätte genausogut in der Umgebung von Wien herumkutschieren können oder hier in Thüringen – bewaldetes Hügelland. Keine Motivationen zu Landschaftsbeschreibungen.

So reicht es nur zu sachlichem Bericht. Ich rekapituliere überleitend: Verdun wurde am 1. September 1792 von Belagerungsartillerie »bombardiert«; unter dem Druck protestierender Bürger gab Stadtkommandant Nicolas Joseph de Beaurepaire schon am folgenden Tag auf, beging nach der Kapitulation umgehend Selbstmord, entging so dem Geschick seines Kollegen von Longwy, der wegen Feigheit guillotiniert wurde. Preußische Einheiten marschierten in die Stadt ein; erst am 11. September setzten sie den Vormarsch fort.

Der kürzeste, direkteste Weg Richtung Reims hätte durch die Argonnen geführt; hier aber hatten sich, wie erwähnt, französische Truppen verschanzt; so bildete das Waldgebiet einen Querriegel; man wollte keinen Angriff auf die Erdfortifikation von Les Islettes riskieren, konnte weiter nördlich die Argonnen nicht mehr queren, war so gezwungen, bis ans Ende des Hügelzugs zu marschieren: dort wollte man nach links einschwenken, und es sollte westwärts weitergehen, durch das Tal der Aire. In der weiten Talmulde von Grandpré aber hatten französische Einheiten Stellung bezogen, mit Artillerie. Wieder schreckten die offenbar kampfscheu gewordenen Preußen davor zurück, den Kampf mit einem Gegner aufzunehmen, den man bisher nur lächerlich gemacht hatte, man wich noch weiter nordwärts aus: der Weg durch den Forêt de la Croix-aux-Bois schien weniger riskant. Zwei Straßen hier, die durch die Hügelregion führen, deren höchste Punkte nur etwa fünfzig Meter über dem Flächenniveau liegen, dennoch wurde hier von Pässen geredet und geschrieben, Goethe nennt sie sogar »bedeutend«: La Croix-aux-Bois und Le Chesne. Das Schanzwerk hier wurde von Österreichern gestürmt, ihnen folgten preußische Kavalleristen.

Was nun geschah, entsprach wieder den Erwartungen der Alliierten: die Freiwilligen der Revolutionsarmee flohen. Laut Goethe verbreiteten die preußischen Husaren »einen solchen panischen Schrecken über das französische Heer, daß zehntausend Mann vor fünfhundert flohen und nur mit Mühe konnten zum Stehen gebracht und wieder gesammelt werden«. Ob das so stimmt …? Wenn das alles derart leicht war, hätte man sich auch die Passage durch die Argonnen freikämpfen können. Wie auch immer: man erreichte, wieder südwärts ziehend, Grandpré; auch hier verstummten die französischen Geschütze rasch. In der Militärgeschichte dürfte das »Treffen« kaum eine Rolle spielen. Für Goethe aber entwickelte sich ein zumindest ästhetisch befriedigender Eindruck: schöne Landschaft, malerische Reiterformationen …! »Einige Dörfer brannten zwar vor uns auf, allein der Rauch tut einem Kriegsbilde auch nicht übel.«

Jenseits des »Passes von Grandpré«, der alles andere als ein Paß ist, eher eine kleine Ebene zwischen Argonnen und Forêt de la Croix-aux-Bois, jenseits von Grandpré also marschierte man nicht gleich in die »kreidige Champagne« ein, man machte erst wieder eine mehrtägige Pause: der von Anfang an unzureichende Nachschub mußte notdürftig organisiert werden. So lagerte man und wartete auf Brot.

*B*estätige Empfang der zweiten Anfrage, übermittelt per Ilmtal-Boten: Wie haben die Alten den Krieg geschildert? Ich schränke sogleich ein: Wie hat der ganz Alte, sprich: Homer den Krieg geschildert? Auslöser Deiner Frage: Vormarsch in Frankreich von kleinen Gefechten begleitet – Fernfeuer und Nahkampf. Von Dir gesprächsweise genannt: Grandpré und das sog. Vorwerk (was ist das eigentlich?) La Lune bei Valmy. Hier sah Goethe Verwundete u. Gefallene, einige auf Strohschütten. Er beläßt es bei pauschaler Erwähnung von Kampf u. Sterben. Dagegen Homer …?

Dein Stichwort zur Frage an den »belesenen« Bruder. Der hat den Auftrag wunschgemäß ausgeführt, erlaubt sich jedoch zwei Vorbemerkungen.

Die erste: Du hältst (nicht nur) mich ganz schön auf Trab; wenn unsereins auf diese Weise Eingang findet in das geplante Buch, wollen wirs zufrieden sein.

Die zweite Vorbemerkung: offenbar liegt Dir das Bibliographieren mehr als das Bücherlesen. Hinweise als Beweise: Dein »Verzeichnis italienischer Bibliotheken des Mittelalters«, speziell: das Handschriftenverzeichnis des Paduaner Klosters Sancta Justina. Und Deine Regesten der Autographen und Bücher des Kardinals Bessarion. Zwischenfrage: Wann wird (sicherlich bei Frommann!) Dein Bessarion-Buch eigentlich erscheinen?

Erneutes Staunen über Deine Aktivitäten, trotz geschwächter Konstitution. Mutter Ottilie hat wieder mal recht: Du findest noch immer einen Ausweg. Vor mir dagegen sind alle Türen verschlossen. Diese Situation erlaubt wenigstens ungestörte Lektüre, beispielsweise der ILIAS. Beim Nach-Lesen: Erschrecken über hohen Anteil an Kampf- u. Schlachtbeschreibungen; davon konnte damaliges Publikum offenbar nicht genug kriegen. Einerseits krude Details, andererseits stilisierende Formeln: soundsooft scheppern Rüstungen zusammenbrechender Krieger, denen definitiv schwarz vor Augen wird.

Beschränke mich auch im folgenden auf originalgetreue Inhaltsangaben, verzichte dabei auf Metrum. Kein damdididam also, dieser Urrhythmus des Hexameters. Verzichte gleichfalls auf Namen.

So kämpfen die Helden, damdididam: Eine Lanzenspitze wird rechts neben der Warze in die Brust gestoßen, dringt an der Schulter wieder heraus; eine Lanze wird in einen Nabel gerammt, Gedärm quillt hervor; ein Felsbrocken wird geschwungen, trifft auf ein Fußgelenk, zerstört Sehnen und Knochen; eine Lanzenspitze durchdringt eine Arschbacke, durchbohrt die Blase. Und Kämpfer brechen schreiend in die Knie. Eine Lanzenspitze in einen Nacken, unter die Zunge, zwischen die Zähne; ein Arm fällt abgehackt zu Boden; ein Felsbrocken trifft auf ein Hüftgelenk, zerschlägt die Pfanne, zerreißt beide Sehnen. Und ein Kampfwagen rast dahin über Rüstungsteile und Leichen, die Achse von unten mit Blut besudelt, es spritzt hoch bis zum Sitz. Und weiter: ein Felsbrocken auf einen Kopf geschwungen, der Helm zerbirst, die Schädelschale zu Splittern zermalmt; eine Axt trifft auf eine Nasenwurzel, Knochen krachen, Augäpfel kollern in den Staub. Und Männer brüllen vor Schmerzen wie Stiere.

Eigentlich reicht es mir längst schon, aber ich habe noch einige Beispiele markiert: eine Lanzenspitze durch ein Ohr rein, durchs andre raus; ein Nacken wird von einem Schwert getroffen, der behelmte Kopf fliegt zur Seite, Mark spritzt aus Nackenwirbeln; ein Schwert trifft auf eine Leber, sie quillt hervor, schwarzes Blut schießt heraus; eine Lanze wird durch einen Nacken gestoßen, die Gurgel aber wird nicht durchschnitten, so kann das Opfer noch ein paar Schlußworte sprechen, damdididam. Zuletzt, nach Kampf und Sieg, sticht Achill dem Hektor Löcher zwischen Fersen und Sehnen, zieht lange Lederriemen durch, verknotet sie an seinem Kampfwagen, schleift den Toten, das Gesicht nach unten, hinter sich her, wahrscheinlich im Galopp.

Soweit Homer. Schließt sich die Frage an, wie man Kriegsgeschehen zu Goethes Zeit schilderte. Hier kann ich nur, in freiwilliger Zusatzleistung, französische Beispiele anbieten, in der Hofsprache dreier Goethe-Generationen …

Als erstes fiel mir ein populärer Titel ein: LA CHARTREUSE DE PARME. Herausgesucht, herumgeblättert … Stendhal betont in der Einleitung, daß er den Roman bereits 1830 geschrieben hat. Resultat vergegenwärtigenden Blätterns: auch Stendhal nahm die ILIAS nicht zum Maßstab der Schlachtbeschreibung; vieles wird distanziert erwähnt (jemand wird getroffen und fällt vom Pferd …), weniges wird aus der Nähe wahrgenommen: ein krepierendes Pferd, ein gefallener Soldat. C'est tout.

Um Erinnerung zu stimulieren: Stendhal läßt den jungen Mann Fabrice in der Randzone einer der verlustreichsten Schlachten herumirren: Waterloo. Drei Beispiele für Wahrnehmung und Beschreibung.

Die erste könnte Dich interessieren mit Blick auf Valmy: bei massenhaftem Einsatz von Artillerie hört man offenbar einzelne Abschüsse nicht mehr – gleichbleibendes, tiefstes Luftvibrieren. Darüber das helle Dauergeräusch von Gewehrfeuer. Was bei Valmy aber offenbar kaum zu hören war, es blieb beim »brummenden Baß«. Andere Umschreibung: die Gleichförmigkeit eines Wasserfalls. So Stendhal.

Von Verletzten oder Zerfetzten erzählt er kaum im Schlachtkapitel. Als Ausnahme das krepierende Pferd. Die Läufe zucken im Gedärm, das demnach aus der Bauchdecke des getroffenen Pferdes herausgeplatzt ist. Das schreibt Stendhal nicht so, darauf muß geschlossen werden.

Und die eine Leiche, die der Schlachtenbummler aus der Nähe sieht: bereits gefledderter Soldat, ihm blieb nur die blutverschmierte Hose. Fabrice wird »schrecklich berührt« vom Anblick des Drecks an den bloßen Füßen der Leiche. Von der Marketenderin aufgefordert, auch den Kopf anzuschauen, sieht er: eine Gewehrkugel ist neben der Nase eingedrungen, an der Schläfe gegenüber wieder »ausgetreten«. Nicht weiter beschriebene Entstellung. Ein Auge ist noch offen; dies vor allem entsetzt Fabrice. Er braucht einen Branntwein.

Den bräuchte ich jetzt auch. Aber mir scheint zuvor eine zweite Gegenprobe zur ILIAS notwendig: Wie haben die Neuen den Krieg geschildert? Alfred de Vigny, SERVITUDE ET GRANDEUR MILITAIRES, erschienen 1835, also wohl noch zu Goethes Lebzeiten geschrieben. Eine Szene in der Nähe von Reims – es regnet übrigens pausenlos. Ein Hügel mit einer Scheune, hier haben Russen Stellung u. Quartier bezogen. Ein franz. Trupp überfällt nachts die Wachen, die schlafende Mannschaft; es darf nicht geschossen werden, damit andere Russen nicht alarmiert werden. »Oh, das war ein lautloses und schreckliches Gemetzel! Das Bajonett durchbohrte, der Kolben erschlug, das Knie erstickte, die Hand erwürgte.« Schreie, kaum ausgestoßen, verstummten unter den Stiefeln der Soldaten; sobald ein Russe auch nur den Kopf hob, wurde er niedergemacht. Zum Schluß ein Haufen Leichen in der Scheune. Einzeln werden sie von Grenadieren an den Füßen herausgezogen; man nimmt den Toten die Patronen ab, dann werden die Leichen auf Seite geworfen. Und der Hauptmann dieses von Napoleon befohlenen Unternehmens fragt sich, was ihn eigentlich von einem Mörder unterscheide. Mit dieser Frage schließe ich den Lektürebericht, die nachbarschaftl. Mitteilungen. W.

Weiterhin schlechtes Wetter, auch im Tal der Aire. Und es wird mir wieder einmal klar, im Tal der Ilm, daß unter diesem Stichwort in Briefen und Berichten nicht stilisiert wurde, daß dies durchaus Realität sein konnte: mehr als einen Monat lang schlechtes Wetter, mit gelegentlichen Zwischenspielen. Das Faktum Schlechtwetterlage.

Der andere, noch gewichtigere Faktor für das Mißlingen

des Feldzugs: die miserable Organisation des Nachschubs. Offenbar war die Doppelführung des preußischen Heeres vom antiken Spruch ausgegangen, der Krieg ernähre sich selbst. Nichts von der Voraussicht eines (pardon!) Napoleon, der Nachschub weiträumig organisieren ließ, tief in Italien, tief in Spanien, tief in Rußland hinein. Schon in Luxemburg, das damals den verbündeten Österreichern gehörte, also in einem Freundesland, begann, in der allgemeinen Not, das Fouragieren, das Plündern. Selbstverständlich wurde der Transport von Proviant durch schlechte Straßen erschwert, aber man wußte doch wohl schon vorher, wie es im Herbst auf Frankreichs Straßen aussehen und zugehen konnte.

Die mehr als unzureichende Verpflegung der Armee machte sie auch anfälliger für Krankheiten. Und miserable hygienische Verhältnisse! Bereits in Trier die ersten Fälle von Ruhr und Typhus. Die Zahl der Kranken wuchs unablässig.

Den dritten Grund für das Scheitern nannte in einem Gespräch mein Leidensgenosse im Enkelstatus: Führungsschwäche.

Dabei war der Oberbefehlshaber der alliierten Armee (von insgesamt rund 80000 Mann, zur Hälfte Preußen) eine Berühmtheit: Karl Wilhelm Ferdinand, Herzog zu Braunschweig und Lüneburg, damals 57, hatte sich bereits im Siebenjährigen Krieg ausgezeichnet; der »Generalissimus« galt als herausragender Stratege. An seiner Seite aber war Friedrich Wilhelm II., König von Preußen, Nachfolger Friedrichs des Großen. Der Feldherr und sein Dienstherr: diese Konstellation wurde zum Problem.

Weitaus mehr als erwartet muß ich mich, ein diplomierter Zivilist, mit solchen Fragen auseinandersetzen, murrend. Zugleich sehe ich hier eine weitere Motivation für mein Buch. Es genügt eben nicht, zu sagen: Lest Goethes Bericht, und ihr seid im Bilde. Er vermittelt ein großflächig retuschiertes Bild, also muß nachgearbeitet werden.

Noch einmal deshalb das Stichwort Les Islettes. Der Weg von Verdun nach Reims und weiter nach Paris hätte zwangsläufig über diesen Argonnenpaß geführt. Als die Preußen in Verdun einzogen, war diese fortifizierte Straßensperre verlassen. Eine entschlossene Führung hätte sofort nach der Kapitulation von Verdun einen Trupp vorausgeschickt, um die »Schanzen« zu besetzen. Als man endlich aufbrach, erfuhr man, daß französische Truppen in Les Islettes Stellung bezogen hatten. Man griff nicht an, sondern wich kampflos aus, begann den weiten, wiederum zeitraubenden Umweg. Einerseits erschienen die Freiwilligen-Bataillone der Revolutionsarmee den Herren vom Generalstab der friederizianischen Armee nicht der Rede wert – beim ersten Kanonenschuß laufen die davon wie aufgescheuchte Hühner ... Andererseits scheute man davor zurück, eine befestigte Straßenhöhe zu stürmen. Hier dürfte sich besonders deutlich die Selbstlähmung der Doppelführung gezeigt haben. Der Generalissimus könnte gesagt haben: Ich schicke Kavallerie, Infanterie, Artillerie voraus, die Schanzen werden unter Beschuß genommen, dann gestürmt ...

Der Dienstherr des Feldherrn könnte gesagt haben: Aber Sie werden doch wohl nicht im Wald kämpfen wollen! Die Franzosen legen sich nach neuster amerikanischer Manier bei jedem Schußwechsel wie die Trapper hinter Bäume, unsere Männer aber schreiten aufrecht und in exakter Formation zum Kampf – sollen sie von versteckten Schützen und Kanonieren niedergemetzelt werden?

Eine kleine Improvisation ... Vielleicht erklärt sie, weshalb nicht geschehen ist, was selbst mir als Zivilisten selbstverständlich vorkommt. Von den Meinungsverschiedenheiten zwischen König und Oberbefehlshaber scheint, bisher, nichts überliefert zu sein. Wer weiß, ob noch ein Bericht entdeckt wird, in einem Tagebuch oder Brief. Bei Goethe zumindest finden wir über diese Probleme nichts außer sehr gelinden Andeutungen. Und das könnte einen recht einfachen Grund haben: der Generalissimus war ein Bruder der Herzoginmutter Anna Amalia von Sachsen-Weimar. Keine Kritik also bitte am Onkel des Herzogs? Und Goethe, als nichtadliger Mann des Hofes, nahm Rücksicht auf familiäre Empfindlichkeiten, sparte den Punkt aus?

Zum Landregen am Tag die Perfidie des Nachtregens im Land, das nicht mehr zu sehen ist, landunter in der Finsternis. Notdürftig erhellt nur noch der engste Bereich: Zelt, Zimmer, Stall. Und was draußen herunterkommt mit beinah tödlicher Gleichmäßigkeit, Gleichförmigkeit, das scheint in kleinen oder großen Tropfen kondensierte Nachtfinsternis zu sein; Finsternis vom Atlantik bis zum Ural, diese Finsternis bedrohlich verdichtet über Frankreich, aus dieser Verfinsterung regnet es, ohne daß Finsternis sich auflöst. Nachträume nicht mehr ausgemessen von Sternen, womöglich ausgeleuchtet vom Mond, vielmehr: Nachtschwarz, unaufhörlich kondensierend, abtropfend.

Doch plötzlich ein Ruf, fern, ganz fern ein Ruf, den Goethe nicht wahrnimmt, ein Ruf, den ich mir vergegenwärtige: Ruf im Nachtraum, der nun einen Nachthorizont gewinnt, einen Nachtregenhorizont. Dreisilbiger Ruf, aber noch ist er nicht zu verstehen; dieser Ruf wird wiederholt an einem Punkt, der in Rufweite entfernt ist vom ersten Punkt, und gleich ein dritter Ruf, in Rufnähe oder Rufweite zum zweiten Rufpunkt, und ein vierter Ruf, bereits näher, ein langer O-Laut und ein kurzer O-Laut gleich hinterher, beide mit dem gleichen Verschlußlaut, doch Goethe vernimmt ihn nicht auf seinem eisernen Feldbett; gleichmäßig, gleichmäßig das Pladdern des perfiden Nachtregens auf dem Zeltdach, und noch näher der Ruf im Nachtraum, der zwar nicht durch Lichtpunkte ausgemessen wird, aber durch Rufpunkte. Das O, das wächst, das O, das knapp bleibt, und nun, nach siebter Wiederholung, findet der Ruf seine Lautform: »Das Brot kommt!« Von jetzt an wird der Ruf besonders rasch weitergegeben: springt im Nachtraum umher in zufälliger Verteilung, zuweilen überschneiden sich Rufe, es kann sogar vorkommen, daß an zwei Punkten der Ruf gleichzeitig ausgestoßen wird: »Das Brot kommt, das Brot kommt!« Und das Brot ist da: zu wenig, zu naß, zu schimmlig. Aber den Schimmel verdeckt die Nacht, Finsternis nistet im Weißgrün. Kleiner Brotjubel im Nachtregen, im Nachtraum, der wieder einschrumpft, sich zusammenzieht zu einem Stimmenkreis rund um den Brotwagen.

*L*udwig, mein Gesprächspartner in immer kürzeren Zeitabständen (und da geht es nicht nur um dieses Buchprojekt!), er hat mir eine Abschrift aus den Lebenserinnerungen Trensinskis zugesteckt: Begegnung mit Goethe während der Campagne.

Anmerkungen zur Person des Berichterstatters in der definitiven Fassung. Hier gleich die Situation: das Stabszelt des Herzogs von Sachsen-Weimar-Eisenach. Unter den Uniformierten ein Zivilist, den der junge Besucher für einen Diplomaten hält – für mich als ehemaligen Diplomaten natürlich schmeichelhaft …

Ob das Gespräch in allen Details genauso verlief wie (offenbar später) aufgezeichnet: ich muß das offenlassen. In der Grundlinie, im Gesamttenor könnte es zutreffend dargestellt sein. Ich gebe es nun wieder, gelegentlich raffend.

Nach kurzem Schweigen im Zelt setzt Goethe an: »Ich hatte mich vor zwei Jahren angeschickt, nach Paris zu reisen, aber ich wollte das Paris Ludwigs des Großen sehen und nicht eine auf den Trümmern des Ruhms rasende Hunnenhorde. Hätte man erwarten können, daß die gewalttätige Demagogenbande einen solchen Erfolg haben würde? Ach, wenn Ludwig XVI. nicht seinem Engelsherzen, sondern ihm ergebenen Leuten gehorcht hätte, deren Ahnen unter den Lilien glorreich geblüht, dann bräuchten wir jetzt nicht diesen Kreuzzug zu unternehmen! Aber unser Gottfried wird sie bald zur Vernunft bringen, daran zweifle ich nicht, und die Franzosen selber werden ihm helfen; Frankreich besteht nicht allein aus Paris.«

Mit Gottfried kann Goethe nur Gottfried von Bouillon gemeint haben, der den ersten Kreuzzug zum Sieg führte. Gottfried auch als Hauptfigur in Tassos Versepos LA GERUSALEMME LIBERATA. Hat Goethe dieses Werk eigentlich gelesen, bevor er das Tasso-Schauspiel schrieb?

Fortsetzung der Szene im Zelt. Hinter dem Fürsten, »auf den Säbel gestützt, einer der ergrauten Obristen. Sein Äußeres verriet, daß er sein Leben seit zehn Jahren wohl im Biwak oder Lager zugebracht haben, daß er sich noch gut auf den alten Fritz besinnen mochte; seine Züge drückten stolze Mannbarkeit und unbedingte Ehrenhaftigkeit aus.« Dieser Obrist nun sagt: »Aber Sie können doch jetzt nicht mehr im Ernst glauben, daß die Franzosen uns mit offenen Armen aufnehmen wollen, wo doch jeder Tag zeigt, was für einen verzweifelt nationalen Charakter dieser Krieg annimmt, wo das Landvolk sein Getreide verbrennt und seine Häuser, bloß um es uns schwerzumachen! Ich gestehe, ich glaube nicht, daß es uns bald gelingen könnte, Paris auf den rechten Weg zu bringen, besonders, seit wir auf dem Fleck stehenbleiben.«

»Ich vermute, Sie wissen besser als ich, daß im Herbst, im tiefen Schmutz, kein Vorwärtskommen möglich ist.«

»Versteht sich; jetzt ist es unmöglich vorzurücken. Aber auch zurückzugehen ist schwer. Übrigens ist dieses Jahr nicht zum ersten Mal Herbst in Frankreich, den Schmutz hätte man voraussehen können. Ich flehe zu Gott, daß es zu einer Feldschlacht kommt; besser vor dem Heer mit der Waffe in der Hand von einer Kugel sterben, als in diesem Schmutz festzusitzen.«

»Zugegeben, unsere augenblickliche Lage ist nicht grade die glänzendste, aber denken wir daran, womit sich Joinville tröstete, als er mit dem heiligen Ludwig in Gefangenschaft war: Nous en parlerons devant les dames.«

»Ergebensten Dank für den Rat! Ich würde meiner Frau, Mutter oder Schwester – wenn ich sie denn hätte – nicht ein Wort von dieser Campagne sagen, von der wir den Schmutz an den Stiefeln und Wunden auf dem Rücken davontragen werden.«

Nun folgt offenbar ein Zeitsprung im überlieferten Dialog: Goethe gibt dem Gespräch eine neue Wendung. »Die Welt der Politik ist mir vollständig fremd; es langweilt mich, wenn ich von Debatten und staatlichen Maßnahmen höre. Ich habe niemals ohne Langeweile die Zeitungen gelesen; all das ist etwas so Vorübergehendes, Ephemeres, seinem ganzen Wesen nach Fremdes für uns. Es gibt andere Gebiete, in denen ich mich als Herrscher fühle; weshalb soll ich mich, ohne dazu berufen zu sein, als ein dutzendmäßiger Raisoneur in Dinge mischen, welche die Vorsehung denen auferlegt, die sie auserwählt hat, die schwere Last der Regierung zu tragen? Was geht es mich an, was in dieser Sphäre geschieht?«

Und Trensinski: »Das Wort ›dutzendmäßiger Raisoneur‹ hatte ins Ziel getroffen. Der Obrist preßte seine Zigarre so zwischen den Fingern, daß der Rauch aus zwanzig Stellen herausquoll.« Er gab zur Antwort: »Nun, ich als einfacher Mann fühle mich nirgends als Herrscher oder Genie, aber überall bleibe ich Mensch. Ich erinnere mich, daß ich als Schulknabe auswendig gelernt habe: Homo sum et nihil a me alienum puto. Zwei Kugeln, die mir durch den Leib gedrungen sind, haben mir das Recht gegeben, mich in die Angelegenheiten zu mischen, für die ich mit meinem Blute zahlen muß.«

Der ›Diplomat‹ schien das zu überhören, er sprach einfach weiter: »Und hier, mitten im Lager, fühle ich mich genauso weit von aller Politik entfernt wie im Weimarer Kabinett.«

Nun schaltete sich »der Fürst« ein mit einer Scheinfrage: »Und womit beschäftigen Sie sich zur Zeit?«

»Mit der Theorie der Farben.«

Der Besucher, überrascht, wendete sich an seinen Nachbarn, einen elegant gekleideten, auch im Biwak überaus gepflegten Emigranten, fragte ihn, wer denn dieser Herr sei.

»Ah bah! C'est un célèbre poète allemand, Monsieur Koethe, qui a écrit, qui a écrit … ah bah! … la Messiade!«

Drittes Notizblatt (freiwillige Sendung!), dem Bruder von derzeitigem Aufenthalt in Stettin (bei Loewe!) geschickt. Ein paar nachwirkende, nachträgliche Gedanken zur beliebigen Verwendung.

Wäre statt Carl August ein Carl Eugen bestimmend gewesen in Goethes Leben, es hätte anders ausgesehen, auch die Einstellung zur franz. Revolution. Über Carl Eugen von Württemberg habe ich nur vage Vorstellungen. Beispielsweise: der Fürst als »Bauwurm«. Und als Gründer der Militärischen »Pflanzschule« auf der Solitude (von Schubart »Sklavenplantage« genannt), dann der Carls-Schule in

Stuttgart: offenbar angesehene Institution zur Ausbildung von Nachwuchs für Militär und Verwaltung. Berühmtester Eleve: Schiller.

Der Herzog und der Dichter: Schiller wollte Theologie studieren, wurde vom Herzog zum Studium der Jurisprudenz gezwungen, wich aus in die Medizin. Regimentsarzt Schiller. Trotz des massiven Eingriffs in sein Leben: offenbar keine generelle Ablehnung des Landesherrn durch Schiller. Jedoch: Schiller begrüßte die französische Revolution. In welcher Schrift oder in welchem Brief? Flottierende Information, müßte dingfest gemacht werden. Dies aber weiß ich auswendig: 1792, im Jahr der Campagne, wurde Friedrich Schiller als »Freund der Revolution« zum französischen Ehrenbürger ernannt, gleichzeitig mit Klopstock, Pestalozzi, Washington und anderen.

Goethes Haltung (in ihrer Abhängigkeit von seinen Erfahrungen) wird noch deutlicher im Kontrast zu Schubart. Der Organist und Schriftsteller wurde dem Landesherrn Carl Eugen zu kritisch, zu unabhängig, er mußte das Land verlassen, lebte in Ulm, äußerte sich weiterhin despektierlich über das Ancien régime in Deutschland, wurde auf württembergisches Gebiet gelockt, wurde sogleich verhaftet, wurde ohne Richterspruch in der Festung Hohenasperg eingesperrt. Dreihundertsiebenundsiebzig Tage und Nächte im tiefsten, finstersten Verlies. Dann bessere Unterkunft, doch aus der Festung durfte er nicht heraus. Fortgesetztes Schreibverbot. Goethe war über sein Schicksal informiert, schrieb 1785 an Schubarts Sohn Ludwig, für die Übersendung des ersten Bandes sämtlicher Gedichte des Vaters dankend. Später: GEDICHTE AUS DEM KERKER. An eine gnädige Entlassung war nun erst recht nicht zu denken.

Als Schriftsteller in einer Festung eingesperrt, begrüßte, bejubelte er den Sturm auf die Bastille, »die greuliche Bastille,

Die freier Bürger starke Hand Zermalmend warf in Schutt und Sand.« Doch das Opfer von Fürsten-Willkür, Fürsten-Despotie war nicht völlig konsequent in seinem Enthusiasmus für die Umwälzung. Revolution ja, Monarchie ebenfalls ja. Er schrieb einen hymnischen Nachruf auf Friedrich den Großen – daraufhin mußte der Fürst ihn endlich aus der Haft entlassen. Später eine zweite Hymne (»Hochgesang«) zur Krönung Leopolds II.

Ansatzpunkte für Grundsatzkritik an Goethes Einstellung zur Revolution: sie schrumpfen. Auch er war Monarchist. Wünschte sich eine Monarchie, die sich selbst läuterte, im Namen der Aufklärung.

Gesichtspunkte, die der große Bruder in seiner Arbeit berücksichtigen könnte? Derzeit norddeutsches Angebot … Bis zum nächsten Treffen im alten, toten Haus. W.

Auch dies könnte in den erweiterten Feldzugsbericht passen: die gewohnte Offiziersrunde im Herzogszelt oder in einem Haus, in dem man sich einquartiert hat, und die Herren des Stabes möchten sich, weiterhin auf das Zeichen zu erneutem Aufbruch wartend, etwas Erbauliches, womöglich Erhebendes zu Gemüte führen, also wird Goethe gebeten, ein wenig vorzulesen, beispielsweise aus dem TASSO. Eventuell könnte einer der jüngeren Herren den Vorschlag sogar präzisieren, Werkkenntnis verratend: Bitte die Szene, in der Tasso dem Fürsten sein neues Werk überreicht … Das fände denn eine besondere Pointe: Dichter liest in Anwesenheit seines Fürsten von einem Dichter vor, der seinem Fürsten ein Werk überreicht, das ohne dessen Unterstützung kaum vollendet worden wäre … Berechnender Vorschlag aus dem Kreis, in dem man sich seit Aschersleben und Krakau hinreichend kennt; Goethe, später: der »allergebildetste Generalstab«.

Wie hätte Goethe auf solch einen Vorschlag reagieren können? Denkbar scheint mir eine gewundene Antwort des »Feldpoeten«: Die Bitte, aus einem bereits abgeschlossenen, im Druck vorliegenden, vergleichsweise bekannten Werk vorzulesen, zeige eine auch in diesen Kreis hereinreichende Kontinuität. Er vermöge dieser Bitte aber nicht Folge zu leisten. Unter den gegenwärtig obwaltenden Umständen sei es für ihn als Vorleser nicht möglich, sich auf den hohen Ton einzustimmen, in dem er die definitive Fassung geschrieben hatte, seinerzeit in Italien. Weil er sich der Bitte aber nicht verschließen wolle, mache er einen anderen Vorschlag: ein Projekt vorzustellen, in dem er versuche, die ungeheuren und ungeheuerlichen Umwälzungen dieser Zeit, dieser Epoche zu artikulieren. Selbstverständlich könne er hier kein Manuskript hervorzaubern; bis zu diesem Stadium sei das Werk auch noch gar nicht gediehen, er hätte aber bereits genauere Vorstellungen über den Ablauf des Romans. So werde er versuchen, einige Szenen zu skizzieren, mit vorwegnehmenden Zitaten. Die ersten Kapitel des Romans gedenke er noch dieses Jahr zu Papier zu bringen.

Der Titel des Romans steht bereits fest, zumindest vorläufig: REISE DER SÖHNE MEGAPRAZONS. Dieser exotisch klingende Name sei übrigens persisch-griechischer Herkunft. Das Romangeschehen werde bei François Rabelais anknüpfen, bei seinem famosen GARGANTUA UND PANTAGRUEL – hier im vierten Buch, im achtundvierzigsten Kapitel. Ein deutscher Roman also mit französischem Wurzelwerk …

Im genannten Kapitel landet Pantagruel mit Gefolgschaft auf der »gesegneten« Insel der Papomanen, also der verzückten Papisten. Hier landen, in seinem Roman, auch die Urenkel Pantagruels, die sieben Söhne, die Megaprazon auf Weltreise geschickt hat, um ihren Horizont zu erweitern, auch um sie, trotz heimischen Reichtums, zu zwingen, selbst für ihr Auskommen zu sorgen. Auf der Papomanen-Insel nun wird den Brüdern von einer Insel erzählt, die im Rabelais-Archipel nicht aufgetaucht ist: die Insel der Monarchomanen, also der verzückten Monarchisten. Diese Insel, so der Papomane einleitend, werde freilich schwer zu finden sein.

»Ist sie versunken?« fragt einer der Brüder.

»Sie hat sich auf und davon gemacht.«

»Wie ist das zugegangen?«* fragen die Brüder wie aus einem Munde.

Und der Papomane erzählt ihnen die Geschichte der Insel der Monarchomanen. Eine Insel, die sich in drei Abschnitte gliederte. Als erstes das Gebiet der Residenz. Sie liegt auf einem Vorgebirge, »und alle Künste hatten sich vereinigt, dieses Gebäude zu verherrlichen«*. Die Fundamente derart solide, daß nicht zu unterscheiden war, wo noch gewachsener Fels war oder schon zyklopisches Mauerwerk. Auf diesem Sockel das Gebäude, das aussah, als wären hier »alle Tempel der Götter symmetrisch zusammengestellt«. In dieser wie von Riesen geschaffenen Residenz »thronte der König in seiner Herrlichkeit, und niemand schien ihm auf der ganzen Erde gleich zu sein«.*

Nicht weit von diesem »Weltwunder« entfernt das Gebiet der Steilküste. Überall waren hier Terrassen angelegt, zu denen man auf Maultieren den Mutterboden hinaufgeschafft hatte. Hier gedieh schlechthin alles, in besonderem Maße aber »Wein, Zitronen und Pomeranzen«. Beim Anblick dieses Gebiets der Aristokraten und ihrer Paläste und Gärten verstummte jeder Schiffer, »der sich der Küste näherte«.

Auf dem dritten, flachen Teil der Insel lebten und arbeiteten die Landleute, die auch Residenz und Steilküste versorgten. Diesen Bauern war es verboten, »bei schwerer

Strafe, sich satt zu essen, und so war diese Insel die glücklichste von der Welt. Der Landmann hatte immer Appetit und Lust zur Arbeit.«

Wie das zu verstehen sei, könnte der Herzog den neben ihm sitzenden Dichter halblaut fragen, während die Herren Offiziere sofort wieder zu plaudern beginnen, als wären sie jäh von einer Last befreit.

Es sei satirisch zu verstehen, dürfte Goethe antworten, satirisch im Sinne von Rabelais.

»Ach so.« Und der Herzog bittet die Herren entschieden um Aufmerksamkeit.

Goethe fährt fort: Diese »paradiesische Glückseligkeit« wurde »höchst unerwartet« gestört, ja zerstört. Freilich, so ganz unerwartet kam dieses Ereignis denn doch wieder nicht, denn Naturforscher hatten festgestellt, daß die Insel durch einen Vulkanausbruch auf dem Meeresgrunde entstanden war. Dünste und Glut erinnerten an diesen Ursprung, auch »innerliche Erschütterungen«. Schließlich wuchs zwischen Ebene und Steilküste ein Vulkan empor, »ein gewaltsamer Vulkan, der viele Monate die Nachbarschaft verwüstete, die Insel im Innersten erschütterte und sie ganz mit Asche bedeckte«.

Und Goethe zitiert den Berichterstatter von der Insel der Papomanen: »Wir konnten von unserm Ufer bei Tage den Rauch, bei Nacht die Flamme gewahr werden. Es war entsetzlich anzusehen, wenn in der Finsternis ein brennender Himmel über ihrem Horizont schwebte, das Meer war in ungewöhnlicher Bewegung, und die Stürme sausten mit fürchterlicher Wut.«

Die Insel wurde »in drei Teile gespalten«. Der Abschnitt der Steilküste mit den Gärten und Palästen driftete nordwärts davon, gefährlich nah an der Insel der Papomanen vorbei. Dieses Inselfragment ließ sich »bald da, bald dort sehen, hat aber noch keinen festen Stand gewinnen können«. Die Bauernebene hingegen war und blieb spurlos verschwunden. »Die Residenz aber konnten wir noch vor einigen Tagen im Nordosten sehr deutlich am Horizont erkennen.«

Weil Goethe nun eine Pause macht, mit dem Ende des Romanfragments, beginnt der Herzog zu applaudieren. Es dürfte ein eher mattes, knappes Klatschen sein, das bei den Offizieren ein noch kürzeres und schwächeres Echo findet. Goethe könnte sich irritiert in der Runde umschauen …

*L*ieber Verleger in Jena, bevor das preußische Heer sich wieder, vom Emigranten-Korps begleitet, in Bewegung setzt, greife ich noch mal das (scheinbar verfallene) Stichwort Tasso auf. Meinen Entwurf des vorigen Kapitels will ich damit nicht widerrufen oder revidieren, sondern ergänzen. Und zwar durch die Mitteilung, daß ich meinem Bruder (nach seiner Rückkehr von der Stettin-Reise) ein Libretto vorschlagen werde frei nach einem Schauspiel von Torquato Tasso. So etwas wie eine Gegengabe für sein Mitdenken. Und: ein Vorschlag, der ihn womöglich animiert respektive motiviert, doch mal wieder eine Oper zu schreiben. Unter uns, caro Frederico: ich habe dabei auch einen Nebengedanken, Hintergedanken: Wenn er wieder zum Komponieren käme, wäre ich relativ sicher, daß er nicht (von meinem Beispiel angeregt!) ebenfalls ein Buch über Goethe schreiben würde. Das fehlte ja noch …!

Ich werde ihm vorschlagen, das Schauspiel AMINTA, ein pastorales Drama, als Libretto einzurichten. Die Betitelung sähe folgendermaßen aus: »Aminta, Oper von Walter Wolfgang von Goethe. Libretto, nach Torquato Tasso: Wolfgang Maximilian von Goethe.«

Ich habe bereits begonnen, den einen und anderen Textabschnitt zu übersetzen – nicht nur, um sie meinem Bruder empfehlend vorzulegen. Zuweilen, ich gebe es zu, verflüchtigt sich die Lust, über Goethe zu schreiben; die Gründe für solche Anfechtungen kann ich mir dann selbst nicht plausibel machen, das ist mir in solcher Stimmung auch nicht wichtig, ich spüre nur: arbeiten will ich durchaus, aber etwas anderes! So habe ich gestern nachmittag begonnen (als Fingerübung!), einige Zeilen einzudeutschen. Was Torquato Tasso als Dreißigjähriger (oder etwas jünger) dichtete, nun übermittelt in meinem allerersten Übersetzungsversuch. Daß ich dazu den folgenden Abschnitt wählte, wird Dich kaum überraschen: es geht um eine wundersame Befreiung von Schmerzen im Gesicht. Also möchte ich, entre nous, diese kleine Textprobe der schönen, der liebevollen Angelica Bellonata Facius dedizieren.

Als er dies sagte, berührten die Lippen
ihres köstlichen, süßesten Mundes
die schmerzende Wange und leise flüsternd
raunte sie Verse, die ich nicht kenne.
Oh Wunder an Wirkung! Ich spürte sofort
die Schmerzen verklingen, sei es im Banne
des magischen Spruchs, sei es (so glaub ich)
durch die Aura des Mundes,
der heilt, was er küßt.

Meine Rolle als Übersetzer und Librettist müßte nicht dienend sein und bleiben, ich könnte auch hier Freiräume schaffen. So habe ich mir gestern überlegt, ob ich nicht, zum Teil, einige Vorlagen meines Gedichtbandes (seinerzeit bei Cotta erschienen, pardon, Monsieur) übernehmen respektive modifizieren soll: ein Gedicht nur in zwei Schlußzeilen zu präsentieren. Das hieße: ein Arientext besteht jeweils nur aus einer abschließenden Doppelzeile … Denn ob italienisch gesungen wird oder deutsch – man versteht sowieso kaum was vom Text, nicht einmal in Rampennähe; daraus läßt sich eine (radikale) Konsequenz ziehen: Arien als lange Vokalfolgen, und es kommen jeweils nur die Schlußzeilen zur Sprache.

Da sitze ich im Gartenhaus meines Großvaters, im temperiertem Südwest-Zimmer, schaue zuweilen ins triefende Grün, übersetze weitere Zeilen von Torquato Tasso.

> Die Borde, die Tische und Bänke,
> der Sessel, das Bett und der Vorhang,
> Gerätschaft in Stuben und Sälen:
> sie alle mit Stimme und Sprache –

Und die Szene wird zur Idylle, mitten im Kriegsbuch. Also notwendig jähe, harte Kontrastbildung: Auch hier barsten die Scheiben, auch hier wurde die Haustüre eingetreten oder mit Gewehrkolben eingestoßen, auch hier wurden Möbel zertrümmert. Weimar 1806! Assoziationen, die sich vordrängen: Löffelgardisten hier im Garten, Löffelgardisten hier im Haus! »Wilde, bärtige Kerle mit langen, schmutzigen Leinwandkitteln und Hosen, dreieckigen Hüten mit einem Löffel darauf.« Und sie hausten schlimm. Die zertrümmerten Möbel wurden bestimmt auch vor diesem Haus in ein Lagerfeuer geworfen – zahlreich die Feuer in diesem so friedlichen Tälchen. Bäume wurden umgehackt, zerlegt, man brauchte große Feuer, um all das geraubte Fleisch, um all die geschlachteten Schweine und Rinder zu braten. Geplünderter Wein (bestimmt auch aus diesem Haus) wurde gesoffen. Schüsse; Sturmläuten; Schreie im Hang – Frauen, in den Park geflüchtet, wurden überwältigt, vergewaltigt.

Und wenn man, aus einem eventuell doch sicheren Versteck, am nächsten Morgen hinaufgegangen wäre: »Wie hatte sich die Stadt seit gestern verändert! Die zerschlagenen Türen und Fenster, die zerbrochenen Möbel, die zerhauenen Betten, die zertrümmerten Kochgeschirre, das Stroh, welches auf der Straße herumlag – es war schrecklich anzusehen.« Und: »Viele Häuser sind rein ausgeplündert; zuerst natürlich die Läden; Wäsche, Silberzeug, Geld wurde fortgebracht, die Möbel, und was sich nicht transportieren ließ, verdorben.« Schreckensmeldungen: »Die Witwe Herder mußte ins Schloß flüchten; bei ihr ist alles zerstört, und, was unersetzlich ist, alle nachgelassenen Manuskripte des großen Herder, die sie mitzunehmen vergaß, sind zerrissen und zerstreut.« Oder: Meyers Schwiegervater ...! »Goethe sagte, er hätte nie ein größeres Bild des Jammers gesehen, als diesen Mann im leeren Zimmer, rund um ihn alle Papiere zerrissen und zerstreut. Er selbst saß auf der Erde, kalt und wie versteinert. Goethe sagte, er sah aus wie König Lear, nur daß Lear toll war und hier war die Welt toll.«

Doch Goethe schien gelassen, und Riemer erklärte sich das so: »In Erinnerung ähnlicher Auftritte der deutschen Krieger in der Champagne mochte er wohl denken, daß jetzt die Reihe an die Deutschen komme.«

*N*ach der Wartezeit im Raum von Grandpré (die Goethe unter anderem nutzte, um das dortige Château zu skizzieren) ging es endlich weiter. Nun wurde der Halbkreis vollendet, der, in Verdun ansetzend, den (vorerst) nördlichsten Punkt bei Landres erreichte, um westlich der Argonnen, über Vaux und Massiges, an der Heerstraße Verdun–Reims zu enden.

Dort unten, auf der Höhe von Ste-Menehould, marschierten mittlerweile französische Truppen auf, sammelte sich Artillerie: die Armée du Centre unter dem Oberbefehl des Elsässers Franz Christoph Kellermann, vom gleichen Jahrgang wie der Herzog von Braunschweig. Bei Valmy sollte die Feldschlacht stattfinden, von der beide Seiten die Entscheidung erhofften. Die preußische Doppelführung war sicher, daß man die Franzosen mühelos schlagen und dann zügig Richtung Paris marschieren werde – nominell waren es von Valmy nur noch zehn Marschstunden bis Reims! Auch Goethe hatte sich schon »Sächelchen« notiert, die er in Paris für seine Lieben einkaufen wollte.

Es wurde aber erst mal wieder ein Umweg fällig! Der preußische König erteilte persönlich den Befehl, nicht auf direktem Weg nach Valmy zu marschieren, sondern, weiter westlich, durch das Tourbe-Tal. Goethe: »Das traurigste Tal von der Welt, zwischen niedrigen Hügeln, ohne Baum und Busch; es war befohlen und eingeschärft, in aller Stille zu marschieren, als wenn wir den Feind überfallen wollten, der doch in seiner Stellung das Heranrücken einer Masse von fünfzigtausend Mann wohl mochte erfahren haben. Die Nacht brach ein, weder Mond noch Sterne leuchteten am Himmel, es pfiff ein wüster Wind, die stille Bewegung einer so großen Menschenreihe, in tiefer Finsternis, war ein höchst Eigenes.« Diese Marschroute war mindestens ein Dutzend Kilometer – Luftlinie! – von den französischen Stellungen entfernt; da hätte man schon sehr laut husten müssen, um in Valmy gehört zu werden. So ließ ein preußischer König seine Truppen Indianer spielen, in windiger Nacht …

In Somme-Tourbe, in einem Gasthof, wurde das Hauptquartier eingerichtet, gut zehn Kilometer westlich der Truppen von Kellermann und Dumouriez. Das Hauptquartier wurde bald verlegt in ein Dörflein mit dem überraschenden Namen: Hans. Weshalb dieser Wechsel?

Fortsetzung des Berichts über meine Frankreichreise. Auch mich führte sie von Grandpré aus nicht direkt westwärts in die Champagne crayeuse, die kreidige Champagne, in die Champagne pouilleuse, die staubige, dreckige, lausige Champagne, auch ich fuhr parallel zu den Argonnen südwärts, zum Tal der Tourbe.

Bei Windstille, unter wolkenlosem Himmel wirkte es kaum noch abschreckend. Der Boden braunweiß: die berühmte Kreide, in unterschiedlicher Dosierung dem Erdreich beigemischt – ich sah beinah grellweiße Flächen und wiederum dunkleren Ackerboden mit weißer Körnung. Die Kühe sahen aus, als hätten sie zuviel Kreide gefressen. Die Tourbe: nur ein Bach. Das helle Bachbett in der Senke streckenweise begleitet von Büschen und Bäumen. Landschaft von eindrucksvoller Kargheit und Kahlheit.

Von Somme-Tourbe aus (langweiliges Kaff, und Jean Arendt wurde muffig …) ließ ich mich nach Hans kutschieren, und in diesem wahrlich abgelegenen Dorf wurde sofort augenfällig, weshalb das Hauptquartier umgezogen war: in der Kreideboden-Ödnis dieser Region ein kleiner Park mit Teich und Château. Hier also quartierten sich die Herren stilecht ein, hierhin ritt oder fuhr auch Goethe; ihm standen Park und Schlößchen offen, mir nicht; das schmiedeeiserne Tor ist geschlossen. In den Park hineinlugend, von Bauern mißtrauisch beobachtet, hatte ich das Gefühl, ich hätte hier meinen flüchtigen Großvater gestellt.

Goethe im Hauptquartier Hans; etwa eine Woche lang blieb er hier. Falls er nicht ein Bett im Schloß fand, so in einem Zelt im Park oder im ›Schlafwagen‹ des Herzogs, der sich als Generalmajor wohl im Schloß einquartierte. Eine Woche im Park – vor und nach dem Artillerieduell. Goethe hat weiterhin jede Gelegenheit genutzt zur Fortsetzung seiner Studien. Briefbericht aus Hans an Freund Knebel: »Ich bin nach meiner Art im Stillen fleißig und denke mir manches aus; in Opticis habe ich einige schöne Vorschritte getan.«

Johann Wolfgang Goethe, der sich während des Feldzugs mit Naturphänomenen befaßt, weiterhin Naturforschung betreibt, wenn auch sehr eingeschränkt: ich muß eingestehen, daß ich hier weithin auf seine eigenen Bekundungen angewiesen bin. Möglicherweise übernehme ich damit eine Form der Selbststilisierung. Falls er hier stilisiert hat, so geschah das sehr überzeugend, sehr suggestiv.

Drei Zitate dazu; Cornelia Nees hat mich auf sie hingewiesen – Lesefrüchte. Das erste Zitat aus dem Hauptbuch ZUR FARBENLEHRE. »Feldzüge, Reisen, Aufenthalte an fremden Orten nahmen mir den größten Teil mehrerer Jahre weg; dennoch hielten mich die einmal angefangenen Betrachtungen, das einmal übernommene Geschäft, denn zum Geschäft war diese Beschäftigung geworden, auch selbst in den bewegtesten und zerstreutesten Momenten fest.«

Ebenfalls aus der FARBENLEHRE die Anmerkung, »daß diese ganze Arbeit mitten in dem heftigsten Kriege, der unser Vaterland erschütterte, unternommen und vollendet wurde. Das Gewaltsame der Zeit dringt leider bis in die friedlichen Wohnungen der Musen.«

Das dritte Zitat aus dem Forschungsbereich Morphologie: SCHICKSAL DER DRUCKSCHRIFT. »Nun ward ich aber unverhofft in ein höchst bewegliches Leben hingerissen. Meinem Fürsten folgte ich, und also dem preußischen Heer nach Schlesien, in die Champagne, zur Belagerung nach

Mainz. Diese drei Jahre hintereinander waren auch für mein wissenschaftliches Bestreben höchst vorteilhaft. Ich sah die Erscheinungen der Natur in offner Welt, und brauchte nicht erst einen zwirnsfädigen Sonnenstrahl in die finsterste Kammer zu lassen, um zu erfahren, daß Hell und Dunkel Farben erzeuge. Dabei bemerkte ich kaum die unendliche Langeweile des Feldzugs, die höchst verdrießlich ist, wenn Gefahr dagegen uns belebt und ergötzt.«

*N*och einmal der Name, auf den Du wahrscheinlich schon gewartet hast, alter Freund in Jena, der Name, den ich liebend gern ausschreibe: Angelica Bellonata Facius. Ja, sie war wieder hier. Vorgegebene Abläufe ihrer Arbeit, und doch ist das jedesmal ein Ereignis, dem ich entgegenfiebre. Ich schreibe Dir das, weil ich doch einmal erklären möchte, weshalb ich diese Begegnungen in den Entwurf des Buches aufnehme, in das sie nicht hereingehören.

Hauptpunkt: ich will nicht nur über Goethe schreiben, ich will auch, wenigstens ansatzweise, in Goethes Geist schreiben. Klingt wahrscheinlich anmaßend, derart pauschal formuliert, ist hier aber ganz konkret gemeint: es geht um Liebe, die auf den Text einwirkt.

Was einer Besucherin im Hause Goethe auffiel (ich muß ihren Namen noch heraussuchen lassen), das war so etwas wie ein dominierendes Grundgefühl von Verliebtheit. »Verliebt zu sein ist die Weise des Hauses; verliebt ist jedermann, der darin aus und ein geht; ich war zuletzt wahrhaftig besorgt, auch uns würde die Epidemie ergreifen.« Animierender, stimulierender Zustand ... Der konnte ein Schwebezustand bleiben, mußte sich nicht umsetzen in ein Verhältnis. Erotische oder erotisch angereicherte Vorverhältnisse – zwischen wirklichen Beziehungen. Gedichte und Gelegenheitspoeme markieren verliebte Annäherungen, die nicht zur Erfüllung führen mußten. Gedichte, zum Beispiel, für Caroline Ulrich, die spätere Frau Riemer … Gedichte für Caroline von Egloffstein … Die kleine Verliebtheit in die Schwiegertochter (»Mein Seidenhäschen« …). Ottilie wiederum hat das imperative Postulat der Verliebtheit gewissenhaft erfüllt bei einigen jungen Herren aus England, Schottland, Irland; über diese Gentlemen werde ich im definitiven Buch nicht schreiben; man könnte auch gar nicht ernsthaft über sie schreiben, weil die Leser es für schlecht erfunden hielten, wenn ein englischer Verehrer Sterling heißt wie die englische Währungseinheit, und womöglich Captain Story. Wer würde es wagen, so etwas zu erfinden?! Captain Story machte Geschichten …! Schenkte uns drei Geschwistern, gleichsam als Nachtrag, noch ein Schwesterchen, die Anna …

Ich habe keinen Anlaß, dieses (fortgesetzte) Gefühl von Verliebtheit kritisch zu kommentieren, schließlich mache ich selbst die Erfahrung, wie sehr belebend eine Liebesbeziehung sein kann. Ich habe mich hier schon zitiert: Im Zustand der Verliebtheit reißen mich an die siebzehn Pferde dahin …! Ja, und dieses Gespann reißt mich auch durch dieses Buch, das ich sonst längst, längst schon aufgegeben hätte, erschöpft abwinkend …

Ich kehre zurück zur Ausgangssituation dieses Schreibens: Angelica Bellonata Facius ist gekommen! Freude des Wiedersehns! Ich nahm sie zur Begrüßung fest in die Arme, sie arbeitete sich frei. »Laß mich erst mal was tun … Wird heute sowieso schwierig, habe ich das Gefühl.«

Wieder die Holztreppe hinauf, wieder gingen wir in das Altanzimmer. Auf dem Arbeitssockel die glücklicherweise noch längst nicht vollendete Büste. Ich setzte mich in Positur, sie hob die fast schon trockenen Tücher ab.

Zu unseren Spielregeln gehört es, daß ich die nicht befeuchte – zu groß sonst, meint sie, die Verlockung, sie zu lupfen und drunterzulugen. Es würde sie sehr stören, würde sie zumindest irritieren, wenn die unvollendete Büste in ihrer Abwesenheit kritisch gemustert würde – sie selbst sei ihre schärfste Kritikerin, da brauche sie keine Assistenz.

Die Kritikerin schien an diesem Tag überhaupt nicht zufrieden mit der Arbeit, ihr fehlte eine wichtige »Komponente« – wobei sie nicht sagte, ob in meinen Gesicht oder an der Büste. Sie drückte mit dem Daumen mal hier, strich mit dem Modellierholz mal dort, schaute mich prüfend an, als würde sich mein Gesicht mittlerweile vom Original unterscheiden. Stöhnend lehnte sie sich zurück. »Es will heute nicht so recht. Sollen wir zur Abwechslung mal in die Pilze gehn?«

Ganz unerwarteter, höchst ungewöhnlicher Vorschlag: Wolf, »Pitti« von Goethe mit Angelica Bellonata Facius auf der Suche nach – hoffentlich eßbaren – Pilzen?!

»Du schaust so irritiert drein, da könnte ich jetzt schon gar nicht weiterarbeiten. Dein ganzes Erscheinungsbild ist wie schraffiert!«

Sie stand auf, trat ans Nordfenster, lugte mit schräg gehaltenem Kopf hinauf. »Wachsen hier im Hang denn keine Pilze? Nach all den Niederschlägen müssen die doch in Massen aus dem Boden schießen.«

»Ich hab den Hang noch nie unter diesem Aspekt betrachtet. Pilze ...?!«

»Birkenpilz und Butterpilz ... Pfifferling und Ziegenbart ... Täubling und Reizker ... Alle eßbar.«

»Kennst du dich auch unter Pilzen aus, die nicht eßbar sind?«

»Die verraten sich oft schon durch ihre Namen. Meist

sehen sie auch entsprechend aus. Gallenröhrling … Hexenröhrling … Zitronengelber Ziegenbart …« Ihhh! »Du scheinst auf diesem Gebiet wirklich ahnungslos zu sein. Hat euer Goethe denn nie etwas über Pilze geschrieben?«

»Goethe über Pilze …?! Das wäre ja – ich hab noch nie gehört, daß Goethe über Pilze – sollte wirklich denkbar sein, daß Goethe uns kein erhellendes Wort über Pilze – kein subjektiver Forschungsbericht – nicht mal Notizen über Beobachtungen zu Befall oder Verfall von Pilzen – ein Gebiet einfach ausgelassen?! Eine Lücke?!«

»Vielleicht eine Kenntnislücke …«

»Glaub ich nicht! Sonst ist alles ringsumher mit Goethe assoziiert … Hebe ich einen interessant aussehenden Stein auf, denke ich sofort an die siebzehntausendachthundert bestimmt sehr viel schöneren Steine in den 34 oder 43 Schränken … Schau ich zu den Wolken hoch und versuche laienhaft Schlüsse zu ziehen auf weitere Entwicklungen, muß ich gleich wieder denken: zwischen A (da fällt mir im Moment nichts ein) und Z wie Zirrus hat er alle Formen zu benennen gewußt, sei es als Riesenblumenkohl, sei es als meilenlange Federwolke … Und wenn ich einen besonders glutvollen Sonnenuntergang sehe – was aber schon länger her ist – so denke ich, so dachte ich gleich an die mindestens fünfhundert Druckseiten all der Arbeiten zur Farbenlehre … Sehe ich irgendwo einen Knochen liegen, muß ich unausweichlich an den Zwischenkieferknochen eines Schafskopfs denken, den Goethe am Lido … Und hinter jeder Pflanze sehe ich die Urpflanze lauern … Aber Pilze?! Dabei hat er jahrelang hier im Haus am Hang gewohnt, da hätte er eigentlich – bei nächster Gelegenheit muß ich den armen, geplagten Schuchardt fragen, ob ihm beim Suchen und Sichten nicht zufällig das Stichwort Pilze begegnet ist – oder womöglich ein kurzer Abschnitt über Pilze und ihre Lamellen oder Pilze und ihre

Maden – Goethe kann uns in puncto Pilzen doch nicht völlig im Stich lassen! Sollte das wirklich der Fall sein, dann wäre das für meinen Bruder ja eine kleine Offenbarung! Ein Gebiet ohne Goethe-Markierungen ...! Zu Pilzen fällt mir unter dem Familienaspekt nur ein, daß mein Vater hier am Hang – demnach muß es hier tatsächlich Pilze geben! – mein Vater hat uns mal erzählt, daß er als Bub hier Pilze gesammelt hat, mit einem anderen Jungen, der aber nicht in die literarische Überlieferung eingegangen ist, und sie haben Pilze, eßbare und giftige – nenn noch mal schnell ein paar Namen, irgendwelche –«

»Gallenröhrling, Hexenröhrling ... Grünfeldriger Täubling ... Rußiggestreifter Ritterling ... Trauben-Ziegenbart ...«

»Ja, all so was haben die auf einen Haufen gekippt und dann mit dünnen Gerten sozusagen ausgepeitscht – so lange, bis die Pilze zu Pilzbrei oder Pilzmatsch geworden waren. Sonst aber stellen sich im Moment keine Familienanekdoten diesbezüglich ein. Da können wir also mit voller Unbefangenheit in die Pilze gehn.«

*U*nser aller Goethe lehrt: jede Form des Einschubs in einen Reisebericht oder Roman ist legitim. Dabei muß der Text nicht einmal vom Autor selbst stammen, den kann auch (wie in der ITALIENISCHEN REISE) ein Meyer, Moritz oder Tischbein geschrieben haben. Goethe läßt oft disparateste Texte aufeinanderprallen – ob aus Kalkül oder Indolenz, das sollen andere entscheiden. Vorausgesetzt wird vom großzügig disponierenden Autor offenbar: Sinn ergibt sich aus der Reihenfolge respektive Zuordnung. Ergo: einige weitere Zeilen über die gegenwärtige Befindlichkeit des Autors, der sich auf das Abenteuer eines Buchs über Goethes Kriegsabenteuer einläßt. Dabei hat sicherlich befreiende Wirkung:

das Wunder von Weimar! Id est: Nicht mehr das Gefühl, in nächtlichen Anfällen, ich sei prall aufgepumpt, meine Lunge als Tonne, mit Luft wie vollgepreßt, und dennoch, ich japse nach Luft, doch es geht nichts mehr rein, denn es geht nichts mehr raus, und ich wünsche mir einen lang anhaltenden, rachensprengenden Lungenfurz, der wieder Platz schafft zum Atmen – uff! Während ich dies schreibe, bildet sich leichter Angstschweiß auf der Stirn: beginnt mich das Asthma wieder zu quälen, sobald ich es erwähne? Doch ich stehe das durch: ich kann schreiben, daß ich erstaunlich frei durchatme – und kann tatsächlich noch erstaunlich frei durchatmen! Und dies, auch dies fördert die Arbeit!

Auf Stichwort stellt sich hier die Frage: Wenn ER so nach Luft hätte ringen müssen bei scheinbar prall aufgepumpter Lunge, wenn ER solche Gesichtsschmerzen gehabt hätte, wie hätten sich dann seine Texte entwickelt? Wäre dann der TASSO nur in einer frühen Prosafassung überliefert, der FAUST nur als URFAUST, WILHELM MEISTERS LEHRJAHRE nur als THEATRALISCHE SENDUNG? Und sonst?

Hier sollte eigentlich die Fortsetzung meines Reiseberichts folgen, aber der Sprung scheint mir zu weit, der Übergang zu abrupt, ich brauche eine Figur, die mich zur Hauptgeschichte, damit nach Frankreich zurückgeleitet, eine Figur, die mit Goethe in Verbindung stand, und da muß ich nicht lange suchen, dies kann nur Liseur sein, der Husar!

Dank eines vermittelnden Hinweises von Caroline Nees konnte ich Verbindung aufnehmen mit einer Familienangehörigen. Ja, von diesem Vorfahren erzählte die alte Frau sehr gern, und ganz besonders gern, wie er den Herrn Geheimrat auf dem Rücken getragen hat – doch das wollte sie sich für den guten Schluß aufbewahren.

Liseur war einer der beiden Leibhusaren des Herzogs, und eine seiner speziellen Aufgaben bestand in der Beschaffung von Wein – der Fürst trank gern, der Dichter trank gern. Im damals erstaunlich weinarmen Land entwickelte Liseur bald einen besonderen Riecher für Weine, fand zuweilen einen noch nicht geplünderten Keller, stellte hier Flaschen und Fäßchen sicher für die Herrschaften.

Die tranken notfalls auch sauren Wein, denn Wasser war knapp. Zwar regnete es fast unaufhörlich, doch Wasser, das man trinken konnte, war eine Rarität. Das mußte auch immer erst abgekocht werden. Und dann goß man meist Tee auf – das gehörte ebenfalls zu den Aufgaben von Liseur. Der Koch war ja damit beschäftigt, Eßbares aufzutreiben, mit Unterstützung vor allem der Küchenmagd … Aber soviel Mühe und Sorgfalt der Liseur auch aufbrachte, der Tee schmeckte meist nach Froschbrühe. Sah jedenfalls widerwärtig froschgrün aus, der Tee – als hätte man einen Frosch mit aufgebrüht, soll er gesagt haben. Und er sprach nur noch von Froschtee …

Als Leibhusar mußte er bei all dem Schlamassel auch für Sauberkeit sorgen, bei den Herren wie bei sich selbst. Er war ständig bestrebt, seine schöne Husarenuniform in Ordnung zu halten, mit der Halsbinde, der Weste, dem Dolman, der Schärpe, mit den schwarzen Stiefeln und den weißen Handschuhen, dem weißen Mantel. Er hatte kein Verständnis dafür, daß man sich gehenließ: schon nach wenigen Wochen sah das Heer verkommen aus. Viele Soldaten hatten keine Stiefel mehr an, weil die Füße geschwollen waren. Und weil Mäntel nicht zur Ausrüstung gehörten, trugen bei dem Dauerregen viele Soldaten Decken, auch Pferdedekken über Kopf und Schultern. Es waren aber nicht einmal genug Decken vorhanden, also wurde geplündert. Zum Beispiel Bettdecken, womöglich gesteppt und mit Blümchen drauf – so was hängte man sich ebenfalls um. Darauf von Liseur zur Rede gestellt, erklärte doch tatsächlich einer vom Troß, er würde damit nur seine Ausrüstung vervollständigen. Das brachte Liseur in Rage!

Im Kampf gegen den Dreck hat der Liseur sogar den Christophorus gespielt, hat den Herrn Geheimrat getragen, wenn der Matsch zu tief wurde, die Stiefel und die Hose bedroht waren. Einmal stand der Herzog bei seinem Wagen, der auch Schlafwagen genannt wurde, Goethe wollte zu ihm hinüber, wahrscheinlich von einem Zelt aus, aber es war ein völlig verschlammter Wegabschnitt zwischen ihnen, da hat sich der Liseur den Herrn Geheimrat aufgehuckt, hat ihn über den Pfuhl getragen. Das war Liseur …

*I*m Archiv hat mir Schuchardt zwei Bücher auf den Tisch gelegt, die ihm von der Großherzoglichen Bibliothek ausgehändigt wurden: als Herausgeber bezeugt hier Goethe erneut seine Nähe zur Welt des Militärs – auch in den unteren Chargen. Ich habe diese Bücher nur angeblättert, verschiebe die Lektüre ungescheut auf St. Nimmerlein, aber ich fühlte mich, wie im Reflex, dazu herausgefordert, sie auf Großvaters Arbeitstisch umgehend zu bibliographieren.

DER JUNGE FELDJÄGER, IN FRANZÖSISCHEN UND ENGLISCHEN DIENSTEN WÄHREND DES SPANISCH-PORTUGIESISCHEN KRIEGS VON 1806 BIS 1816. EINGEFÜHRT VON J. W. VON GOETHE. Noch im selben Erscheinungsjahr, 1826, die Fortsetzung: DES JUNGEN FELDJÄGERS KRIEGSKAMERAD, GEFANGEN UND STRANDEND, IMMER GETROST UND TÄTIG. EINGEFÜHRT VON J. W. VON GOETHE.

Laut Schuchardt soll es noch weitere Kuriosa und Militaria dieser Art geben; er läßt derzeit suchen unter dem

Namen J. Chr. Mämpel, der Kriegserinnerungen eines französischen Sergeanten übersetzt hat, die von Goethe eingeleitet wurden. Ich bin mäßig gespannt.

Ludwig weist mich in einem unserer Gespräche beiläufig darauf hin, daß bei jedem Feldzug sowieso schon mal dreierlei Feinde bekämpft werden müssen: Flöhe, Läuse, Wanzen.

Flöhe beginnen sich offenbar schon beim Stichwort Krieg epidemisch zu vermehren. Wanzen kennen die meisten Kriegsteilnehmer schon von Hause aus, auch in besseren Kreisen: Wanzen auch in der Residenz am Frauenplan – besonders der Sohn klagte darüber. Wanzen als übliche Begleiterscheinungen, Wanzenbisse als übliche Markierungen. Bei der Belagerung von Mainz hat Goethe wegen der Wanzenplage sein Quartier in einem Haus verlassen, hat sich trotz Kälte und Regen wieder in sein Zelt geflüchtet.

Drittes Stichwort: Läuse. Auch dazu kann Ludwig aus Erfahrung sprechen: bei einem Feldzug kommt es rasch zu einer Läuse-Invasion. Dauerbeschäftigung von Soldaten: Läuse fangen, Läuse knacken. Aber dieser Kampf ist von Anfang an verloren. Die Uniformen, vor allem in den Nähten, voller Läuse. Und die stechen mit Vorliebe in die Füße, sobald die nassen Stiefel endlich mal ausgezogen werden. Die Läusestiche beginnen in der wundgelaufenen Haut intensiv zu jucken, die Juckstellen werden gekratzt mit Fingernägeln, unter denen sich Dreck festgesetzt hat – wo soll man sich auch waschen auf solch einem Feldzug? Also kommt es zu eitrigen Entzündungen an den Füßen, und es kann nichts dagegen unternommen werden, weil die Soldaten ihre Stiefel oft tage- und nächtelang nicht von den Füßen kriegen, also fangen die Läusestiche an zu eitern, und bei eiternden Schwellungen wird jeder Schritt zur Qual.

Fortsetzung des Berichts über meine Reise in Frankreich. Von Ste-Menehould aus (wo wir übernachtet hatten) fuhren wir nach Valmy. Das Dorf liegt am Rand einer Ebene; dicht hinter den Häusern ein langgestreckter Hang; zwischen Bäumen hindurch sah ich die berühmte Mühle auf der Kuppe. Das Dorf wie schutzsuchend an die Hügelflanke geschmiegt.

Ich ließ am Dorfplatz nicht halten: kein Detail, das den Blick festhalten konnte. Arendt fuhr gleich zur Höhe hinauf. Oben war erst mal eine Enttäuschung zu verkraften, obwohl ich auf Enttäuschungen schon eingestellt war. Trotz Goethes Beschreibung der Region hatte ich mir die Hügel von Valmy steiler und vor allem höher vorgestellt. Nun aber stand ich neben der verrottenden, flügellahmen Mühle auf der weiten Kuppe einer sanft ansteigenden Bodenerhebung und sanft ansteigend auch die nächsten Erhebungen, hinausschwingend nach Westen, und die Senken nicht als Täler, nur als milde Einschnitte, als angedeutete Erdfalten. Die Höhenunterschiede zwischen den sogenannten Tälern und den sogenannten Hügeln dürften in einem Spielraum von sechs bis zehn Metern liegen. Eine überaus reizarme Gegend, trotz der erfreulichen Beleuchtung am späten Nachmittag eines milden Frühlingstages.

Wie geschickt Goethe seine Darstellung auf die Erwartungen der Adressaten abstimmte (was für sein Buch ja insgesamt zutrifft!), das zeigt ein Brief, den er Herzoginmutter Amalia aus dem Hauptquartier schickte. In Anbetracht der reichlich dokumentierten Fakten ist im ersten Abschnitt Erstaunliches zu lesen: der Bruder der alten Herzogin, der Generalissimus wird gelobt! Dabei muß auch Goethe erkannt haben, daß die Strategie des hochdekorierten Oberbefehlshabers bisher nur in Ausweichmanövern bestanden hatte.

»Durchlauchtigste Fürstin, gnädigste Frau, es ist bisher, Dank sei der Vorsicht unsers großen Heerführers, alles so ordentlich gegangen, wir haben unsern Weg so ruhig und sicher zurückgelegt, daß ich kaum einigen Unterschied empfand, wenn ich im feindlichen Lande von Ort zu Ort mich mitbewegte, es war eben als wenn man in einer großen Suite von Weimar nach Eisenach führe. Alles ging so natürlich zu, daß ich bei mir Entschuldigung genug fand, Ew. Durchl. bisher noch nicht geschrieben zu haben.

Nunmehr aber, da wir in das Land der Wunder scheinen gelangt zu sein, fühle ich mich gedrungen, nicht von dem was vorbei, sondern von dem was gegenwärtig ist, einige Nachricht zu geben.

Des Königs Hauptquartier ist einige Stunden von Ste-Menehould, einige Meilen von einer alten Verschanzung, welche Attila aufwerfen ließ, und von dem Felde, wo dieser Hunnenkönig eine große Schlacht lieferte. Eine Chaussee der Römer geht nahe hier vorbei, und das Schlachtfeld von Sompy ist auch nicht weit entfernt, und es scheint die Natur diese Gegenden von Urzeiten her zu Schlachtfeldern bestimmt zu haben, weil sie ihnen nicht den mindesten Reiz verliehen. Flache, nur mäßig fruchttragende Hügel und Flächen ziehen sich weit und breit aneinander, kaum daß man einen Baum oder einen Busch sieht, da sich die Dörfchen mit ihrem sparsamen Holze in die Gründe verstecken. Überhaupt habe ich für den ästhetischen Sinn meines Auges wenig Genuß gehabt.«

*F*ranzösische Artillerie ist auf der Kuppe von Valmy in Stellung gebracht; Kanonen werden von Pferdegespannen herangezogen. Bevor, im Text, der erste Kanonenschuß fällt, mußte ich mich kundig machen über damaliges Artilleriewesen, denn Goethe wird in den Bereich einschlagender Kanonenkugeln reiten.

Ludwig von Gleichen-Rußwurm, Berater und mittlerweile Freund, er griff erneut zu Papier und Bleistift, skizzierte rasch, zugleich erläuternd. Also, geschossen wurde damals mit Vorderladern: in das Kanonenrohr aus Bronze wird durch das Mündungsloch Pulver hineinpraktiziert und mit dem Ladestock am Ende des Laufes festgepreßt, es wird die Kugel in den Lauf geschoben, mit einer brennenden Lunte wird am Zündloch die Pulverladung zur Explosion gebracht, die Kugel fliegt raus – und meist am Ziel vorbei.

Mittlerweile, und das zeigte sich in Schleswig wie in Böhmen, mittlerweile beginnt sich der Hinterlader durchzusetzen. Das Endstück des Kanonenrohrs läßt sich aufklappen, das sogenannte Schloß, es wird die Granate, die Kartusche hineingeschoben, das Schloß wird arretiert. In der Kartusche das portionierte Pulver; die Granate nun als Langgeschoß, Hohlgeschoß, mit Sprengstoff gefüllt; an der Spitze der Aufschlagzünder. Diese Granaten, die weiter fliegen und genauer treffen, sie beschädigen und zerstören, verwunden und töten nicht nur durch die Wucht ihrer soundsoviel Pfund, sie explodieren beim Aufschlagen.

Die Kanonade von Valmy mehr als ein halbes Jahrhundert vor der Entwicklung dieser neuen Waffen. Abgefeuert wurden damals in der Regel Vollkugeln, aus Stein. Sie wurden klassifiziert nach Gewicht: Zwölfpfünder, Vierundzwanzigpfünder und so weiter. Ihr Wirkungskreis entsprach, in etwa, dem Durchmesser. Meist blieben sie in Mauern oder im Boden stecken, unbeschädigt. Gelegentlich kam es vor, daß sie zerplatzten, wenn sie auf Mauern trafen, dann konnten Steinsplitter gefährlich werden. Es gab allerdings auch ausgehöhlte Kugeln, die in der Luft explodierten: die Schrapnells. Es ließ sich allerdings nicht genau genug berechnen, wann der Pulversatz in ihnen zur Explosion kam; Zünder gab es ja noch nicht. Häufiger waren Kugeln mit Brandsätzen. Bei Infanterieangriffen wurde von der Feldartillerie kartätscht: statt der Kanonenkugel wurde jeweils eine Ladung Bleikügelchen abgefeuert, mit starker Streuwirkung. Besonders schlimm wurde es, wenn zerhacktes Blei verschossen wurde, das riß böse Wunden.

In der Regel aber kamen Vollkugeln zum Einsatz. Weil diese Steinkugeln nicht immer perfekt gemeißelt werden konnten, gaben sie verschiedenartige Geräusche ab während des Flugs – manche eierten gleichsam durch die Luft, blubbernd. Trafen Vollkugeln in flachem Winkel auf hartem Boden auf, konnte es passieren, daß sie wieder abschnellten, weiterflogen, wieder auftrafen, erneut abprallten – wie ein flacher Stein, der tief über einen glatten Wasserspiegel geworfen wird: das »Ricochetieren«. Bei weichem und nassem Boden blieb eine Steinkugel meist stecken. Goethe soll eine dieser Vollkugeln als Erinnerungsstück nach Weimar mitgenommen haben.

Drittes der vier Kapitel »Goethe in Weimar, 1820«. Seine fortgesetzte Arbeit am Bericht über die CAMPAGNE IN FRANKREICH.

Das Aufstehen, Waschen, Ankleiden, Frühstücken überspringe ich diesmal, lasse Goethe in einer seiner besseren Jacken (»Röcke«) auftreten. Trotz der frühen Morgenstunde ist sein Haar bereits leicht gepudert.

Diesmal geht er nicht in das Schreibzimmer (ebenfalls durch eine Seitentüre mit der Schlafkammer verbunden). Ich ließe ihn nur dann in der »Kanzleistube« eintreten, wenn

Johann Peter Eckermann bereits im Dienst wäre, aber er studiert, dichtet, zeichnet noch.

Goethe betritt das Arbeitszimmer. Noch kein Schreiber am Tisch, mit zurechtgeschnittenen Federn, aufgefrischter Tinte, ausreichendem Papier. Kein Knurrlaut, der Unmut erkennen ließe; Goethe geht zum Fenster, obwohl es draußen noch finster ist. Ende Februar, jedoch kein Schnee; der würde das Zimmer ein wenig aufhellen, zusätzlich zur Laterne, die der Hausherr auf dem Tisch abgestellt hat. Er zündet zwei Talglichter an, löscht die Laterne. In der üblich schwachen Beleuchtung scheint er die kleine Handbibliothek zu mustern; er schaut nach den Zimmerpflanzen, fühlt mit dem Zeigefinger, ob sie genug Wasser haben; er umkreist den Tisch. Glockenschläge. Er verharrt, und bald schon sind leichte, rasche Schritte zu hören. Er nimmt, möglicherweise, nun doch ein Buch aus dem Handbestand, schreitet zum Tisch, scheint etwas nachzuschlagen. Es tritt eine Frau ein: helle Haut und dunkles Haar. Caroline Riemer, geborene Ulrich, 29. Sie legt das Schreibzeug ab. Offenbar hat sie nicht erwartet, daß Goethe bereits im Zimmer ist; trotz seines freundlichen Grußes fragt sie, ob sie zu spät gekommen sei?

Nein, er sei etwas früher hier, weil er noch etwas nachschauen wollte. Und er scheint das fortzusetzen, während sie ihre Utensilien zurechtlegt. Sie trägt ein Wollkleid. Goethe stellt den Band ins Regal zurück und setzt an zur Erklärung, weshalb er sie für diesen Vormittag zum Diktat gebeten habe, zum ersten Mal wieder nach langer Zeit. Er hat es ihr nicht vergessen, daß sie ihn damals, vor sieben, vor sechs Jahren hier in seiner »Kanzlei« so getreulich unterstützt hatte; alle Männer waren zu den Waffen geeilt, um die deutschen Lande vom Imperator aus Korsika zu befreien, sie aber, damals noch als Freundin und Gesellschafterin seiner Frau, sie hat ihm bei wichtigen Arbeiten geholfen.

Ja, das ist ihr durchaus noch präsent ... Hat ihm bei der Korrespondenz geholfen, hat ihm zeitweise das Tagebuch geführt, hat mitgewirkt am Schema der ITALIENISCHEN REISE, hat einige Kapitel aus seiner großen Autobiographie mitschreiben dürfen ...

Und dies sei bereits das Stichwort für seine erneute Bitte: wieder mitzuarbeiten an einem autobiographischen Werk. Zur Zeit, das wisse sie sicherlich durch ihren Mann, arbeite er an einem Bericht über den Feldzug 1792. Und es würden diesmal spezifische Kriegserfahrungen zur Sprache gebracht. Erinnerungen an Kriegserfahrungen in Erinnerung an eine Kriegsphase, in der sie ihm geholfen habe ... Wenn sie damit einverstanden sei, bleibe er, auch nach den Zwischenjahren und nach dem Wechsel ihres Familiennamens, beim vertrauten »Uline«. Da klingt das »Uline!« oder »Uli!« nach, mit dem seine Frau sie früher gerufen oder angesprochen habe. Christiane mit Uline zu einem der vielen Bälle, Christiane mit Uline zur Kur nach Karlsbad, Christiane mit Uline ins Theater, Christiane und Uline nach Lauchstädt, Christiane mit Uline zu Freundinnen – überall tauchten sie gemeinsam auf, die »Lustigen von Weimar«. Aber nun gelte es, sich einer anderen Epoche zuzuwenden: der Zeit in Frankreich. Er werde ihr Abschnitte diktieren, die ihm besonders wichtig seien, dabei helfe ihre erfreuliche Gegenwart.

Nicht undenkbar, daß er sich nun dazu hinreißen läßt, ihr die Schreibhand zu küssen. Dabei würde er, in fröhlichem Erschrecken, sehen, daß sie den Ring trägt, den er ihr sechs Jahre zuvor geschenkt hatte, zu Pfingsten, der Ring für das »Frauenzimmerchen«, der Ring für den »artigen Mandarin«, der Ring für die »schöne Juvenile« ... Zwei Schlangen als Silberreif, ihre Mäuler als Fassung eines Rubins. Und ein Kranz von kleinen Perlen. Erneut könnte Goethe sich vorbeugen, und er küßt nun den Stein, geht zum Fenster, lehnt die Stirn ans Glas, scheint hinauszustarren in die Finsternis, die sich nur zögerlich aufzuhellen beginnt.

Er werde ihr, sagt er gegen die Scheibe, von seinen Erfahrungen diktieren, die er bei Valmy gemacht habe, wo die Franzosen unter Kellermann eine sehr große Zahl von Kanonen in Stellung gebracht hatten, und zwar strategisch überaus günstig. Er sieht noch vor sich, wie »qualvoll« sich die eigene Artillerie auf »schlammigen Wegen« abmühte – Anlaß genug, »abermals den bedenklichen Zustand zu überlegen, in den wir uns eingelassen hatten«*. Und es begann die große Kanonade von Valmy, bei der die Franzosen in der Überzahl (zumindest der Kanonen) und im Vorteil waren. Zwar traf eine der preußischen Kanonen einen Pulverwagen, der spektakulär in die Luft flog, aber sonst wurde nichts erreicht, denn weder riskierte die eigene Truppe den großen Angriff, noch brach die französische Infanterie aus ihren Stellungen hervor, es blieb bei einem Gefecht an einer Außenstellung, blieb beim Artillerieduell, über Stunden hinweg. Er schätzt, daß auf jeder Seite etwa zehntausend Kanonenkugeln abgefeuert wurden, und einigen dieser einschlagenden Kugeln näherte er sich auf einem Ritt, bei dem er eine Erfahrung mit sich selbst machen wollte.

Nun denn: »Ich hatte so viel vom Kanonenfieber gehört und wünschte zu wissen, wie es eigentlich damit beschaffen sei. Langeweile und ein Geist, den jede Gefahr zur Kühnheit, ja zur Verwegenheit aufruft, verleitete mich, ganz gelassen nach dem Vorwerk La Lune hinaufzureiten. Dieses war wieder von den Unsrigen besetzt, gewährte jedoch einen gar wilden Anblick. Die zerschossenen Dächer, die herumgestreuten Weizenbündel, die darauf hie und da ausgestreckten tödlich Verwundeten und dazwischen noch manchmal eine Kanonenkugel, die, sich herüberverirrend, in den Überresten der Ziegeldächer klapperte.

Ganz allein, mir selbst gelassen, ritt ich links auf den Höhen weg und konnte deutlich die glückliche Stellung der Franzosen überschauen; sie standen amphitheatralisch in größter Ruh und Sicherheit, Kellermann jedoch auf dem linken Flügel eher zu erreichen.

Mir begegnete gute Gesellschaft, es waren bekannte Offiziere vom Generalstabe und vom Regimente, höchst verwundert, mich hier zu finden. Sie wollten mich wieder mit sich zurücknehmen, ich sprach ihnen aber von besondern Absichten, und sie überließen mich ohne weiteres meinem bekannten wunderlichen Eigensinn.

Ich war nun vollkommen in die Region gelangt, wo die Kugeln herüberspielten; der Ton ist wundersam genug, als wär' er zusammengesetzt aus dem Brummen des Kreisels, dem Butteln des Wassers und dem Pfeifen eines Vogels. Sie waren weniger gefährlich wegen des feuchten Erdbodens; wo eine hinschlug, blieb sie stecken, und so ward mein törichter Versuchsritt wenigstens vor der Gefahr des Ricochetierens gesichert.

Unter diesen Umständen konnt ich jedoch bald bemerken, daß etwas Ungewöhnliches in mir vorgehe; ich achtete genau darauf, und doch würde sich die Empfindung nur gleichnisweise mitteilen lassen. Es schien, als wäre man an einem sehr heißen Orte, und zugleich von derselben Hitze völlig durchdrungen, so daß man sich mit demselben Element, in welchem man sich befindet, vollkommen gleich fühlt. Die Augen verlieren nichts an ihrer Stärke noch Deutlichkeit; aber es ist doch, als wenn die Welt einen gewissen braunrötlichen Ton hätte, der den Zustand sowie die Gegenstände noch apprehensiver macht. Von Bewegung des Blutes habe ich nichts bemerken können, sondern mir schien vielmehr alles in jener Glut verschlungen zu sein. Hieraus erhellet nun, in welchem Sinne man diesen Zustand ein Fieber nennen könne. Bemerkenswert bleibt es indessen, daß jenes gräßlich Bängliche nur durch die Ohren zu uns gebracht wird; denn der Kanonendonner, das Heulen, Pfeifen, Schmettern der Kugeln durch die Luft ist doch eigentlich Ursache an diesen Empfindungen.

Als ich zurückgeritten und völlig in Sicherheit war, fand ich bemerkenswert, daß alle jene Glut sogleich erloschen und nicht das mindeste von einer fieberhaften Bewegung übrig geblieben sei. Es gehört übrigens dieser Zustand unter die am wenigsten wünschenswerten; wie ich denn auch unter meinen lieben und edlen Kriegskameraden kaum einen gefunden habe, der einen eigentlich leidenschaftlichen Trieb hiernach geäußert hätte.«

Vor dem Zwischenfrühstück dürfte Goethe etwa zwei bis drei Stunden diktieren, in voller Konzentration. Würde ich solch ein Pensum in den Entwurf übernehmen, so müßte ich das etwa Zehnfache dieses Textausschnitts einrücken; Auszüge müssen also genügen, stellvertretend. Und ich setze sogleich das zweite Frühstück an, das diesmal etwas frugaler ausfallen mag: kalter Braten in dünnen Scheiben? Hasenpastete? Wieder Madeira? Galant wird Goethe seiner Mitarbeiterin selbst servieren – die Küchenmagd kann gleich wieder gehen. Und er füllt Ulines Glas, auf ihren Wunsch, zur Hälfte, füllt sein Glas wie zum Ausgleich bis zum Rand, hebt es ohne Trinkspruch. Kleines Glimmen in seinen Augen – entwickelt sich wieder der »Feuerblick«? Als wolle er solch eine Veränderung verbergen, beugt er sich vor, faßt ihre rechte Hand, streicht mit der Daumenkuppe über den Rubin. Und die junge Frau beginnt, wie beschwörend, ein Gedicht aufzusagen.

Die zarten Perlen um den glühenden Rubin,
Die Schlangenzähne, die sie beide halten
Und sich zum Ring der Ewigkeit gestalten –

Schon diese drei Zeilen mögen ihre Wirkung tun; Goethe richtet sich auf, tritt wieder ans Fenster. Es sei gewiß kein Zufall, daß sie nicht sein Ring-Gedicht zitiert habe, sondern das Ring-Gedicht ihres Mannes, seines hochgeschätzten und überaus bewährten Mitarbeiters Riemer. Er deute ihre Reaktion gleichnishaft: als habe sie einen Schild angehoben, schützend. Dieser Geste aber hätte es nicht bedurft. Was er zum Ring sagte, sei unverfänglich. Und noch etwas: sie selbst habe das Stichwort Ring ins Spiel gebracht. Denn es sei ja wohl kein Zufall, daß sie sich heute bei ihrer kleinen Kollektion von Ringen ausgerechnet für diesen Ring entschieden habe, den er ihr einst geschenkt … Er habe dies als Zeichen zumindest von Dankbarkeit, von fortgesetzter Dankbarkeit empfunden. Über diesen Punkt habe er nicht hinausgedacht. Da sie aber nun einmal Riemer zitiert habe, dürfe er sich ebenfalls zitieren – auch als kleine Probe, ob sein vielgerühmtes Gedächtnis so rühmenswert noch geblieben sei. Das ihr wohlbekannte Gedicht an eine wohlbekannte Caroline Ulrich, geschrieben vor einem halben Dutzend von Jahren.

Wäre der Rubin mir eigen,
Perlen wären um ihn her,
O, so wollt' ich bald erzeigen,
Wie so herzlich lieb er wär';
Denn ich schüf' ihn gleich zum Ringe,
Schlangen würd' ich um ihn ziehn,
Und ich sagte: Liebe, bringe,
Bring' ihn der Geliebten hin.

Er hat die letzten Zeilen zur Fensterscheibe hin gesprochen, steht weiterhin mit dem Rücken zu ihr.

Dieses in der Tat wohlbekannte Gedicht, sagt sie, hätte er damals nicht nur in eigenem Namen geschrieben, es sei auch Rollenspiel gewesen, an dem Riemer beteiligt war.

Langsames Nicken; noch immer scheint Goethe in den winterkahlen Garten hinauszuschauen. Dazu wolle er nur die beiden Schlußzeilen eines ihr ebenfalls wohlbekannten Gedichts zitieren.

Denn Opfer wie sie Liebe bringt,
Das sind die schmerzlichsten von allen.

Uline schiebt fast lautlos den Stuhl zurück, steht auf, geht zu Goethe, der angestrengt in den Garten zu blicken scheint. Sie bleibt dicht hinter ihm stehen, lehnt, ganz kurz, die Stirn an sein Schulterblatt, geht wieder zum Tisch.

Goethe verharrt noch ein wenig, sagt dann, lauter als zuvor, er müsse dem Stadelmann noch einen Auftrag erteilen, dreht sich abrupt um, geht rasch am Tisch vorbei, eilt hinaus. »Uline« versucht, den Ring abzuziehen, zögert, schiebt ihn wieder zurück, preßt den Rubin an die Stirn, senkt langsam die Hand.

Als der Hausherr zurückkehrt, blickt er drein wie ein Staatsmann, der zu einer wichtigen Besprechung eilt. »Wir sollten fortfahren.« Und er schreitet gleichmäßigen Schritts um den Tisch herum, scheint so in den Text zurückzufinden.

»So war der Tag hingegangen; unbeweglich standen die Franzosen, Kellermann hatte auch einen bequemern Platz genommen; unsere Leute zog man aus dem Feuer zurück, und es war eben, als wenn nichts gewesen wäre. Die größte Bestürzung verbreitete sich über die Armee. Noch am Morgen hatte man nicht anders gedacht, als die sämtlichen Franzosen anzuspießen und aufzuspeisen, ja mich selbst hatte das unbedingte Vertrauen auf ein solches Heer, auf den Herzog von Braunschweig zur Teilnahme an dieser gefährlichen Expedition gelockt; nun aber ging jeder vor sich hin, man sah sich nicht an, oder wenn es geschah, so war es um zu fluchen oder zu verwünschen. Wir hatten, eben als es Nacht werden wollte, zufällig einen Kreis geschlossen, in dessen Mitte nicht einmal wie gewöhnlich ein Feuer konnte angezündet werden, die meisten schwiegen, einige sprachen, und es fehlte doch eigentlich einem jeden Besinnung und Urteil. Endlich rief man mich auf, was ich dazu denke, denn ich hatte die Schar gewöhnlich mit kurzen Sprüchen erheitert und erquickt; diesmal sagte ich: ›Von hier und heute geht eine neue Epoche der Weltgeschichte aus, und ihr könnt sagen, ihr seid dabei gewesen.‹

In diesen Augenblicken, wo niemand nichts zu essen hatte, reklamierte ich einen Bissen Brot von dem heute früh erworbenen, auch war von dem gestern reichlich verspendeten Weine noch der Inhalt eines Branntweinfläschchens übrig geblieben.

Die Kanonade hatte kaum aufgehört, als Regen und Sturm schon wieder eindrangen und einen Zustand unter freiem Himmel, auf zähem Lehmboden, höchst unerfreulich machten. Und doch kam, nach so langem Wachen, Gemüts- und Leibesbewegung, der Schlaf sich anmeldend, als die Nacht hereindüsterte. Wir hatten uns hinter einer Erhöhung, die den schneidenden Wind abhielt, notdürftig gelagert, als es jemandem einfiel, man solle sich für diese Nacht in die Erde graben und mit dem Mantel zudecken. Hiezu machte man gleich Anstalt, und es wurden mehrere Gräber ausgehauen, wozu die reitende Artillerie Gerätschaften hergab. Der Herzog von Weimar selbst verschmähte nicht eine solche voreilige Bestattung.

Hier verlangt' ich nun gegen Erlegung von acht Groschen die bewußte Decke, wickelte mich darein und breitete den Mantel noch oben drüber, ohne von dessen Feuchtigkeit viel zu empfinden. Ulyß kann unter seinem auf ähnliche Weise erworbenen Mantel nicht mit mehr Behaglichkeit und Selbstgenügen geruht haben.

Alle diese Bereitungen waren wider den Willen des Obersten geschehen, welcher uns bemerken machte, daß auf einem Hügel gegenüber hinter einem Busche die Franzosen eine Batterie stehen hatten, mit der sie uns im Ernste begraben und nach Belieben vernichten konnten. Allein wir mochten den windstillen Ort und unsere weislich ersonnene Bequemlichkeit nicht aufgeben, und es war dies nicht das letzte Mal, wo ich bemerkte, daß man, um der Unbequemlichkeit auszuweichen, die Gefahr nicht scheue.«

Goethe mag hier, vorläufig, einen Schlußpunkt setzen. An den Tisch herantretend, schaut er, eventuell die Hand auf Carolines Schulter legend, in ihre Mitschrift, spricht ein Lob aus. Er würde ihr gelegentlich gern noch einmal diktieren, ebenfalls eine kleine Tradition entwickelnd: ihre Mitarbeit am Schema der ITALIENISCHEN REISE ... Deren zweiter Teil stehe ja immer noch aus! Kürzlich habe er sich übrigens von Meyer die planenden Aufzeichnungen zur zweiten großen Italienreise heraussuchen lassen: gemeinsame Vorbereitungen, 1795, auf eine Reise, die auf etwa zwei Jahre veranschlagt war, doch in der Schweiz mußten sie den Plan bereits aufgeben: Napoleons fortgesetztes Kriegstheater in Italien. So waren die Vorarbeiten mit dem Reisegefährten Meyer letztlich umsonst. Oder doch nicht so ganz? Könnte man eventuell Stichworte jener Planung in das Schema der Fortsetzung einarbeiten?

Er nimmt einen Pappordner aus einem Regalfach, breitet Blätter auf dem Arbeitstisch aus, hebt eine der Seiten dicht vor die Augen, liest ab: »Makkaroni, Manufakturen, Maulbeerbaum, Meuchelmord, Militär, Musik«. Bereits alphabetische Ordnung, aber noch keine Zusammenhänge ... Er legt das Blatt zur Seite, greift zu einem weiteren. »Gartenanlagen, Gebirgsarten, Gemüse, Grabmäler, Granit«. Die gleiche Situation: geordnete Stichworte ohne Beziehungen ... Erneut wird das Blatt gewechselt: »Graustein, Grünstein, Stinkstein ... Kieselschiefer, Wetzschiefer, Alaunschiefer ...« Weiterblättern, fast schon ungeduldig. Aha, von den geologischen Fundamenten zur Kunst! »Ungeheure Größe der Lusthäuser ... Tavola dell' altar maggiore ... singender Evangelist über der Hauptpforte ...« Immer rascher sein Umblättern – er liest vor, was ihm ins Auge fällt. »Vulkanische Fragen ... Linker Hand Sabiner Land ... Bequemlichkeit der Makkaroni ... Tätigkeit durch Klima gehemmt ... Malaria ganzer Landstriche ... Berghöhen unfruchtbar ... Warum so viel schlechter Wein und schlechtes Öl ... Maremmen, die sich zuschlemmen ... Grausames Schwalbenfangen ... Gewehrtragen Passion ... Frau vom Geruch des Taxus ... Düngen mit Asche ...«

Man müsse offenbar noch sehr eingehend darüber nachdenken, wie sich derart disparate Stichworte in ein Schema übernehmen ließen. Bei Gelegenheit sollte man das Gespräch darüber fortsetzen. Nun aber sei es Zeit zum Mittagessen. »Du leistest uns Gesellschaft? Mein dienstältester Freund wird kommen ...«

Und ich setze gleich das Mittagessen an. Ottilie und August haben sich durch ihre alte Dienerin rechtzeitig entschuldigen lassen. Die Runde ist so klein, wie das Goethe beim Mittagessen am liebsten hatte: zu seiner Rechten Uline, zu seiner Linken Carl Knebel, der »Urfreund«, fünf Jahre älter als der Hausherr. Ein zurückhaltender, zurückgezogen lebender Mann, der sich nur einmal in Weimarer Kreisen zum Gesprächsthema machte: in einem Akt demonstrativer Gerechtigkeit heiratete er eine der jungen Frauen, die verführt und geschwängert wurden vom Herzog, der nach einer Affaire kaum noch Interesse für die Geliebte und deren Kind aufbrachte; es gab ohnehin mehrere von ihnen, Seitensprünge dokumentierend – offenbar nahm er die Bezeichnung »Landesvater« zu wörtlich. Knebel also heiratete die dreiunddreißig Jahre jüngere Louise, und es wurde schwierig für sie beide.

Ich habe mir einiges über Knebel erzählen lassen, aber ich wüßte gern mehr über ihn: eine der wenigen Personen aus dem Umkreis von Goethe, die mich wirklich interessieren. Denn auch Knebel war offenbar jemand, der viel projektierte, wenig realisierte. Übersetzungen aus dem Englischen, doch nur relativ wenig; vieles blieb Ansatz. Es genügte Knebel oft, dazusitzen und seine langstielige Pfeife zu rauchen, und er ließ, ein Bein über das andre gelegt, Zeit verstreichen.

Wie hielt Carl das überhaupt aus: diese ständige Aktivität seines berühmten Freundes? Der die Mitwelt beeindruckte und beschämte durch sein Maß und Übermaß an Leistung? Knebel ließ sich dadurch nicht aus der Ruhe bringen. Er zog sich in Jena zurück in sein Haus mit Blick auf die Saale, er las, las und las. Es wird über ihn kolportiert, daß er fast alles an Literatur gelesen habe, was zu seiner Zeit in deutscher Sprache erschien und viel ausländische Literatur noch dazu. Saß und las … Wollte sein Haus nur selten verlassen … Genügte eigentlich sich selbst … Es machte ihm fast nichts oder gar nichts aus, wenn er Ansprüche und Erwartungen anderer nicht erfüllte. Diesem Mann fühle ich mich nah. Und Goethe hatte ihn akzeptiert!

Schon während der Suppe könnte er fragen, woran sein Freund zur Zeit arbeite, aber hier dürfte Goethe eine seiner bewährt abwiegelnden Antworten geben, denn allzu leicht könnte es beim Stichwort »Zeit der französischen Revolution« zu einem Disput, damit zu einem Streit kommen und womöglich zu einem der berüchtigten Wutanfälle Knebels. Er hatte seinerzeit die Revolution begrüßt; im Gespräch über den Feldzug der Koalitionsarmeen könnte die alte Begeisterung Knebels wieder aufflackern. Zugleich könnte er sich als Soldat der preußischen Armee angesprochen fühlen; auch wenn er es bloß zum Fähnrich brachte – er identifiziert sich weiterhin mit dem preußischen Militärwesen, und so könnte er versuchen, Einfluß zu nehmen auf Beschreibung und Bewertung des Generalstabs.

Solch einer Erörterung wird Goethe ausweichen. Und so mag er die Frage stellen, wie weit der Freund inzwischen mit seiner Lukrez-Übersetzung sei. Eine Frage, die den »Urfreund« kaum überraschen wird: eine durch zahlreiche Wiederholungen akkreditierte Frage.

Knebel ist sicher, fast völlig sicher, daß die Übersetzung im nächsten Jahr erscheinen wird, vollständig. Immerhin wäre das ein halbes Jahrzehnt nach Erscheinen des ersten Teils, und insgesamt dreieinhalb Jahrzehnte, seit ihm Herder das große Lehrgedicht DE RERUM NATURA zur Übersetzung empfohlen hatte. Mehrfach hatte Knebel das Werk im Lauf der Jahrzehnte definitiv weglegen wollen, aber das hatte sein großer Freund nicht geduldet.

Diese Anteilnahme war doppelt begründet: in der Freundschaft und in der Sache. Zuerst mag Goethe, tröstend, zur Dauer der Übersetzungsarbeit erwähnen, daß dieses Werk mittlerweile etwa eintausendachthundert Jahre alt sei, da komme es auf die wenigen Jahre nicht mehr an, die es auf seine erneute Eindeutschung warten mußte. Er wird jedenfalls eine Rezension schreiben, und Freund Knebel kann sicher sein, daß sie vom Geist des Wohlwollens und der Bewunderung für die Leistung getragen sein wird. Selbstverständlich wird er zuvor das Werk noch einmal im Original lesen und in seiner Übersetzung. Wahrscheinlich wird die Lektüre wieder das alte Vorhaben beleben, einen Aufsatz über Lukrez zu schreiben. Noch immer beschäftigt ihn die hier besonders augenfällige Verbindung von Mensch und Römer: die Prägung durch zeitgebundene Situationen und Entwicklungen. Dies ist wahrhaftig kein historisches Thema, hier macht ein jeder seine spezifischen Erfahrungen; er, zum Beispiel, wäre als Bürger von Weimar oder als Bürger von Frankfurt (als dauerndem Wohnsitz!) nicht derselbe geworden, derselbe geblieben. Ein ebenso gravierender Faktor sei der Zeitpunkt und Zeitraum der Entfaltung. Er habe es ja bereits geschrieben: »Ein jeder nur zehn Jahre später geboren, dürfte ein ganz anderer geworden sein«.* Solche Wechselwirkungen des Besonderen und des Allgemeinen ließen sich bei Lukrez auf sicherlich ergiebige Weise abhandeln, in einer Distanz, die dem Prozeß der Klärung förderlich sei. Der andere, ihm selbst mindestens ebenso wichtige Aspekt: die Verbindung von Dichtung und Naturlehre bei Lukrez. Auch hier ein herausfordernd gegenwärtiges Thema! Noch immer sei nicht die große Antwort erfolgt durch ein Werk, das heutige Naturforschung und zeitgenössische Dichtung auf das glücklichste verbinde, ja verschmelze.

Goethe könnte sich nun Uline zuwenden, sich erneut über ihre rechte Hand beugend, einen Kuß auf den Ringfinger hauchend. Es sei prekär, wenn zwei so alte Freunde zusammenträfen, da könnte das Gespräch allzu leicht in gewohnten Bahnen weitergeführt werden, an einer dritten Person vorbei. Sie möge aber sicher sein, daß hier nicht an ihr vorbeigesprochen, sondern eher zu ihr hin gesprochen werde. Sie sei in jeder Weise einbezogen, ja ihre Gegenwart, am Vormittag und erst recht an diesem Mittag, sei förderlich auch für dieses Gespräch. Über die Verbindung von »Dichtung und Naturphilosophie« sprechend, denke er, ganz selbstverständlich, an seine verstorbene Frau zurück; wie sich die teure Besucherin gewiß noch entsinnen werde, habe er Christiane, ohne ihren Namen zu nennen, im Lehrgedicht über DIE METAMORPHOSE DER PFLANZEN direkt angesprochen, gleich in der ersten Zeile: die »Geliebte«. Das Gedicht als Versuch, ihr zu zeigen, wie sich in der Artenvielfalt das Gemeinsame nachweisen lasse. Ob man diese Perspektive der liebevollen Erklärung nicht übernehmen könnte in einem sehr viel umfangreicheren weil umfassenderen Lehrgedicht? Solch eine Hinwendung nicht bloß als Dekorum, vielmehr denke er daran – und da sei er mit Freund Knebel doch wohl einer Meinung – daß die Vermittlung nicht nur didaktisch sein dürfte, daß hier vielmehr alle »menschlichen Kräfte« zusammenwirken sollten: »Die Abgründe der Ahnung, ein sicheres Anschauen der Gegenwart, mathematische Tiefe, physikalische Genauigkeit, Höhe der Vernunft, Schärfe des Verstandes, bewegliche sehnsuchtsvolle Phantasie, liebevolle Freude am Sinnlichen, nichts kann entbehrt werden.«* Erscheine ihr, auch unter diesen Gesichtspunkten, die Perspektive des Metamorphose-Gedichts noch sinnvoll? Es könnte beim erweiterten Versuch freilich nicht mehr die »Geliebte« ansprechen, es müßte eine »Freundin« einbezogen werden. Eine Freundin, deren Gegenwart belebend einwirke auf Denken, Fühlen, Dichten …

Wenn von einer Freundin im ideellen Sinn die Rede sei, dann erscheine ihr die Perspektive durchaus sinnvoll – solange es nicht eine rhythmisierte Vorlesung sei, sondern ein

Werk der Dichtung, bei dessen Lektüre man auf verschiedenste Weise angesprochen werde.

»Ist das nicht eine überaus geschickte Antwort?« fragt Goethe den alten Freund. »Sie lenkt damit Aufmerksamkeit von ihrer Person ab und lockt zugleich Aufmerksamkeit an.«

»Kommst du nun vom Thema ab oder findest du gerade dein Thema?« könnte Knebel daraufhin fragen, sonor. Die junge Frau, die beiden alten Herren beginnen zu lachen. Ulines Wangen leicht gerötet, als würde sich Rubin-Abglanz zart verteilen. Mit einem kurzen Brummlaut hebt Goethe sein Glas, prostet ihr, dann dem Freund zu.

Es wird ihm leichtfallen, das Gespräch nun zu den Stichworten Lukrez und Lehrgedicht zurückzuführen. Damit erreiche ich zugleich einen Punkt, an dem ich nicht weiterkomme: Ein großes, ein umfassendes Lehrgedicht über die Natur – wie könnte es in der ersten Hälfte unseres Jahrhunderts aussehen? Eine Frage, die ich weiterreiche an Caroline Nees.

Ich fühle mich hier nicht nur angesprochen, aufgemuntert, eingeladen, ich fühle mich fast schon in die Pflicht genommen. Dabei fällt es mir gerade hier schwer, einen Vorschlag zu entwickeln; ich kann eigentlich nur entwerfen, was möglich sein könnte.

Hierzu konsultierte ich erst einmal die Goethe-Gedächtnis-Bibliothek im Hause: was vermag sie zu leisten, wo eine Frage derart in die Breite geht? Mit gleichsam neuem Blick, als »Benutzerin«, ging ich die Reihen durch, machte hier und dort meine Stichproben, las mich in diesem und jenem Band fest. Dabei ergaben sich überraschende Perspektiven. Ich zitiere Goethe: »Ich denke vielleicht ehestens ein Gedicht über die magnetischen Kräfte aufzustellen.« Ausruf, halblaut, des Erstaunens: ein Gedicht über magnetische Kräfte …! Einschüchternd und herausfordernd zugleich, dieses Stichwort! Und ich stellte mir vor: so, wie ein Magnet unter einem Papierbogen mit Eisenspänen die bekannten Muster erzeugt, so müßte das Lehrgedicht auch Kenntnisse und Erkenntnisse über Magnetismus zu einem überzeugenden, einprägsamen Muster ordnen.

Hier bin, hier wäre ich bei der Vermittlung von literarischem Rohstoff allerdings völlig auf meinen ›Leibphysiker‹ angewiesen. Denn beim Stichwort Magnetismus bin ich hier im Hause leider nicht fündig geworden. Aber ich sage mir tröstend: Die Bibliothek befindet sich noch im Stadium des Aufbaus und noch nicht des Ausbaus; die Lücke im Bestand wird hoffentlich bald geschlossen.

Ich weiche fürs erste aus in das Gebiet der Mineralogie; mit Sicherheit ist die Terminologie hier nicht weniger sperrig als in der Magnetkunde – zum Exempel greife ich auf Fachbegriffe meines Entwurfs zurück, in dem ich Vater und Sohn fachsimpeln ließ über Mineralogie, über Kristallbildungen. Wenn ein Lehrgedicht (gleichgültig, ob in Hexametern oder in einem anderen Versmaß) nicht nur im Allgemeinen, damit wohl auch Vagen bleiben will, muß es auch spröde Fachbegriffe ›schlucken‹, ohne aus dem Versmaß zu fallen – ist das möglich? Einige Kostproben: Symmetriezentrum … Symmetrieachse … Spiegel-Ebene … Einlagerungen … Einschlüsse … Aggregat … prismatischer Habitus … verzerrter Pyramidenwürfel … Und warzige Kristalle und dunkelviolette Schlackenkruste und vulkanischer Auswürfling und spindelförmiger Kristall mit Querrissen …

Kein Lehrgedicht, das Naturphänomene genau beschreiben will, kommt an solchen Fachbegriffen vorbei. Aber sie zerstören jedes Versmaß.

Ich setze neu an, stelle die Frage als Botanikerin. Wörter

wie »Achsel« und »Ranke« fügten sich problemlos in ein Versmaß, auch ein »Rankenarm« würde sich leicht in ein Metrum winden, aber wohin, metrisch, mit »generativen Stützsprossen«? Wiederum: »blühreif der Trieb« – das schwingt! Blühreif der Trieb … Und »Rankensproß, Blütensproß« – geht ebenfalls noch … Aber bei einem »Blütentragblatt« krümmen sich Formulierungsranken wohl schon bei ihren Suchbewegungen ein, rollen sich schraubig, und an einem »Vegetationsscheitel« und erst recht an einem »Seitensprossenvegetationspunkt« endet mit Sicherheit jede Dichtkunst!

Wolf! Pitti! Wolf!« Ich sprang auf, trat ans Fenster: am Törchen stand mein Bruder, zurück aus Stettin. »Komm doch rein!« Doch er wollte auch diesmal nicht über die Schwelle des Gartens, wollte schon gar nicht die Schwelle des Hauses überschreiten, wollte auf dem Weg auf mich warten.

Dort erklärte er mir, nach brüderlicher Umarmung, daß er nach wie vor dieses Haus nicht betreten wolle, »da ist Großvater einfach zu viel geglückt!« All diese Naturgedichte, die er dort somnambul verfaßt hatte … All diese Theaterdialoge, die sich dort entwickelt hatten … All diese Projekte, die dort ausgereift waren … Wenn ihm das alles im Haus auf den Leib rücken würde, könnte ihn das nur krank machen – wenn er das nicht längst schon wäre. Und er zitiert wieder einmal seinen Standardsatz: »Er war ein Hüne, ich bin ein Hühnchen.«*

Leises Auflachen der beiden beschädigten Enkel, die soeben die Ilm überquerten, ohne das dunkle Fließen zu beachten – ich war den Hangweg schon oft gegangen, und er war mit seinen Gedanken noch in Stettin. Erwähnung der Erleichterung und Beschleunigung des Reisens durch die

Eisenbahn … Mitteilungen über das Echo des Krieges dort im Norden – sogar der alte Loewe sprach vom Kampf um die Düppeler Schanzen …

Das Haus, das einmal mit einem etwas verkommenen Collegiumsbau oder Priesterseminar verglichen wurde … Die knarrenden Treppenstufen, der schwingende Boden … Vom Gelben Saal aus ging ich nach links, und Walter schwenkte nach rechts, wir öffneten die Türen. Nun wurden wieder die Durchblicke möglich. Am Ende der Zimmerflucht, gleichsam als perspektivischer Fluchtpunkt, das Sofa unter dem Gemälde des Herzogs von Urbino, das Sofa, auf dem Goethe gesessen haben dürfte, mittig, und Besucher rechts und links von ihm auf Sesseln. Auf wie vielen Sitzen insgesamt mochte er Platz genommen haben? Wenn auf jeder solcher Sitzflächen ein Täfelchen abgelegt würde: HIER SASS GOETHE – wie viele könnten das sein? Wo es doch kaum ein Haus gibt, weit und breit, in dem er nicht irgendwann einmal gewesen war. Dafür allerdings war er nie in einer der Weltstädte, und den äußersten Punkt westlich und den äußersten Punkt östlich hat er nur auf Feldzügen erreicht. Dafür ist er aber in der Schweiz, in Italien viel herumgekommen.

Doch jetzt erst einmal: alle Lichter angezündet! Wein und Gläser geholt! Sprechen, rufen! Etwas von der eigenen, nur geringen Lebensenergie dem toten Haus einhauchen!

Am schlimmsten sei es, sagte Walter, wenn er allein nach Weimar komme. Ihm fällt dann stets ein Satz aus dem Bericht eines Russen ein, der sich im Weimar nach Goethe wie in einer pompejischen Gräberstraße fühlte: »Nur Grabmäler und die verödeten Häuser großer Männer!« Also auch das verödete Haus am Frauenplan. Und er steht mit seiner Laterne im Hof, leuchtet hinauf zu den Fenstern von Großmutters Zimmern, und es regt sich nichts im ersten Stock, regt sich erst recht nichts in der Mansarde – das Haus erscheint ihm dann auf skandalöse Weise tot. Ein Bekannter hat ihm wohlmeinend vorgeschlagen, in solch einer Situation zu Goethes Büchern zu greifen, das leere Haus mit seinen Gestalten zu bevölkern, allen voran Faust und gleich hinterher Mephisto, in größerem Abstand Gretchen und Marthe und Wilhelm Meister und Mignon und der Harfner und Werther und Clavigo und Tasso und Iphigenie in bunter Folge – aber zur Goethe-Lektüre ist er in diesem Haus schon gar nicht fähig, da käme er sich vor all diesen Figuren nur wieder so klein vor, wie er das in der Tat ja ist, käme sich so häßlich vor, wie das etliche Herrschaften hervorheben ...

Statt meines Widerspruchs ein Trinkspruch. Der noch kühle Rotwein ... Hufschlag auf dem Kopfsteinpflaster, Wagenräder mit Eisenreifen – scharfrandiges Geräusch ... In der Decke über uns Mäusetrippeln ... Leises Knacken im Holzwerk ... Ich stellte die Frage, wie es in Stettin war.

Der wieder einmal sehr herzliche, ja überschwengliche Empfang durch den alten Carl Loewe: »Mein Walterchen, mein liebes Walterchen!« Viel Essen und Trinken – der Balladenmeister hat einen gesunden Appetit. Aber dann, am späten Abend, Walters Verstimmung. Denn, merkwürdig: der alte Herr fragte nach neuen Kompositionen, obwohl er wußte, daß er der Musik abgeschworen hatte, zumindest dem Komponieren. Aber das könnte sich ja, so meinte er, geändert haben. Also die höfliche Frage und die keineswegs überraschende Antwort. Loewe aber setzte nach: Warum nicht einen neuen Anfang wagen? Es hätten sich in der langen Karenzzeit doch wohl einige Energien angesammelt für das kräftezehrende Komponieren, hätten sich eventuell sogar schon Themen, musikalische Motive eingestellt, für einen neuen Versuch sei es wahrhaftig nicht zu spät, mit seinen 49 Jahren könnte er die musikalische Welt durchaus noch mit einem neuen Werk überraschen. Die Wiederkehr des Walter Wolfgang von Goethe …! Der fünfzigste Geburtstag als Schwelle zu einem neuen Leben …!

Dies alles, rief Walter, in Erregung geratend, dies alles kam ihm verflucht bekannt vor – hatte Mutter Ottilie wieder einmal Fäden gesponnen und gezogen? Das sagte er Loewe auf den Kopf zu: Meine Mutter hat dir geschrieben! Und es stimmte. Ottilie wußte schließlich, wann und wohin er von Weimar aus weiterreiste, und so hatte sie einen Brief nach Norddeutschland vorausgeschickt mit der Bitte, gleichfalls auf den Herrn Sohn einzuwirken, in ihrem Sinne. Sie will einfach nicht zur Kenntnis nehmen, daß er keine Lust mehr hat, liniertes Papier mit Noten zu bedecken – und schon gar nicht mit den vielen, vielen Noten einer Oper! Hat man jemals überlegt oder gar ausgerechnet, wie viele Noten für eine größere Oper geschrieben werden müssen? Notenhals um Notenhals, Notenkopf um Notenkopf. Bei Liedern geht es ja noch. Vielleicht wird er zum Schluß noch mal ein paar Lieder komponieren: Drei müde Gesänge für männliche Singstimme und Klavier … Oder: Schwanengesänge, die würden noch eher zu ihm passen, und hier wäre auch der Titel attraktiver. Schwanengesänge, ein Liederzyklus von Walterundsoweiter von Goethe.

Aber, wendete ich vorsichtig ein, bei solch einem Liederzyklus der Müdigkeit, bei solch einem Abgesang wäre das Nachlassen der Motivation, wäre das Abbrechen wahrscheinlich schon vorgegeben. Was er bräuchte, sei etwas rundum Überzeugendes, damit Stimulierendes. Vielleicht, sagte ich behutsam überleitend, sähe für ihn alles anders aus, wenn er ein erstklassiges, hochkarätiges Libretto zur Verfügung hätte. Das war doch immer schon sein Problem, das scheint ein Problem auch für andere Komponisten zu sein: das Fehlen von geeigneten Libretti. Nach einigen überleitenden, zugleich besänftigenden Bemerkungen mein neuer Vorschlag: ein gediegenes Stück aus der Blütezeit der italienischen Literatur der Renaissance, Torquato Tassos AMINTA. Ich hätte kürzlich noch mal in diese »Favola boschereccia« reingeschaut – gewiß, da sind unter dem Standpunkt der Vertonung viele Weitschweifigkeiten, vor allem der Prolog, der Epilog, aber das könnte man für ein Libretto alles streichen. »Man« hieße in diesem Fall: das müßte nicht Walter ausführen, das würde ich selbst übernehmen, und er könnte alle Kraft auf die Kom –

Da sprang Walter auf, das Gesicht jäh gerötet: »Sag jetzt bitte nicht auch noch, ich wär schon 49, aber zum fünfzigsten soll ich gefälligst – jetzt schickt sie dich auch schon vor! Den eigenen Bruder!«

Er eilte aus dem Zimmer, vor sich hin schreiend, rannte ins Treppenhaus, hielt ein am Ansatz der Wendeltreppe, brüllte mich an in neuem Zorn auf die Mutter, und ich schrie zurück, daß dieser Vorschlag von mir komme, allein von mir, doch er hielt das für eine feige Ausrede, rannte ins Vorzimmer, blieb zwischen den beiden Hoffenstern stehen. Gemeinsames Keuchen im beinah finsteren Raum mit den Sammlungsschränken, den Mineralienschränken. Und ich wiederholte, daß Mutter Ottilie mir in dieser Sache kein Wort geschrieben hätte, daß ich mich sowieso nicht vorschicken ließe, es sei ein Vorschlag, der sich aus meiner gegenwärtigen Arbeit ergeben hätte, von selbst, ganz von selbst – »ich schwöre!«

Da kam Walter auf mich zu, umarmte mich, preßte die Stirn ans linke Schlüsselbein, bat mich um Verzeihung. Wir hatten früher so schön gemeinsam musiziert, waren gemeinsam gereist, hatten zuweilen wochenlang zusammengelebt in eitler Harmonie – das alles darf nicht rückwirkend zerstört werden …

Wir standen nun mitten im Vorzimmer, und so war die Türe zum Arbeitszimmer in Reichweite. Ich öffnete sie. Es war uns beiden klar, daß es für uns jetzt nur ein einziges Objekt geben konnte: den Tisch mit seinen drei Schubladen, den Goethe für uns hatte hereinstellen lassen. Vor dem blieben wir stehen, noch immer rasch atmend. In den beiden Fenstern zur Linken Abendlicht. »Weißt du noch ...?« Der große Meister diktiert wieder einmal Briefe, dabei stört ein Enkelkind nicht, dabei stören sogar zwei Enkelkinder nicht weiter, wir sitzen an diesem Kinderschreibtisch, machen Hausaufgaben, und er hat seine Flasche Wein parat stehen, gießt sich schon mal nach zwischen dem einen und anderen Brief, generös läßt er auch uns ein Glas Wein auf den Tisch stellen, trinkt uns wiederholt zu, während er auf und ab geht beim Diktieren, und bei wiederholtem Prosit werden die Kinderchen besäuselt, immer öfter kichern wir vor uns hin, und die Zeilen werden zum Krikelkrakel, schließlich wird die Schularbeit eingestellt: Bübchen haben einen Schwips ...

Kleines Auflachen. Und eine Gedenkminute. Ich zog die Türe hinter uns zu, wir gingen zurück ins Urbinozimmer. Durst nach der Aufregung, der Erregung. Wir leerten die Gläser stehend. Walter bat mich, Platz zu nehmen auf einem der Sessel. »Ich brauche das Sofa jetzt dringend für mich allein.« Und er machte es sich bequem, legte auf dem kurzen Empiresofa die Beine hoch. Er muß sein kleines Deputat an Lebenskraft möglichst gleichmäßig verteilen auf die Lebenszeit, die ihm zugemessen ist, und das wahrscheinlich knapp: »Solch ein Exzeß wie eben, der verzehrt Energie für Tage ...«

Wieder Stille im Haus. Mäusetrippeln, Holzknacken. Walter entschuldigte sich für sein Aufbrausen, für den Anfall – ich hätte da, aus Versehen, eine äußerst empfindliche Stelle berührt …! »Mein Mentor ist ja leider nicht der einzige, an den Otie sich wendet – sie hat sogar dem Schuchardt geschrieben! Erst kürzlich hat er das erwähnt – der Brief liegt zwar drei Jahre zurück, aber trotzdem! Ich wag mich sowieso kaum unter Menschen, aber so was erschwert alles noch zusätzlich. Einer wie der andre wird eingesetzt, um auf mich einzuwirken: dem Leben ›noch eine andere Gestalt geben‹*. Immer die gleichen Stichworte! Walter als Musiker: sehr gut; Walter als Hofmann: nicht so gut. Wolf als Dichter: sehr gut; Wolf als Diplomat: ganz hübsch, aber nicht, was ihm entspricht. Ich bin nun leider der ganz ›wunde Punkt‹ in ihrem Leben, bei dir hegt sie noch minimale Hoffnungen: ›Wolf sucht immer einen Ausweg noch‹*. Da capo e da capo: Wir sollen nicht so auf unsern ›Stammbaum‹ fixiert sein, das scheint ihr ›kleinlich‹*, wir sollen Selbstvertrauen entwickeln, Kraft und Mut, wir sollen Werke schaffen und Familien gründen … Ist im Prinzip ja alles richtig, aber ich kann es nicht mehr hören, nicht mehr ertragen, dieses: ›Ich bin durchaus nicht mit Dir einverstanden, lieber Walter …‹* So geht das nicht, so will ich das nicht mehr haben, und ich schätze, du empfindest das genauso.«

»Einerseits ja … zum Teil … Aber manchmal, weißt du, in einsamen Abendstunden, in denen ich bloß die Ilm rauschen höre, da würde ich lieber mit ihren Ermahnungen und Ermunterungen konfrontiert als mit solchem Schweigen, solcher Stille. Mir wird in solchen Stunden wieder bewußt, ›daß ich keinen Menschen auf der Welt habe, der mich so liebt‹*. Wenn sie vor mir sterben sollte, ›kann ich gleich einpacken‹*. Ich kann ohne sie nicht leben.«

»Und die Frau mit dem klangvollen Namen?«

Vor seiner Rückreise nach Wien werde ich meinem Bruder einen Vorschlag machen: er soll einige von Goethes Gesteinsproben mitnehmen und Alma Sedina aufs Grab legen. Die hinterlassene Mineraliensammlung ist ohnehin viel zu groß: Gesteinsproben zu Tausenden im Haus am Frauenplan, Gesteinsproben zu Tausenden im Gartenpavillon, Gesteinsproben zu Hunderten hier im Hause. Laut Beschriftungen (wohl durch Diener Stadelmann) lagern hier vor allem Gesteinsproben aus dem Bergwerk Ilmenau. Bezeichnungen, die ich buchstabieren muß, mit der Lesebrille: Psilomelan und Pyrolusit. Mehrere Gesteinsproben übrigens auch mit der Bezeichnung »Goethit«, nebeneinander in einer Schubladenreihe: sogenannte Nadeleisenerze.

Ich habe eine erste Kollektion von Mineralien bereits auf der Fensterbank des »Erdsälchens« aufgereiht: Goethit mit Quarz in einer Druse ... Bergkristall mit eingewachsenem Goethit ... Insgesamt großer Anteil an Schwarz: zwar passend für Grabschmuck, aber unsere Schwester war alles andere als eine düstere Erscheinung, also hätte die Dekoration einige Aufhellung verdient. Auch hierzu habe ich schon vorgruppiert: ein himbeerroter Turmalin ... eine Amethyst-Mandel ... eine Eisenglanzrosette ... Steine, jahrmillionenlang im Finstern, dann herausgebrochen, herausgelöst und ans Licht geholt, die Kristallbildungen leuchten auf, doch sie kommen wieder in lichtlose Schubladen, und ich frage mich, wozu sich all diese lichtstarke Materie entwickelt hat, im Finstern – als würden Tiefseefische in schönsten Farben blühen! Nun also: Kristallisationen, für Alma erneut ans Licht gebracht!

Leider ist das italienische Grabmonument für Alma Sedina noch immer nicht nach Wien transportiert, sonst ließen sich die Steine auf die Oberkante des Grabmals legen, wie auf jüdischen Friedhöfen. Zwischenzeitlich müssen die

Steine dann eben im Kreis gelegt werden, dunkle Ilmenauer Steine im Wechsel mit hellen Gesteinsproben. Und auf das Nachbargrab der kleinen Halbschwester, der Anna, ein eisenhaltiger Meteorit: kinderfaustgroßer Bote aus dem Weltall.

*H*eute muß es sich ausgeregnet haben, sage ich mir, bevor ich die Augen öffne, heute muß die Wolkendecke endlich ausgewrungen sein, heute kann nicht weiteres Regenwasser nachgeschüttet werden! Aufstehen, hinausschauen: weiterhin werden Wolken herangetrieben, die sich als Regenwolken erweisen, fortgesetzt das Nieseln oder das Tröpfeln oder das Tropfen oder das Pladdern oder das Prasseln. Und die Lebensgeister, die Lichtgeister im Kopf, sie kommen nicht so recht auf die Beinchen, sie haben geschwollene Fußgelenke, haben Wasserbäuche, Wasserköpfe, und die schwellen auch noch an. Verwässerte Lebensgeister, ausgewaschene Lebensgeister; blakende Lichtlein, zischende Flämmchen in sickernassen Hirnschrunden, in Hirnfurchen, die unter Wasser stehen. Verwandlungen der Licht- und Lebensgeister in Tränenlurche, Grottenolme, und die platschen durchs Wasser, das sich im Hirn niederschlägt. Drum bleibe ich erst mal im Bett: akuter Anfall von Regenschwermut.

*M*itten im Regen, so schreibt Goethe, mitten im Regen, der sich unmittelbar nach der Kanonade von Valmy fortsetzte, mitten im Regen, in dem man vorerst unentschlossen und untätig verharrte, »mitten im Regen ermangelten wir sogar des Wassers, und einige Teiche waren schon durch eingesunkene Pferde verunreinigt; das alles zusammen bildete den schrecklichsten Zustand. Ich wußte nicht, was es heißen sollte, als ich meinen treuen Zögling, Diener und Gefährten Paul Götze von dem Leder des Reisewagens das zusammengeflossene Regenwasser sehr emsig schöpfen sah; er bekannte, daß es zur Schokolade bestimmt sei, davon er glücklicherweise einen Vorrat mitgebracht hatte; ja, was mehr ist, ich habe aus den Fußtapfen der Pferde schöpfen sehen, um einen unerträglichen Durst zu stillen.«

Etwa eine Druckseite weiter: »An den Stellen, wo die Kanonade hingewirkt, erblickte man großen Jammer: die Menschen lagen unbegraben, und die schwer verwundeten Tiere konnten nicht ersterben. Ich sah ein Pferd, das sich in seinen eigenen, aus dem verwundeten Leibe herausgefallenen Eingeweiden mit den Vorderfüßen verfangen hatte und so unselig dahin hinkte.«

Und jetzt frage ich mich: Welcher deutsche Schriftsteller jener Zeit hat sich in der Beschreibung des Grauenvollen so weit vorgewagt wie Goethe?

*M*ein belesener Bruder konnte mir Ergänzendes berichten über Erfahrungen des E. T. A. Hoffmann, von dem er so viel gelesen haben dürfte wie ich von Balzac. Ich fasse Walters Bericht zusammen.

Als Hoffmanns Position in Bamberg unhaltbar, die wirtschaftliche Lage untragbar wurde, zog er nach Leipzig und Dresden, wurde, siebenunddreißigjährig, Musikdirektor der Operntruppe Joseph Secondas. Er probte als erstes Glucks IPHIGENIE IN TAURIS. Zu dieser Zeit näherten sich Österreicher und Russen der von den Franzosen besetzten Stadt. Drei Tage nach der ersten Aufführung der Oper, Ende August 1813, begann der Kampf um Dresden. Hoffmann, der eine halbe Fußstunde vor der Stadt wohnte, suchte sich ein

Stadtquartier. Das hieß nicht, daß er sich in einen Winkel verkroch – er verließ bei einem der Scharmützel das offene Stadttor (der Name ist mir im Moment entfallen), näherte sich der Schützenlinie der Franzosen bis auf dreißig Schritt, beobachtete, wie sie Kosaken beschoß, die dreihundert Schritt weiter vorbeiritten, offensichtlich kaum behindert oder beeindruckt vom Gewehrfeuer, einer der Kosaken stieg sogar ab, zog in aller Ruhe den Sattelgurt enger. Dann allerdings brachen russische Infanteristen aus einer Dekkung hervor, Artillerie wurde eingesetzt, Kanonenkugeln schlugen auch in Hoffmanns Nähe ein, er rannte zum Stadttor zurück.

Am nächsten Morgen, von Kanonendröhnen geweckt, beobachtete er mit einem Fernglas, wie österreichische und russische Truppen auf die Stadt zumarschierten, wie sich die Franzosen in die Schanzwerke zurückzogen, wie aus der Stellung schwere Artillerie schoß. Und er eilte zur Brühlschen Terrasse, als er hörte, Napoleon sei dort, er sah ihn auf einem kleinen falben Pferd, hörte ihn kommandieren, sah ihn wieder wegreiten. Die immer massivere Beschießung der Stadt. Hoffmann saß, bei einem Glas Wein, am Fenster, mußte dies ansehen: einem westfälischen Soldaten an einer Brunnenpumpe wurde der Kopf von einer Kanonenkugel zerschmettert, einem Bürger riß es die Bauchdecke auf, Gedärm quoll heraus, er versuchte, vom Platz wegzukommen, brach zusammen. Die Hausbewohner zogen sich unter die Treppe zurück, verängstigt, Hoffmann besorgte Getränke, alkoholische, das Grüppchen wurde munter.

Die Russen und Österreicher wurden von den Franzosen zurückgeschlagen, Hoffmann besichtigte das Schlachtfeld vor der Stadt, schaute zu, wie gefallene Franzosen ausgezogen und zu jeweils zwanzig, dreißig in Gruben »verscharrt« wurden; die russischen Gefallenen wurden zu dieser Zeit noch nicht beerdigt, so sah er die oft zerfetzten Leichen herumliegen und Kriegsgerät in »wilder Unordnung«. Einem Russen, der seit drei Tagen mit zerschossenen Beinen auf dem Schlachtfeld lag, gab er Wasser.

Hoffmann also stellte sich dieser Realität. Was er früher nur in Träumen gesehen hatte, so betonte er in einem Briefbericht, das erfüllte sich nun auf fürchterliche Weise: er sah verstümmelte, zerrissene Menschen.

Und Walter berichtete mir von Hoffmanns Flugschrift DIE VISION AUF DEM SCHLACHTFELDE BEI DRESDEN: deutliche Abstrich von der Realität! Zwar werden blutige Leichen erwähnt, auch »Gewinsel des Schmerzes« und »dumpfes Röcheln des Todeskampfes«, aber eben nur: dies wird erwähnt, fast ohne Details. Und Hoffmann entwirft eine Vision: eine Rauchsäule mit der Stimme des Tyrannen, und ein Drache, der die Tyrannensäule besiegt, Rede und Gegenrede – hier wird kräftig mythologisiert.

Franzosen und Russen (»Kosaken«) 1813 vor Dresden, Franzosen und Russen (»Kosaken«) bei Leipzig, Franzosen und Russen (»Kosaken«) auch bei Weimar, in Weimar: Kämpfe zwischen Russen und Franzosen – sie müssen sich schließlich nach Erfurt zurückziehen. Die Russen, eigentlich Verbündete der Preußen und der Österreicher, sie wüten in Weimar. Humboldt: »Die Verheerungen der Kosaken, die wirklich arg sind.« Auch im Haus am Frauenplan wieder Einquartierung: ein russischer General mit zwei Adjutanten. Danach der österreichische Feldzeugmeister Graf Colloredo; der lädt jeweils zwei Dutzend Gäste ein zu seinen Mahlzeiten, und das tagelang, auf Kosten des Hauses. Goethe: »Hier haben wir den größten Teil der österreichischen, russischen und preußischen Herren gehabt, ich begreife kaum, wie man sie hat ernähren können.« Die Einquartierten gehören zu den Belagerungstruppen von Erfurt. Nach dem Sieg dort ziehen die Alliierten weiter westwärts; das zweite preußische Armeekorps hinterläßt in Weimar ein Hauptlazarett. Goethe: »Ihr Nachlaß besteht aus Lazaretten, die uns vollends herabbringen.« Etwa eintausendzweihundert verwundete und kranke Soldaten in Weimar – Ruhr und Typhus. Ansteckungen: knapp ein Zehntel der Bevölkerung wird krank. Der Schriftsteller Falk: »Der Schrecken, die Angst vor Ansteckung bemächtigte sich so der menschlichen Gemüter, daß eine allgemeine Niedergeschlagenheit herrschend wurde. Täglich ging eine Räucherung von weißem Pech, frühmorgens und abends spät, durch die Stadt; aber der Totenkorb und der Leichenwagen ließen sich durch keinen Rauch irre machen.« Bilder, die an frühere Pestzeiten erinnern. Zum zweiten Mal während Goethes Lebenszeit: der Krieg kommt nach Weimar.

*D*ies verbietet die Kapitel-Nachbarschaft: detailliert zu berichten, wie Angelica Bellonata Facius wieder ins Gartenhaus kam, die Arbeit an der Portraitbüste fortsetzte. Ich komme hier gleich zum Thema, dem ich nicht mehr ausweichen konnte: Wie weit, in welcher Weise läßt sich auf Gemälden oder Graphiken eigentlich Krieg darstellen – sofern man nicht mythisiert oder glorifiziert? Nicht nur historische Stichworte zu dieser Frage: ein Jahr vor meiner Zeit im Gartenhaus der Krieg in Böhmen, drei Jahre zuvor der Krieg in Schleswig.

Während ich wieder einmal Modell saß, berichtete ich Angelica von einem neuen Monumentalbild des Wilhelm Camphausen: »Die Erstürmung der Schanze II durch das Brandenburgische Füsilier-Regiment Nr. 35«. Ich sah es ausgestellt in Berlin, im Uhrsaal des königlichen Akademiegebäudes. Gemalt ist ein überaus personenreiches Geschehen, die Namen sind hilfreich auf den Rahmen gepinselt, ich habe sie allesamt wieder vergessen, offenbar ist mein patriotischer Sinn nur gering entwickelt. Also vage: ein Leutnant X. läßt sich von einem dänischen Offizier Y. den Säbel überreichen, der Mann ist sichtlich in die Enge getrieben, wird von einem weiteren preußischen Offizier, Z., argwöhnisch beobachtet, denn auch ein in die Enge getriebener Feind kann ausfällig werden, aber das, so sieht man es dem Leutnant X. deutlich genug ins Gesicht geschrieben, das wird er verhindern, mit der Waffe in der Hand. Wehrhafte, siegreiche Preußen. Das zeigt sich auch im Randgeschehen dieser zentral gesetzten Szene. Eine Vorstellung vom Ausmaß der Folgen für die Besiegten kann von diesem meterlangen Gemälde allerdings nicht vermittelt werden. Wie weit wäre das möglich?

Ich frage danach mit Blick auf Goethe, selbstverständlich: Könnte er gezeichnet haben, was er beim Schreiben ausgelassen, ausgespart hat? Immerhin sind mindestens zweitausend Zeichnungen von ihm überliefert, da könnte eine Skizze, und sei sie noch so grob, denkbar sein mit einem kranken oder sterbenden oder toten Soldaten.

Soweit sie von ihrem Vater gehört hat, dem ja nun einige Portefeuilles vorgelegt wurden, von Goethe persönlich, der seine Bilder übrigens sehr gern zeigte – nach allem, was ihr Vater berichtet hat, ist Goethe mit seinen Zeichnungen im Kanon dessen geblieben, was man als zeichenwürdig angesehen hatte. Nicht das sogenannte Naturwirkliche, sondern das sogenannte Kunstschöne. Leuchtende Nachtwolke über Gartenhaus … Schloßfassade mit Bäumen … Gartenhaus von der Rückseite … Rheinfall von Schaffhausen … Sternbrücke mit Burgmühle … Granitfels auf dem Ochsenkopf im

Fichtelgebirge … Nachtstück bei Vollmondbeleuchtung … Morgensonne am Gartenzaun …

Und doch – ich würde diese Frage nicht stellen, hätte mir nicht Schuchardt eine Skizze respektive Vorskizze gezeigt aus der Zeit des »Feldlagers« in Schlesien. Bei einer Exkursion zum Bergwerk von Tarnowitz hatte Goethe zwei Dampfmaschinen besichtigt, damals noch »Feuermaschinen« genannt; sie trieben Pumpen an zur Entwässerung von Stollen – ein Problem auch im Bergwerk Ilmenau … Wohl deshalb diese – allerdings sehr flüchtige – Skizze der Dampfmaschine. Goethe zeichnet eine Dampfmaschine – so etwas liegt nicht eben im Erwartungsschema. Und ich sage mir: wenn er schon eine Dampfmaschine skizziert, so wäre eigentlich auch denkbar, daß er ein Kriegsgerät zeichnet, beispielsweise eine Kanone. Und wenn er eine Kanone zeichnet, so könnte er eventuell auch einen dahingestreckten Soldaten zeichnen oder skizzieren. Es geht hier nicht um Kunst, es geht allein um Inhalt. Er wollte mit seinen Zeichnungen oft nur etwas festhalten, um es weiterzugeben, mitzuteilen oder um sich besser erinnern zu können. Das Zeichnen hat er als seine Privatangelegenheit betrachtet; nicht einmal hier in Weimar, in der von ihm gegründeten Zeichenschule, hatte er je eine Ausstellung eigener Bilder arrangiert. Es könnte also eine, wie es heißt: kunstlose Zeichnung sein, mitgebracht von einer seiner drei militärischen Exkursionen.

Ob ich da nicht übertriebene Erwartungen hätte? Einem Mann, der so sehr viel geleistet hat, nun auch dies abzuverlangen, nachträglich? Wie halten wir es denn mit solchen Herausforderungen und Zumutungen? Ihr Vater zeigte ihr mal eins seiner Skizzenbücher, aus der Zeit der Befreiungskriege, und was hat er gezeichnet? Einen skurril gewachsenen Weidenstamm … Enten auf einem Dorfteich … Ein Kirchenportal …

»Aber es gibt doch Zeichner, die nicht ins ›Kunstschöne‹ ausweichen …«

»Das sind aber nur sehr wenige, und die bilden auch stets die Spitze der Entwicklung, gehören nicht zu ihrem Troß, zu dem, pardon, auch Goethe gehörte – er war ja als Zeichner wahrhaftig nicht stil- oder schulbildend.« In ihrer Berliner Zeit hat sie Adolf Menzel kennengelernt, wenn auch nur kurz, sie hat Ausstellungen von ihm gesehen – für den gibt es nichts, das nicht malbar wäre. Von Menzel wurde ihr berichtet, er sei kurz nach dem vergangenen Krieg nach Königgrätz gefahren, um in Feldlazaretten und Leichenhäusern zu zeichnen. »Graus, Jammer und Stank«, er hat sich da »nichts erspart« – so soll er gesagt haben. Seine Zeichnungen von todkranken, sterbenden oder toten Soldaten dürften freilich nur für den eigenen Gebrauch sein, die werden möglicherweise nie ausgestellt. Nach diesen Studien soll sich bei Menzel Resignation eingestellt haben: »Muß denn der Greuel gemalt werden?« Also wahrhaftig keine Selbstverständlichkeit! Wer weiß, wenn er wie Goethe wochenlang durch Matsch und Schlamm geritten und gefahren wäre, vielleicht hätte er dann auch nicht mehr die Kraft aufgebracht, nackte Leichen im Ackerschlamm zu zeichnen.

»Kriegsbilder demnach nur als Notate? Nicht als Graphiken, als Gemälde, die auch ausgestellt werden?«

»Doch, das schon. Es gibt ein Aquarell von Turner, gemalt noch vor den Jahren, in denen dein Goethe den Feldzugsbericht diktierte: DAS SCHLACHTFELD VON WATERLOO.« Nur Leichen, Leichen, Leichen, dicht an dicht, überhaupt nicht dekorativ arrangiert, kein anklagend hochgereckter Arm, überhaupt keine Theatralik, nur niedergemetzelte Körper. Ebenfalls vor Goethes Arbeit am Feldzugsbericht gemalt, in Öl auf Leinwand: die schockierenden Bilder von Géricault. Der abgetrennte Frauenkopf und der abgetrennte

Männerkopf nebeneinander auf einem Laken, der Kopf der Frau mit geschlossenen Augen, geschlossenem Mund, wie schlafend, der Mund des Geköpften noch aufgerissen, die Augen geweitet. Und ABGEHAUENE MENSCHENGLIEDER – Géricault studierte so etwas in Anatomischen Instituten: verschiedene Phasen des Verfalls. Sie kennt diese Bilder nur als Wiedergaben in verkleinertem Format, aber: der Fausthieb in den Magen war da schon stark genug. Und dann erst mal die Kriegsbilder von Goya – die prägen sich nicht nur ein, die ätzen sich ein! Ja, ätzen sich ein wie Säure in Kupferplatten. Drei Leichen, teilweise entblößt, in chaotisches Balkenwerk geschleudert, offenbar nach einer Explosion: VERWÜSTUNGEN DES KRIEGES. Und die Radierung, auf der zwei Soldaten fleddern – dem einen der toten Gegner wird die Hose von den Beinen gezerrt, dem anderen wird das Hemd über den Kopf gezogen ... Und das Bild BEERDIGEN UND SCHWEIGEN: ein halbes Dutzend Leichen, nackt, in hügeliges Gelände geschlenkert, und ein Paar scheint das zu betrachten, wie erstarrt. Auch diese Graphiken vor der Zeit oder um die Zeit, in der Goethe den Feldzugsbericht diktiert hat. »Aber du kannst nicht erwarten, daß er schrieb wie Goethe und zeichnete wie Goya ...«

*N*och ist das Feld nicht geräumt, auf dem Goethe den Satz ausgesprochen hat, ausgesprochen haben möchte, der von allen Sätzen der CAMPAGNE IN FRANKREICH am häufigsten zitiert wird, der Hauptsatz, der Kernsatz: »Von hier und heute geht eine neue Epoche der Weltgeschichte aus, und ihr könnt sagen, ihr seid dabei gewesen.«

Der Enkel ist skeptisch, ob dieser Satz zu jenem Zeitpunkt wirklich ausgesprochen wurde. Falls doch, wie hätte er verstanden werden können im Kreis der Offiziere, die wohl bis zu den Knöcheln im Dreck der verschlammten Provinz standen? Man war niedergeschlagen, deprimiert. Wie zur Bestätigung, wie zur Illustration: tief herabhängende Wolken, düster verhangener Horizont. Und nun solch ein Satz im Kreis der »alten Garnisons- und Kriegskameraden«? Wichtig wäre es, die Reaktion zu erfahren. Beifälliges Murmeln? Unterdrücktes Lachen? Die Malaise, in der man steckte, sie zeigte doch überhaupt keine Perspektiven. Der vorher nur verhöhnte Feind erwies sich als einschüchternd, als abschreckend stark; mit diesen Truppen, mit dieser Artillerie wollte man den Kampf nicht aufnehmen; durch Hunger, Blutruhr, Typhus hatte man schon auf dem Vormarsch Verluste genug; die Zahl der Kranken und Toten konnte auf dem Rückzug nur drastisch wachsen. Und was, wenn die Franzosen im Aire-Tal wieder einen artilleriebestückten Querriegel anlegten?

So standen die Herren des Stabes herum, wußten nicht weiter, alles umsonst, alles vergebens, alles aussichtslos, und nun bitte, Goethe, werde deiner unterhaltenden und aufmunternden Rolle gerecht, sag uns was Schönes, richte uns auf, ein wenig, und sei es durch Erheiterung in dieser finsteren Situation. Und Goethe präsentierte, vielleicht, den janusköpfigen Satz. Da konnten die Herren sich schon denken, wie er gemeint war: Wir haben ein epochales Desaster miterlebt, das eingeschüchterte, ausgehungerte Heer muß sich zurückziehen, eine grandiose Pleite, gestehen wir uns das ein. Der Satz als theatralischer Faltenwurf über feuchten Klamotten?

Oder hat Goethe damit den Sieg der Revolution eingestanden, einen historischen Sieg? Von nun an wird sich nicht mehr aufhalten lassen, was sich in Frankreich entwickelt?

So wird man diesen Satz in Frankreich verstehen, so wird man ihn womöglich einmal in Bronzelettern auf Marmor zu lesen bekommen. »Champ de bataille du 20 7bre 1792. De ce lieux et de ce jour date une nouvelle époche dans l'histoire du monde.« Und sicherlich auch gediegen Lateinisches: »Gallia exteris liberata«, Frankreich befreit von den Fremden, den Invasoren, sie wurden aus dem Land vertrieben, es lebe die Revolution, es lebe die Republik!

Aber ich vermute, nein, ich bin fast sicher, daß Goethe diesen Satz später, viel später entwickelt hat, womöglich erst während der Arbeit am Feldzugsbericht. Eine kleine Nachbesserung, eine gelinde Fälschung? Literarische Konterbande feinster Machart? Hätte er diesen bedeutungsvollen oder bedeutsam klingenden Satz tatsächlich in der Runde ausgesprochen, er wäre mit Sicherheit in einem der Tagebücher oder der vielen Briefe jener Zeit wiedergegeben worden, und sei es entstellt. Aber in keinem (bisher erreichbaren) Dokument ist dieser Satz zitiert. Eherner Satz ohne Echo, und sei es noch so schwach. Also wird er den Satz nach der Kanonade nicht ausgesprochen haben, er wurde maßgeschneidert nachgeliefert. Ein Fall janusköpfiger nachträglicher Prophetie.

Erneutes Schreiben von Gartenhaus zu Gartenhaus, per Bote. Sechste Kollektion von Notizen. Allerdings in bescheidenem Umfang.

Zur allgemeinen Stimmung: Ende September wurde bekannt, was in Pariser Gefängnissen geschehen war. Nicht nur eingesperrte Monarchisten wurden verurteilt und niedergemetzelt, auch Kriminelle, Untersuchungsgefangene. Widerwärtiges Hinschlachten. Nachrichten darüber wie Lauffeuer durch Europa. Erhebliche Dämpfung der Revol.-Begeisterung.

Zusätzlich dämpfend: Einmarsch franz. Truppen im Rheinland. Einführung der Republik (siehe Mainz) mit Waffengewalt. Mit allen üblichen Nebenfolgen: die Besetzung von Land und Stadt. Hohe Abgaben etc. Verhaftungen.

Beispiel für den Stimmungswechsel: Friedrich Gottlieb Klopstock. Seine Begeisterungspoeme zu Beginn der Rev. Dann 1793 Gedicht mit dem Titel »Mein Irrtum«.

Freiheit, Mutter des Heils, nannten sie dich
Nicht selbst da noch, als nun Erobrungskrieg,
Mit dem Bruche des gegebnen
Edlen Wortes, begann?
Ach, des goldenen Traums Wonn' ist dahin,
Mich umschwebt nicht mehr sein Morgenglanz.

Schließlich: die öffentl. Enthauptung, Februar 93, des harmlosen, gutwilligen, wenn auch nicht überaus fähigen Königs Louis. Entsetzen unter Gebildeten: blutiger Ernst!

Und Ende des Beitrags. Folgt noch eine Bitte: Solltest Du meine Begleitnotizen in Buch(entwurf) aufnehmen, dann nicht abgekürzte Wörter ausschreiben und schon gar nicht: unvollständige Sätze komplettieren. Verkürzungen nicht Faulheit, sondern Prinzip. Goethes Syntax erinnert an Bronzeguß – muß nicht nachgeahmt werden, würde hohl klingen. Eigenes Verfahren entwickeln ...!

Abgesehen davon: G. war selbst ein Meister der vorläufigen Darstellung, des Skizzenhaften. Viele seiner Zeichnungen: hingehuscht, hingetuscht, nicht akademisch perfekte Ausführung. Weiterführender Vergleich: selbst wenn mit Ölfarben gearbeitet würde, sollte man einiges nur »anlegen«, wie Maler sagen. Also: mehrere Figuren malen, und ein, zwei Figuren bleiben schemenhaft, geisterhaft, in Umrissen. Akkreditierter Begriff: Nonfinito.

Soweit mein Supplement. Zugleich Lizenz zur freien Verfügung. W.

Lieber Freund in Jena! Animiert, inspiriert durch meinen Bruder, frage ich mich und frage ich Dich, ob es allzu verwegen wäre, das geplante Buch in der Form zu belassen, in der es Dir, in »Lieferungen«, durch Caroline Nees überbracht wird, samt ihren Ergänzungen, Exkursen. Auch das definitive Buch: als Folge von Briefen, nicht nur aus meiner Feder?

Zwei Punkte, die dafür sprächen. Der erste ist subjektiv: ich würde damit an die Form des Büchleins anknüpfen, das vor etwa fünfundzwanzig Jahren im Verlagshaus Frommann erschienen ist. Du erinnerst Dich? Briefe des Studenten ... Ich würde damit als Autor (von mittlerweile drei Büchern) zu meinem Ausgangspunkt zurückkehren, zum Ursprung, und das hat etwas Suggestives, findest Du nicht auch?

Der zweite Punkt, weitaus objektiver: ich würde mich auf diese Weise auch formal dem übergroßen Meister annähern. Er schrieb fiktive Briefe: WERTHER. Er schrieb Briefe aus Italien, vor allem an Frau von Stein, sammelte die Briefe nach der Rückkehr wieder ein, redigierte sie, stellte sie zusammen zur ITALIENISCHEN REISE. Er schrieb Briefe aus der Schweiz, sammelte sie nach der Rückkehr wieder ein, redigierte sie, stellte sie zusammen: BRIEFE AUS DER SCHWEIZ. Wenigstens ein ehrlicher Titel. Die Brieffolge als Form, die für einige seiner Werke charakteristisch ist. In solch eine Form lassen sich auch, ich schrieb das schon mal, Beiträge anderer Autoren einbringen ... Auch ein wichtiger Punkt!

Also, wenn Du mir nach Abschluß Deiner Lektüre das große Plazet erteilen solltest, überarbeite ich diese Brieffolge (nehme dabei vor allem die Angelica-Kapitel heraus) und forme das Ganze um zur Brieferzählung. Wäre das nicht ein guter Untertitel: »Eine Brieferzählung«? Oder soll ich mir etwas anderes ausdenken, unter dem Stichwort »Skizze«?

Und gleich eine Gegenbewegung: von der Skizze zum Genrebild... Denn zuweilen wünsche ich mir, Goethe wäre auch in Abschnitten ausführlicher geworden, die nicht von historischer Bedeutung sind, die uns aber etwas mehr über ihn verraten. Dazu gibt er ein neues Stichwort: wenige Tage nach der Kanonade las er dem Herzog »bis gegen Morgen« aus einem »unterhaltenden französischen Buche vor«, mit »verwegenen frevelhaften Scherzen«. In neuem Ansatz versuche ich, Angedeutetes auszuführen, auszugestalten, auszumalen.

Valmy, immer noch Valmy, und das heißt für Goethe: wieder und weiterhin das Hauptquartier im kleinen Schloß von Hans. Ein Waffenstillstand ist vereinbart; es finden weitere (geheime) Verhandlungen statt im französischen Hauptquartier. Deutsche und französische Vorposten, sie beginnen, sich zu verständigen, ein kleiner Tauschhandel setzt ein. Und man trifft eine besondere Vereinbarung: wenn zum Regen wieder einmal starker Wind kommt, muß der einem nicht mehr ins Gesicht blasen, man kann ihm den Rücken zudrehen ohne Angst vor böser Überraschung.

In diesen Tagen nach der kampflosen Niederlage und vor dem schmählichen Rückmarsch scheint im Hauptquartier zu Hans das Unterhaltungsbedürfnis zu wachsen. Ich entwerfe: in einem der Zimmer des Château treffen sich die Offiziere des preußischen »Regiments Weimar«. Und Goethe ist wieder einmal gefordert in seiner Rolle als Alleinunterhalter, wie er sie selbst bezeugt: während des Feldzugs erzählte er den Herren wiederholt Anekdotisches aus seinem Studentenleben, er gab Rätsel auf, sang mit seiner baritonalen Stimme etwas vor, und nun wird er gleich aufgefordert vorzulesen.

Folgendermaßen könnte das Zwischenspiel beginnen: die Herren versammeln sich in einem Zimmer des französischen Schlosses; Goethe sitzt und liest. Herzog Carl August, meist in riesigen Reitstiefeln, meist von mindestens einem Hund begleitet, tritt auf mit Gefolge, begrüßt seinen Ministerfreund; der setzt die Lektüre fort. Der Herzog, nach einem kurzen Gespräch mit Herren des Stabes, möchte nun wissen, welcher Art Lektüre ihn so bannt. Etwas über Farbenlehre? Über Gesteine? Über Gebeine?

Nein, könnte Goethe aufblickend sagen, es gehe eher um fleischliche Umhüllung von Gebein.

Der Herzog, aufhorchend: »Ah?!« Und Goethe: »Euer Gnaden, es ist ein Buch besonderer Art.« Darauf der Herzog: »Erzähl schon, erzähl doch schon!«

Um die Spannung zu erhöhen, könnte Goethe erklären, solch ein Buch sei bisher nicht Gegenstand der Erörterung gewesen.

»Nun, so machen wir es dazu«, mag der Herzog ausrufen und Platz nehmen. Auch die Herren lassen sich nieder. Weil das Landschloß für so sehr viele Bewohner nicht eingerichtet ist, werden sich zumindest die Ordonanzen auf den Boden hocken müssen. Der Herzog: »Besondere Umstände erlauben besondere Darbietungen; erzähl uns, was du gerade liest; es ist mein spezieller Wunsch. Die Herren sind darüber informiert, daß ich nicht nur meine Militaria-Bibliothek ausbaue, sondern auch die Bibliotheca Aphrodisia – womöglich läßt sie sich nun ergänzen.«

»Durchlaucht, wenn ich Ihren Wunsch erfülle, habe ich möglicherweise den Vorwurf zu befürchten, später, ich sei kurz nach der Kanonade von Valmy bereit gewesen, Leichtfertiges vorzulesen.«

»Wir haben dir schon einige höchst unterhaltsame Darbietungen zu verdanken, also kannst du jetzt auch aus diesem Buch vorlesen. Es ist der Wunsch eines Fürsten!«

Goethe wird sich ›fügen‹. Auf besonderes Verlangen seines Fürsten also lese er vor, was gerade aufgeschlagen sei, eine zufälligerweise pikante Stelle.

Und nun? Bei Mirabeau, zum Beispiel, könnte ich sehr leicht eine Textstelle finden, die in diesen Zusammenhang paßt. Doch wozu solch ein Umweg? Goethe hat in einer Brieferzählung selbst ›Pikantes‹ geschrieben: BRIEFE AUS DER SCHWEIZ. Wenige Jahre nach dem Feldzug verfaßte er sie über eine Reise, die schon länger zurücklag: es war also alles präsent.

»Ein erloschenes Kaminfeuer hatte die Stube durchaus erwärmt. Die Alte wies mir einen Sessel an, dem Bette gegenüber, am Kamin, und entfernte sich. Es währte nicht lange, so kam zu der entgegengesetzten Türe ein großes, herrlich gebildetes, schönes Frauenzimmer heraus, ihre Kleidung unterschied sich nicht von der gewöhnlichen. Sie schien mich nicht zu bemerken, warf ihren schwarzen Mantel ab und setzte sich vor die Toilette. Sie nahm eine große Haube, die ihr Gesicht bedeckt hatte, vom Kopfe, eine schöne regelmäßige Bildung zeigte sich, braune Haare mit vielen und großen Locken rollten auf die Schultern herunter. Sie fing an sich auszukleiden.
Alle Bewegungen folgten so natürlich aufeinander, und doch schienen sie so studiert zu sein. Reizend war sie, indem sie sich entkleidete, schön, herrlich schön, als das letzte Gewand fiel. Sie stand, wie Minerva vor Paris mochte gestanden haben, bescheiden bestieg sie ihr Lager, unbedeckt versuchte sie in verschiedenen Stellungen sich dem Schlafe zu übergeben, endlich schien sie entschlummert. In der anmutigsten Stellung blieb sie eine Weile, ich konnte nur staunen und bewundern. Endlich schien ein leidenschaftlicher Traum sie zu beunruhigen, sie seufzte tief, veränderte heftig die Stellung, stammelte den Namen eines Geliebten und schien ihre Arme gegen ihn auszustrecken. Komm!

rief sie endlich mit vernehmlicher Stimme, komm, mein Freund, in meine Arme, oder ich schlafe wirklich ein. In dem Augenblick ergriff sie die seidne durchnähte Decke, zog sie über sich her, und ein allerliebstes Gesicht sah unter ihr hervor.«

Auf dem Rückzug: eine »Szene am Rande«. Der Wagen des Herzogs von Weimar: das solide, wetterfeste Gehäuse konnte als »Schlafwagen« eingerichtet werden. Nun aber sind alle vier Plätze belegt. Zwischen den Bänken eine große Trommel; Karten werden aufs Fell geklatscht.

Neben dem Herzog eventuell Leibhusar Liseur. Ihm gegenüber Rittmeister Adolf von Kalkreuth und Adjutant Ludwig von Voß. Kleine Rufe begleiten das Spiel. Bei besonders heftigem Schwanken und Stoßen des Wagens flucht der Rittmeister. Der Herzog freilich ist rauhes Fahren gewöhnt: seine kaum gefederte, alte Kalesche in Weimar. Auch in dieser Hinsicht: seine mehrfach bezeugte Vorliebe für das »Unbequeme«, das »Derbe«.

Während des Kartenspiels wird der Herzog seine Pfeife rauchen; also Stickluft im Gehäuse; also ist Goethe nicht mit von der Partie.

Der Rückzug hat begonnen …! Der Herzog an seine mittlerweile dreiundfünfzigjährige Mutter: »Soviel kann ich nur sagen, daß wir eilen mußten, die Champagne zu verlassen, weil wir einsahen, daß an keine Konterrevolution zu denken sei, und wir, von Feinden umgeben, in einem Lande, das uns sehr übel wollte, zumal da wir es tüchtig ausplünderten, uns befänden, wo unsere Kommunikation mit unsern Magazinen, bei den erschrecklich bösen Wetter und Wegen, zu beschwerlich und gefährlich wurde. Eine Bataille zu wagen, war nicht ratsam, da, wenn sie auch gewonnen wurde, sie uns nicht weiter führen konnte, als daß wir eine Menge Kerls totschlugen, die bald wieder ersetzt werden konnten, indessen wir immer, da der Feind in den festesten Posten stand, sehr viele Leute eingebüßt haben würden. Wir haben uns also eilends zurückbegeben … An eine zweite Campagne ist gewiß nicht zu denken.«

Die Marschroute des Rückzugs war in einigen Strecken identisch mit der Route des Einmarschs, und so führte mich die Rückfahrt durch mehrere bereits bekannte Orte. Also Wiederholungen, also geminderte Intensität der Wahrnehmung, also machte ich mir zwischen Valmy und Grandpré und Verdun kaum noch Notizen.

Erst war man östlich der Argonnen nach Norden marschiert, geritten, gefahren, zum Durchlaß bei Grandpré, nun marschierte, ritt und fuhr man westlich der Argonnen nach Norden, zum Durchlaß von Grandpré, der weiten Mulde zwischen Argonnen und Forêt de la Croix-aux-Bois. Trotz des Waffenstillstands blockierten französische Truppen weiterhin die Straße durch den Argonnerwald, erzwangen so den Umweg.

Die Straßen, Sträßchen, Wege waren zwei Wochen zuvor von all den Rädern, Hufen, Füßen in Matsch und Schlamm verwandelt worden; und doch mußte hier wieder gefahren, geritten, marschiert werden. Und beim Einmarsch war der Landstrich kahlgefressen worden von der miserabel versorgten Armee; nun zogen die Truppen und Trupps durch ein bereits weiträumig verheertes Gebiet. Dazu auch noch Angst im Nacken: die Franzosen sperren das Aire-Tal mit massierter Artillerie, das erschöpfte Heer wird im Rücken angegriffen, es ist kein Ausweichen seitwärts möglich in Argonnen und Forêt, also ein Kessel, der befürchtete Kessel, das preußische Heer wird in einer Umfassungsschlacht »aufgerieben«, wie das in der militärischen Fachsprache heißt.

Und was geschah? Die Franzosen überließen das Heer sich selbst und der Erschöpfung und der Demoralisierung und dem Hunger und dem Durst und der Ruhr und dem Typhus. Mit der Zahl der Meilen wuchs die Zahl der Leichen. Aber: kein Niederkartätschen, keine dezimierenden Gewehrsalven, keine Metzelei mit Säbeln und Bajonetten. Wieso nicht? Ein Goethe erfuhr es früher als die Soldaten: die geheimen Verhandlungen waren in Ste-Menehould erfolgreich. Es wurde vereinbart: Die Alliierten räumen die Festungsstädte Longwy und Verdun, dafür wird das Heer auf dem Rückmarsch nicht angegriffen. So wurde der Feind, der anfangs nicht der Rede wert erschienen war, zum Verhandlungspartner, dessen Wort und Ehrenwort man glaubte.

Kampfloser, dennoch verlustreicher Rückzug. Übermäßige Strapazen: man mußte vielfach über aufgeweichte Äcker marschieren, reiten, fahren, und das bei Dauerregen. Schließlich erreichte man Grandpré.

Goethe bezeichnete das Städtchen als »Ort der Pest und des Todes«. Reihenweise das Dahinsterben im Château. Goethe hat diese Schreckensstätte nicht betreten, zog »scheu« vorüber. Höchstens ein Seitenblick in das Torgebäude: die Gewölbebögen der Durchfahrt im langgestreckten Vorbau und auf der Kuppe des Wiesenhangs das düstere Schloß. Hunderte von Schwerkranken? Man konnte nichts mehr für sie tun, konnte sie nicht mehr mitnehmen, Karren und Wagen längst voller Kranker: insgesamt etwa achttausend Kranke.

Bei Grandpré der Tiefpunkt, nun auch für Goethe. »Mehrere befreundete Kriegsgenossen trafen zusammen und traten im Kreise, hinter sich am Zügel die Pferde haltend, um ein Feuer. Sie sagen, dies sei das einzige Mal gewesen, wo ich ein verdrießlich Gesicht gemacht und sie weder durch Ernst gestärkt noch durch Scherz erheitert habe.« Nicht einmal mehr der Ansatzpunkt einer Perspektive. Weit, unvorstellbar weit entfernt die Geliebte und das Kind. Und wer ist Tasso, wer ist Faust? Regen, Matsch, Regen, Schlamm. Kranke, Tote, Sieche, Tote. Junge Männer, die sich vorwärtsschleppen, die mitgeschleppt werden. Gefledderte Leichen als Seitenmarkierungen der weitgefächerten Rückzugsroute.

Es ist nicht überliefert, ist aber vorstellbar, daß Goethe auch mal (wieder) im Wagen des Kammerdieners und Kämmerers Wagner mitfährt. Vor Grandpré mußte er sein Wägelchen verlassen – Götze hatte immerhin vier Pferde requiriert, aber sie waren klein, mager, schwach, konnten das Gefährt im rotgetönten Schlamm der östlichen Champagne kaum ziehen, Goethe mußte aussteigen. Keins der Reitpferde in Sichtweite – waren sie mit eingespannt vor Kanonen? Eine kurze Strecke fuhr er im herzoglichen Küchenwagen mit. Die Hecktüre stand offen, er schwang sich hinauf, ließ die Beine baumeln, las in einem Band eines Physikalischen Lexikons. In einer Ecke des Kastenwagens kauerte oder lag eine Magd, auch sie litt an der ›allgemeinen Krankheit‹. Sechs Pferde zogen den Wagen, sie wurden im roten Brei langsamer, immer langsamer, Goethe vertraute der Magd das Lexikon an, stieg ab, mußte aber nicht marschieren, konnte sich rechtzeitig ein Reitpferd besorgen. Doch Wägelchen, Reitpferd, Küchenwagen sind momentan nicht verfügbar im allgemeinen Chaos, also wird die Möglichkeit dankbar ergriffen, ein Stück bei Wagner mitzufahren.

Die Kriegskasse wohl noch immer auf dem Wagenboden. Und Wagner hat den schwarzen Pudel auf den Oberschenkeln sitzen.

»Darf ich Exzellenz fragen, was Sie tun werden, sobald Sie wieder in Weimar sind? Wovon träumen Euer Gnaden?«

»Ich habe ein ›neckisches Gelübde‹ abgelegt während dieser ›leidigen Kriegsarbeit‹*. Wenn ich all das hinter mir habe, werde ich mich nicht mehr über den neuen Giebel des Nachbarhauses ärgern, weil er mir Sicht nimmt – ich habe jetzt beinah Sehnsucht nach diesem Anblick. Und mein zweites Gelöbnis: Nie mehr werde ich mich über Langeweile im Theater beklagen – vielmehr werde ich Gott dankbar sein, daß ich auch dieses Dach wieder über dem Kopf habe.«

»Das sind bescheidene Wünsche, Euer Gnaden.«

»Ich würde gern einen Ausspruch tun, den Sie bei nächster Gelegenheit in Ihr Tagebuch schreiben könnten. Damit kann ich jetzt aber nicht dienen – zu groß die Bedrängnis, zu stark die Belastung.«

Und Goethe schweigt. Erst nach längerer Zeit stellt er die Frage, wie denn Wagner das altneue Leben beginnen werde.

Zuerst will er nach seinem Mütterchen schauen. Dieses naßkalte Wetter herrscht bestimmt auch in Weimar, und so könnten ihre Gelenkschmerzen noch schlimmer geworden sein. Ja, und er wird den Hofdienst wiederaufnehmen. Er vermutet allerdings, es wird alles genauso sein und bleiben wie zuvor. Die hohen Damen werden ihre Möpse mit sich herumtragen, werden ihre Windspiele mitführen. Und Damen wie Herren werden weiterhin viel, viel Tabak schnupfen, damit man sehen kann, welch kostbare Dosen sie besitzen und wie viele Ringe ihre Finger schmücken. Und die

Damen werden Goldfäden drehen während der Gespräche. Und die hohen Herrschaften werden Blindekuh spielen und Plumpsack. Und es werden wieder Hofkonzerte stattfinden, und auf der Schloßgalerie die interessierten Stadtbewohner, weiterhin Männlein und Weiblein getrennt. Und im Winter wird man Schlittschuh laufen – mit besonders eleganten Bewegungen die grazile Frau von Stein und mit besonders kraftvollen Schwüngen Ihro Durchlaucht. Und eine Holzbude mitten auf dieser Eisfläche im Ilmtal, und es gibt dort dies und jenes, das innerlich aufwärmt. Und es findet wieder Eismummenschanz statt, mit Illuminationen.

*I*m bewährten Goethe-Schema von Stichworten hatte ich die Ortsnamen Grandpré und Sivry zusammengezogen; ich wollte in einem Durchgang berichten über die Etappe Valmy–Verdun. Für diese Stadt dann wiederum ein eigenes Kapitel. Während des Schreibens aber stelle ich fest, daß eine Zäsur notwendig wird zwischen dem Tiefpunkt Grandpré und der Idylle von Sivry: notwendigerweise völlig andere Tonarten. Grandpré: die Verzweiflung, die alle ergriff. Sivry: wie eine Prosa-Version eines der Gesänge von HERMANN UND DOROTHEA.

Sivry: ohne aus dem Wagen zu steigen, schaute ich mir den Kirchplatz an, staunend über die Desolatheit, die dem Dorf unter den zahlreichen desolaten Dörfern der Region einen besonders niederen Rang zuweist. Die kleine Kirche, die Häuser stehen wie verloren herum, bilden keine Konfiguration. Das alles erschien mir sogar bei Sonnenschein schlimm genug; dieses Kaff während einer Hitzewelle oder bei anhaltendem Regen, es muß die Vorhölle sein, sagte ich mir und forderte Jean Arendt auf, gleich weiterzufahren. Auf einer Kuppe ließ ich anhalten. Von außen und von oben gesehen wirkte das Dorf ein wenig akzeptabler zwischen den sanft geschrägten Feldflächen. Kleiner Zwischenimbiß, und die Fahrt wurde fortgesetzt: über Imrecourt nach Landres.

Und hier im Taldorf war beim Vormarsch ein Heereslager aufgeschlagen worden. Auch von Landres waren Soldaten ausgeschwärmt, zu Fuß, zu Pferd, hatten auf eigne Faust fouragiert. Erst auf der kurzen Fahrt mit der Kutsche wurde mir bewußt, wie nah dieses Landres bei Sivry liegt, und ich konnte nicht mehr nachvollziehen, wie die Idylle von Sivry bewahrt bleiben konnte: nur zwei Dörfer vom Heerlager entfernt und »Vegetabilien in Fülle« auf die Ernte wartend, und ein Schwein, das noch nicht geschlachtet war im weithin ausgeplünderten, verheerten Landstrich. Das Wunder von Sivry? Oder ein verwunderlicher Bericht über Sivry?

Auch in Sivry schwärmten nun Soldaten aus, um zu fouragieren. Und Goethe konnte erneut mit seiner Somme-Tourbe-Taktik brillieren. Er erteilte dem Koch (also wohl dem Koch des Weimarer Generalstabs und »seinen Leuten«) eine praktische Lektion – haben die Männer auf diese Belehrung gewartet? Oder tat man so, als wäre einem diese »strategische Fouragierung«* völlig neu? Verhielt man sich wie der eine und andere amerikanische Besucher in Jena, dem Goethe sogleich einen Vortrag hielt über Amerika? Goethe also war wieder einmal schlau wie Reineke Fuchs, er führte die Männer im Bogen um das Dorf herum, man drang von hinten in Sivry ein, entdeckte einen Gemüsegarten, machte reiche »Küchenbeute«. Weil das höchst verwunderlich ist in der Umgebung eines kurz zuvor verlassenen Heerlagers, werde ich auch im definitiven Buch zitieren müssen: »Wir zogen ums ganze Dorf und fanden noch völlig unangetastete Gärten und eine reiche, unbestrittene Ernte. Hier war von Kohl und Zwiebeln, von Wurzeln und andern guten Vegetabilien die Fülle; wir nahmen deshalb nicht mehr, als wir brauchten, mit Bescheidenheit und Schonung.«

Der Enkel erlaubt sich einige Überlegungen. Etwa: der Trupp in Sivry kann nicht groß gewesen sein, sonst wären weitere Soldaten – rasch und geübt die Lage sondierend – in diesen verzauberten Gemüsegarten eingedrungen, und es wäre unbescheiden fouragiert, wäre schlichtweg geplündert worden. Dafür hatte man mittlerweile einen geschärften Blick entwickelt: wo es etwas zu holen gab. Doch hier: wundersame Fülle, im Kriegsgebiet, von Garten und Haus! »Ein großer eiserner Kessel hing an einem Haken, den man durch Verzahnungen erhöhen und erniedrigen konnte, über dem Feuer; darin befand sich schon ein gutes Stück Rindfleisch mit Wasser und Salz, zugleich aber auch mit weißen und gelben Rüben, Porrée, Kraut und andern vegetabilischen Ingredienzien.«

Goethe hat das Glück, sich in einem Haushalt einquartieren zu können, in dem es gepflegt und gesittet zugeht. Es findet ein Gespräch statt mit den unfreiwilligen Gastgebern, und wieder einmal ist es von Vorteil, daß Goethe fließend Französisch spricht. »Wir fragten teilnehmend nach ihren Zuständen; sie hatten schon das vorige Mal, als wir so lange bei Landres gestanden, sehr viel gelitten und fürchteten, kaum hergestellt, von einer feindlichen zurückziehenden Armee nunmehr den völligen Untergang. Wir bezeigten uns teilnehmend und freundlich, trösteten sie, daß es nicht lange dauern werde, da wir, außer der Arrieregarde, die Letzten seien, und gaben ihnen Rat und Regel, wie sie sich gegen Nachzügler zu verhalten hätten.« Die märchenhafte Ausnahmesituation, sie wird hier bestätigt: Not gelitten in der Region von Landres und keine Zeichen von Not in Sivry. Hatten Trupps der hungernden Armee dem Gemüsegarten nur kleine Kostproben entnommen? War das Geraubte unvorstellbar rasch nachgewachsen?

Alles erstaunlich frugal und manierlich noch dazu. »Nett und alles der Ordnung gemäß war das Geräte zusammengestellt; eine Magd, oder Schwester des Hauses, besorgte alles aufs zierlichste. Die Hausfrau saß am Feuer, ein Knabe stand an ihren Knien, zwei Töchterchen drängten sich an sie heran. Der Tisch war gedeckt, ein großer irdener Napf aufgestellt, schönes weißes Brot in Scheibchen hineingeschnitten, die heiße Brühe drüber gegossen und guter Appetit empfohlen.« Damdididam … Eine sicherlich wohlschmeckende Abendspeise. Und satte Kindlein sagen artig satten Eltern gute Nacht. »Sie näherten sich Vater und Mutter ehrfurchtsvoll, verneigten sich, küßten ihnen die Hand und sagten ›Bon soir Papa, bon soir Maman‹, mit wünschenswerter Anmut.« Damdididam. Draußen saut es weiterhin, er aber sitzet behaglich an knisterndem Feuer, damdididam …

Nachts etwas Aufregung. Ein jüngerer Bruder des Hausherrn taucht auf, die beiden Männer führen ein offenbar taktisches Gespräch, der Mann verschwindet wieder im nächtlichen Sturm und Braus. Dann Geschrei im Dorf: Soldaten beginnen zu plündern, einem Weber wird Werkzeug abgenommen! Der Geschädigte beschwert sich, und Goethe persönlich bringt die Angelegenheit in Ordnung.

Daraus kann der Enkel nur zwei Schlüsse ziehen. Der erste: auch in dieser Phase der Auflösung verhielten sich die preußischen Soldaten in der Regel diszipliniert, sonst hätte es der Weber gar nicht erst mit einer Beschwerde versucht. Weiter: der Trupp im Dorf kann nicht allzu groß gewesen sein, das Werkzeug verschwand nicht in der Anonymität, vielmehr: mit ein paar Nachfragen läßt sich der Verbleib klären, die regelwidrige Aneignung wird rückgängig gemacht. Es geht im Unübersichtlichen recht übersichtlich zu, wenigstens lokal, wenigstens phasenweise.

Liseur, der Allround-Husar, taucht auf, sitzt mit in der Runde. »Er begann in geläufigem Französisch von den Tugenden regulierter Truppen zu sprechen und rühmte die Personen, welche nur für bares Geld die notwendigsten Viktualien anzuschaffen verlangten; dahingegen schalt er die Nachzügler, Packknechte und Marketender, die mit Ungestüm und Gewalt auch die letzte Klaue sich zuzueignen gewohnt seien.« In Sivry freilich ist noch nicht die letzte Schweinshaxe verzehrt worden, es wird sogar noch geschlachtet! Man zahlt für ein Schwein, und hurtige Hände teilen es auf, damdididam. »In demselbigen Zimmer, wo wir die Operation vornahmen, lagen die Kinder in reinlichen Betten, und aufgeweckt durch unser Getöse, schauten sie artig furchtsam unter den Decken hervor. Nahe an einem großen zweischläfrigen Ehebett, mit grünem Rasch sorgfältig umschlossen, hing das Schwein, so daß die Vorhänge einen malerischen Hintergrund zu dem erleuchteten Körper machten. Es war ein Nachtstück ohnegleichen.« Das uniformierte Faktotum Liseur erweist sich auch noch als guter Metzger! »Und wir freuten uns schon auf die guten Würste und Braten.« Damdididam.

Ja, das Dorf für kurze Frist als Schauplatz, auf dem Figuren des gutbürgerlichen Versepos HERMANN UND DOROTHEA auftreten könnten, wohlanständige Bürger eines wohlanständigen, wohlgeordneten Städtchens, und fern am Horizont ziehen Flüchtlinge vorbei, denen in geordneter Auswahl wohlgeordnet geholfen wird, damdididam. Sivry im Hexameter-Land: mit dem homerischen Versmaß wird Goethe wieder in die gewohnte Ordnung zurückfinden nach dem Feldzug. Damdididam: es dampfet im Kessel die nahrhafte Suppe … damdididam: Gemüse in Fülle, geerntet im Garten … damdididam: voll Ehrfurcht die Kindlein, ein Segen der Eltern … damdididam: geordnet der Haushalt, es duftet das Linnen … damdididam: hier brauchen die Mädchen keine Pistolen … damndiddidamn: dort nützen den Mädchen auch nicht Pistolen … damndiddidamn: bin heute sarkastisch, es tut mir so leid … damndiddidamn: Rekruten auf Jagd nach Läusen und Wanzen … damndiddidamn: in Zelten des Biwaks hungern Soldaten … damndiddidamn: es eitern die Füße, die Füße in Stiefeln … damndiddidamn: es mischet das Blut sich, das Blut in den Kot …

Wir hatten über die Maas gesetzt«, schreibt Goethe unter dem Doppeldatum des 7. und 8. Oktober, »wir hatten über die Maas gesetzt und den Weg eingeschlagen, der aus den Niederlanden nach Verdun führt; das Wetter war furchtbarer als je, wir lagerten bei Consenvoye.« Durch das Dörfchen Consenvoye war Goethe schon mal geritten und gefahren, auf dem Vormarsch über Longwy und Pillon und Damvillers. Nun überschneiden sich wieder einmal die Route des Einmarschs und die Route des Rückzugs – die Brücke über die Maas als Engführung. Erneut wird Scheitern bewußt: die »so entschieden mißlungene große Unternehmung«. Zu diesem Bewußtsein der Sinnlosigkeit der fortgesetzte Regen und zum Regen das fortgesetzte Gefühl der Sinnlosigkeit. »Die Unbequemlichkeit, ja das Unheil stiegen aufs höchste, die Zelte durchnäßt, sonst kein Schirm, kein Obdach; man wußte nicht, wohin man sich wenden sollte; noch immer fehlte mein Wagen, und ich entbehrte das Notwendigste. Konnte man sich auch unter einem Zelte bergen, so war doch an keine Ruhestelle zu denken. Wie sehnte man sich nicht nach Stroh, ja nach irgend einem Brettstück, und zuletzt blieb doch nichts übrig, als sich auf den kalten, feuchten Boden niederzulegen.

Nun hatte ich aber schon in vorigen gleichen Fällen mir ein praktisches Hilfsmittel ersonnen, wie solche Not zu überdauern sei; ich stand nämlich so lange auf den Füßen, bis die Kniee zusammenbrachen, dann setzt' ich mich auf einen Feldstuhl, wo ich hartnäckig verweilte, bis ich niederzusinken glaubte, da denn jede Stelle, wo man sich horizontal ausstrecken konnte, höchst willkommen war. Wie also der Hunger das beste Gewürz bleibt, so wird Müdigkeit der herrlichste Schlaftrunk sein.

Zwei Tage und Nächte hatten wir auf diese Weise verlebt, als der traurige Zustand einiger Kranken auch Gesunden zugute kommen sollte. Des Herzogs Kammerdiener war von dem allgemeinen Übel befallen, einen Junker vom Regiment hatte der Fürst aus dem Lazarett von Grandpré gerettet; nun beschloß er, die beiden in das etwa zwei Meilen entfernte Verdun zu schicken. Kämmerier Wagner wurde ihnen zur Pflege mitgegeben, und ich säumte nicht, auf gnädigste vorsorgliche Anmahnung, den vierten Platz einzunehmen. Mit Empfehlungsschreiben an den Kommandanten wurden wir entlassen, und als beim Einsitzen der Pudel nicht zurückbleiben durfte, so ward aus dem sonst so beliebten Schlafwagen ein halbes Lazarett und etwas Menagerieartiges.

Zur Eskorte, zum Quartier- und Proviantmeister erhielten wir jenen Husaren, der, namens Liseur, aus Luxemburg gebürtig, der Gegend kundig, Geschick, Gewandtheit und Kühnheit eines Freibeuters vereinigte; mit Behagen ritt er vorauf und machte dem mit sechs starken Schimmeln bespannten Wagen und sich selbst ein gutes Ansehen.

Zwischen ansteckende Kranke gepackt, wußt' ich von keiner Apprehension. Der Mensch, wenn er sich getreu bleibt, findet zu jedem Zustande eine hilfreiche Maxime; mir stellte sich, sobald die Gefahr groß war, der blindeste Fatalismus zur Hand, und ich habe bemerkt, daß Menschen, die ein durchaus gefährlich Metier treiben, sich durch denselben Glauben gestählt und gestärkt fühlen. Die mahomedanische Religion gibt hievon den besten Beweis.

Unsere traurige Lazarettfahrt zog nun langsam dahin und gab zu ernsten Betrachtungen Anlaß, da wir in dieselbe Heerstraße fielen, auf der wir mit so viel Mut und Hoffnung ins Land eingetreten waren. Wie sah das alles jetzt anders aus! Und wie doppelt unerfreulich erschienen die Folgen eines fruchtlosen Feldzugs durch den trüben Schleier eines anhaltenden Regenwetters!

Doch mitten in diesen Trübnissen sollte mir gerade das Erwünschteste begegnen. Wir holten ein Fuhrwerk ein, das mit vier kleinen, unansehnlichen Pferden vor uns herzog; hier aber gab es einen Lust- und Erkennungsauftritt, denn es war mein Wagen, mein Diener. ›Paul!‹ rief ich aus, ›Teufelsjunge, bist du's! Wie kommst du hierher?‹ Der Koffer stand geruhig aufgepackt auf seiner alten Stelle; welch erfreulicher Anblick!«

Goethe hat also mal wieder Glück! Er kann den ›Krankenwagen‹ verlassen, kann umsteigen, irgendwo zwischen Consenvoye und Verdun, Götze kutschiert ihn. Und Liseur verschafft ihm in der Stadt ein Quartier – eins, das standesgemäß ist.

Verdun! Der Himmel hoch und hell, als Jean Arendt mich, nach einer Umrundung der Fortifikationen, ins Städtchen hineinfuhr. Und ich sah, was auch ER gesehen haben dürfte, er schaute sich ja überall gleich um: die Kathedrale auf der Hügelkuppe, der Kreuzgang in später Gotik, »flamboyant«, das Bischöfliche Palais, den Renaissance-Innenhof der Princerie, die Stadttorfestung an der Maas. Hier spazierte ich am langsam fließenden Gewässer entlang mit seinem Grundierungsgrün. Von der Promenade aus sah ich eine der langgestreckten Anhöhen vor der Stadt, und ich versuchte, mir vorzustellen, wie (auch) dort drüben Rauchwolken aufgestiegen waren über Kanonenmündungen. Und Goethe sah nach der Kapitulation, was ich nicht mehr sah: Dächer ohne Ziegel, Löcher in Hauswänden, Brandschwarz aus Fensteröffnungen. Beschrieben hat er das nicht. Auch nachträglich schienen ihm lokale Spezialitäten wichtiger, die er nach Hause mitbringen wollte, beispielsweise Mandeln, umhüllt von Zucker und Honig – die »Dragées« von Verdun ... Und die berühmten Pasteten ... Doch, leider, es fehlten Rohstoffe, Zutaten – der Krieg ist ein schlechter Zucker- und Pastetenbäcker.

Briefe aus dem Feld in die Heimat: in Verdun schreibt Goethe erneut an seine Geliebte im Haus am Frauenplan (das umgebaut und renoviert wird, unter der Aufsicht von Christiane). Am 10. September hatte ihr Goethe aus dem Hauptquartier vor Verdun geschrieben (Jardin Fontaine oder Glorieux); nun, am 10. Oktober, setzt er in der Festungsstadt seinen Bericht wieder einmal fort.

»Du wirst nun wohl schon wissen, daß es nicht nach Paris geht, daß wir auf dem Rückzuge sind. Vielleicht bin ich, wenn du diesen Brief erhältst, schon wieder in Deutschland. Der Krieg geht nicht nach Wunsch, aber dein Wunsch wird erfüllt, mich bald wieder nahe zu wissen.

Ich habe viel ausgestanden, aber meine Gesundheit ist

ganz fürtrefflich, es fehlt mir nicht das mindeste und an Hypochondrie ist gar nicht zu denken. Du wirst einen recht muntern Freund wieder kriegen.

Du hast wohlgetan, mir nichts vom Übel des Kleinen zu schreiben, bis es vorbei war. Ich wünsche euch beide bald wieder zu sehen und euch an mein Herz zu drücken.

Wenn ich dir etwas schrieb, das dich betrüben konnte, so mußt du mir verzeihen. Deine Liebe ist mir so kostbar, daß ich sehr unglücklich sein würde sie zu verlieren, du mußt mir wohl ein bißchen Eifersucht und Sorge vergeben.

Ich hoffe, bis ich komme, soll die Treppe und der Hausplatz auch fertig werden und alles recht einladend und gemütlich sein. Es wird eine gute Zeit werden, wenn wir uns wieder sehen.

In wenig Tagen hoffe ich dir wieder näher zu sein und du erhältst wieder einen Brief. Nun wirst du ja auch wieder in die Komödie gehen und die Abende wenigstens eine kleine Lust haben.

Lebe wohl, küsse den Kleinen und sei vergnügt in deinem Hauswesen.

Diesen Brief schreibe ich dir aus Verdun, wo ich mich einmal wieder im Trocknen bei einem Kaminfeuer erquicke.

Venus ist sehr krank und auch in der Stadt. Das Wetter ist entsetzlich und der Kot überall abscheulich.

Gedenke mein und lebe wohl.«

Am selben Tag noch ein Brief an Herrn Voigt, mit dem er im Geheimen Conseil und in der Ilmenauer Bergwerkskommission eng kooperierte.

»Daß unser Kriegsstern rückgängig ist, werden Sie wissen. Ihr Fragezeichen vor ? Chaolons war wohl angebracht, ich erhielt Ihren lieben Brief bei Dun auf unsrem Rückmarsche.

Es läßt sich viel über das alles sagen, es wird viel gesagt

werden, und doch wird ein großer Teil dieser sonderbaren Geschichte ein Geheimnis bleiben. Von den Hindernissen, die durch Wittrung und Wege entstanden sind, hat niemand einen Begriff, als wer mit gelitten hat. Wir haben in diesen sechs Wochen mehr Mühseligkeit, Not, Sorge, Elend, Gefahr ausgestanden und gesehen als in unserm ganzen Leben.«

Goethe zieht in den Krieg, doch vierzehn Jahre später kommt der Krieg zu ihm, über Jena.

Es ist früher Morgen, man wird wach in Weimar von Kanonendonner, man läuft auf die Straßen, redet, ruft, schreit durcheinander, einzelne steigen auf Türme, auf kleine Anhöhen, sehen nichts, doch immer mächtiger das Dröhnen der Kanonen. Bald erste Reiter, Reitertrupps, die durch die Straßen traben: Gerüchte, die Franzosen würden geschlagen.

Gegen drei Uhr nachmittags erreichen erste Flüchtende die Stadt, Reiter, dann Reitertrupps, Bagagewagen und: zwei preußische Kürassiere, hoch zu Roß, zerren, schleifen einen verwundeten Franzosen zwischen sich her, halten in der Hauptstraße, der Franzose bleibt auf dem Pflaster liegen, die Kürassiere sitzen ab, beginnen, ihn auszuziehen. Ein Mann, der das am Fenster seines Hauses beobachtet, ruft ihnen zu: »Pfui, seid ihr preußische Soldaten?!« Sie lachen auf, ziehen den Verwundeten ganz aus, schwingen sich mit ihrer Beute auf die Pferde, lassen ihr Opfer liegen.

Und langsam kommen Pferde in die Stadt mit schwerverletzten, auch tödlich verwundeten preußischen Reitern – nach vorn gebeugt oder an Pferdehälsen aufliegend, über Sättel geworfen. Und die Gesichter schwarz von Pulverqualm, viele auch blutverschmiert. Entsetzen unter den Einwohnern. Und weiter und immer zahlreicher auf Pferden, auf Bagagewagen, auch Munitionswagen: von Säbelhieben, Bajonettstichen, von Gewehrkugeln, Kanonenkugeln verwundete, verstümmelte Soldaten. Das Kanonendröhnen näher und näher; bald erste Kugeleinschläge in der Stadt. Die Flucht wird zur Panik: Schreien, Jammern, Brüllen, Fluchen. Und eine Pause im Kanonendonner; nun werden Flüchtende niedergemacht – Gemetzel vor der Stadt. Dann ein Geschütz aufgestellt bei Oberweimar, Kugeln, die auch in der Esplanade einschlagen. Zwischendurch Vogelzwitschern.

Im Haus am Frauenplan wahrt man Contenance, gegen drei noch das Mittagessen, aber nun Kanonenschüsse so laut, so nah, daß man das Essen unterbricht. Goethe geht in den Garten – über der Krone der Gartenmauer »an der Akkerwand« Gewehrläufe, aufgepflanzte Bajonette fliehender preußischer Soldaten. Bild, das sich selbständig machen will: Goethe, wahrscheinlich mit den Händen auf dem Rükken, im Garten mit seinen Pflanzen für Küche und Forschung, doch über der Gartenmauer: aufgepflanzte Bajonette. Später die bekannte Stille zwischen dem Abziehen der geschlagenen, dem Einziehen der siegreichen Truppen. Die ersten französischen Husaren kommen, absichernd, vom Frauentor zum Frauenplan; August von Goethe und Friedrich Riemer gehen mit Weinflaschen auf sie zu.

Die rasche Besetzung der Stadt. Marschall Ney wird im Hause Goethe einquartiert, hat aber noch zu tun. Es kommen schon mal sechzehn Reiter, meist Elsässer, völlig erschöpft; sie trinken etwas, essen kaum, legen sich im Dienerzimmer auf Strohschütten, schlafen. Später Kolbenstöße an die Haustüre, zwei Soldaten wollen herein, Tirailleurs, Riemer weckt einen der Elsässer, der wirft die Kampfgenossen raus. Aber die beiden kommen wieder, diesmal wird man sie nicht mehr los, sie wollen partout essen, vor allem trinken. Der Hinweis, dies sei das Quartier des Marschall Ney, beeindruckt sie überhaupt nicht – sie wissen offenbar, daß er noch nicht eingetroffen ist; sie bleiben, bekommen zu essen, zu trinken, wollen den Hausherrn sehen, bestehen darauf, Riemer muß ihn holen. Goethe hat bereits den Nachtrock an, den »Prophetenmantel«, er geht hinunter ins Erdgeschoß, redet mit den beiden, macht offenbar Eindruck, die Löffelgardisten werden höflich, trinken ihm zu – und bleiben. Goethe begibt sich zu Bett. Die Tirailleurs wollen ebenfalls schlafen, auf dem Boden des Vestibüls ist es ihnen zu unbequem, sie gehen die festliche Treppe hinauf, diesmal kriegt man keinen der Elsässer wach, die beiden legen sich in die Betten für die Adjutanten. Aber dann stehen sie wieder auf, dringen in Goethes Schlafzimmer ein, belästigen ihn, Christiane greift ein, offenbar resolut, muß aber zur Unterstützung einen der Nachbarn holen, die bereits am Tag ins Haus geflüchtet waren, der wirft die Eindringlinge raus, die Schlafzimmertüren werden verriegelt.

In der Stadt das Splittern von Fensterscheiben, Bersten von Türholz; Trommelschläge, Gejohle, Schüsse, Trompetensignale, Splittern, Dröhnen, Gebrüll. Sämtliche Läden werden geplündert, fast alle Häuser; die Sieger ziehen durch die Straßen mit Wäsche, Silber, Bildern, mit Raub aus Küchen und Kellern. Auf dem Marktplatz große Feuer, an denen konfiszierte Hühner, Gänse, Enten, Schweine, Kälber, Ochsen gebraten werden. Und fortgesetzt die Plünderungen, Übergriffe, Gewalttaten. Viele Bewohner sind in die Wälder geflüchtet, Hunderte suchen Sicherheit im Schloß, resolut verhindert die Herzogin Schlimmstes – ihr Mann weit weg an der Front. Einige der verlassenen Häuser werden angezündet; Riemer registriert den Feuerschein auch im Erdgeschoß des Hauses am Frauenplan; es herrscht Windstille, so dehnen die Brände sich nicht aus. Von den

Einwohnern der Stadt hört man Klagerufe, Hilfeschreie, von den Soldaten wilde Parolen und Lieder: »Mangeons, buvons, jouons, brûlons toutes les maisons!« Ja, sie fressen, saufen, zündeln, prügeln, schießen.

Wo ist eigentlich Goethes Pistolenholfter geblieben? Das Holfter, in dem er die beiden Waffen mit sich führte. Das Holfter, in das er die Wurst steckte, die ihm die Küchenmagd unterwegs mitgab – vielleicht, weil er ihr schöne Augen gemacht hatte. Wurde das Pistolenholfter nach dem Feldzug wieder eingezogen? Aber es blieben offensichtlich die beiden Pistolen in seinem Besitz. Und die begleiteten die resolute, kompakte Großmutter auf mindestens einer ihrer Reisen in den unsicheren Zeiten zwischen der Besetzung durch Franzosen und der Befreiung von Franzosen – viele Soldaten zogen durch die Lande, hin und her, kreuz und quer. Sicher hat Goethe oder hat Götze oder hat Stadelmann ihr gezeigt, wie man solch eine Waffe handhabt, sie abfeuert: Probeschießen im »Klostergarten« oder hier im Ilmtal? Mindestens einmal mußte Christiane die Pistolen denn auch zeigen, halbwegs dezent: die Postkutsche gab einem Husarentrupp den Weg frei, Offiziere entdeckten die junge Reisende, sie traten an die Tür heran, um zu plaudern, und weil man nicht wissen konnte, was sich aus solch einer Plauderei ergeben konnte, ließ sie beide Pistolen »ein bißchen weiter als sonst hervorgucken«. Im Gasthof wieder diese (oder andere) Soldaten, ein halbes Hundert, vor allem in der Gaststube; sie schritt durch den Trupp hindurch mit ihren beiden Pistolen, »und es hat keiner gepiepst«.

Eine dieser beiden Pistolen im Nebenzimmer; ein paar Schritte, und ich kann sie am Kolben packen. Abzug, Zündschloß, Lauf. Was ich seit längerem vorhabe, müßte nachgeholt werden: ein hiesiger Büchsenmacher reinigt und fettet die Mechanik. Und die Pistole mit Pulver geladen, aber keine Kugel in den Lauf gesteckt. So spaziere ich (die Waffe im Gürtel) den Hangweg hinauf, gehe am Frauenplan ins Nachbarhaus, das dem Vulpius-Clan gehört, kündige an, daß ich Salut schießen werde für Großmutter Christiane. Da wird mir bestimmt ein Grüppchen durch Vorderhaus und Hinterhaus in den Garten folgen, in dem das Großelternpaar so oft gearbeitet hat, gemeinsam – er für die Forschung, sie für die Küche. Ich werde mich vor eins der Fenster von Christianes Zimmern stellen. Keine feierliche Ansprache, die würde nicht zur »Christel« passen, die so gern gelacht, getanzt, gepichelt hat, eher werde ich anmerken, leichthin, daß dies nicht eine Pistole des Räuberhauptmanns Rinaldo Rinaldini ist, dessen Abenteuer Christianes Bruder so überaus erfolgreich erfunden und beschrieben hatte, ich werde nur sagen, daß Goethes, daß Christianes Hand diesen Kolben umschlossen hat. Und ich rufe ein Vivat auf die Großmutter aus, die leider schon vier Jahre vor meiner Geburt gestorben war. Fast gleichzeitig der Schuß in die Luft, dem sofort ein weiterer Schuß folgen müßte, aber das Echo muß genügen. Ja, so ungefähr müßte das ablaufen; die Pistole liegt bereit.

Unerbetene (hoffentlich nicht unerwünschte) Mitteilung (laufende Nummer: sieben) aus Gartenhaus Henckel-Donnersmarck/Goethe über hundert Schritte hinweg zum Gartenhaus Goethe/Goethe: mir geht durch den Kopf, was Du sukzessive von Buchprojekt erzählst. Ein Punkt, der mir gestern einfiel, heute noch wichtig scheint: In welcher Situation hat »Apapa« den Bericht über Militärmalaise verfaßt?

Achtzehnhundertzwanzig: Beginn der Metternich-Ära, der Restauration. Einleitend die Konferenz von Karlsbad. Dort weilte, zeitgleich, wieder einmal der Ministerdichter: die soundsovielte Kur. Er bekam, direkt und indirekt, sicher so einiges mit von Verhandlungen vor Beschlüssen. Großes Konsolidisieren und Stabilisieren; erneutes Etablieren des Absolutismus, mit Fermenten von Aufklärung u. Christentum; leicht reformierte Fürsten- u. Königsherrschaft; bürgerl. Freiheiten eingeschränkt. So erhielt Goethe die »weise und kräftige Diktatur«, die er sich vor allem im Bereich der Presse gewünscht hatte. (Vorläufiger) Schlußpunkt histor. revolut. Abenteuer. Studenten, auch in Jena, gebeugt über Arbeiten ... Zensoren streifen Schreiberärmel über, werden sich später sogar an den FAUST heranwagen, redigierend ... Geheimpolizisten beziehen sichere Gehälter ... Ruhe im Land, von Liberalen bald als Friedhofsruhe diffamiert. In dieser Zeit beginnt der Altmeister mit seinem Bericht. Sokkelfeste Position, verkürzte Perspektive.

Die Marktlage für einen Kriegsbericht wird nicht sonderlich gut gewesen sein, man hatte mittlerweile genug von den Kriegen. Der Siebenjährige Krieg mit seinen negativen Auswirkungen; die Revolutionskriege, fern; Napoleons Kriegstheater, mit dem Zwischenspiel im Weimarer Ländchen; die Befreiungskriege – ebenfalls Belastungen. Großkapitel Krieg düster beendet. Ein paar Jahre später verfaßte Goethe sein Buch.

Dabei versuchte er so zu schreiben, daß lesende Damen nicht entrüstet, (eventuell) lesende Herren nicht enttäuscht wurden: Drahtseilakt über dem Schlammrevier. Vor allem mit Blick auf weibliche Leserschaft hellte er allzu Düsteres auf. Dabei haben Frauen sehr direkt miterlebt, was Krieg bedeutet. Die junge Herzogin Anna Amalia und der Siebenjährige Krieg, der auch das Herzogtum arm machte; Herzogin Luise und ihre Konfrontation mit Napoleon im besetzten und geplünderten Weimar; Frauen, die siegreiche Franzosen, dann siegreiche Kosaken als Plünderer, Mordbrenner etc. erleben mußten. Diese Frauen wußten, was Krieg bedeutet!

Bis bald. Brüderlich, nachbarschaftlich: W.

Viertes und letztes Kapitel »Goethe in Weimar, 1820«. Ein Morgen im März, es hat in der Nacht zu schneien begonnen. Nach Morgentoilette und Frühstück tritt Goethe auf das kleine Stufenpodest des Ausgangs zum Garten, hält die Laterne hoch: fortgesetzt Schneefall; nur gering die Verwirbelung an der Hauswand. Er senkt die Laterne: die wenigen Stufen hinab zum Garten; etwa knöchelhoch der Schnee, aus der weißen Fläche ragen Äste von Obststräuchern, ragen vertrocknete Blumenstengel – als wären über Nacht Hunderte von Ästen, Ästchen, Stengeln ins Weiß gesteckt worden. Fern schlägt ein Hund an; das Geräusch scheint bereits schneegedämpft. Ziegenmeckern nebenan, noch im Stall. Noch einmal hebt der Hausherr die Laterne: Schneeflocken, die langsam herabsinken. Er streift Schnee vom Haar, klopft Schnee ab von den Jackenschultern, tritt wieder ins Gartenzimmer, geht, auf notwendigem Umweg im Doppelhaus, zum Schreibzimmer, öffnet die Tür.

Ein kleiner Mann mit rundem Stoffkäppchen auf hellem Haar erhebt sich devot, begrüßt den Herrn Geheimrat mit deutlicher Einfärbung von Schwyzertütsch. Goethe tritt zu ihm an den Tisch, schaut auf die Papierbögen. Er bearbeite noch einmal die beiden kurzen Beiträge über »Spinner- und Weberwirtschaft in der Schweiz«, die der Herr Geheimrat für wert befunden hätten, in den neuen Roman aufgenommen zu werden; er wolle sich stilistisch der Ehre würdig erweisen; es dürfte Lesern so rasch nicht gelingen festzustellen, daß eine fremde Hand zum Werk beigetragen habe, schon gar nicht nach der Schlußredaktion durch den Herrn Geheimrat.

Goethe brummelt Zustimmung, schreitet zum Fenster. Die Finsternis ist ein wenig aufgehellt durch die Schneefläche im ummauerten Geviert. »Gefrorener Boden«, mag er nun sagen – der Boden hätte damals in Frankreich gefroren sein müssen, dann wäre alles anders verlaufen. Ein Winterfeldzug. Der hätte auch den Vorteil einer zwingenderen Motivation gehabt; nach den Septembermorden, nach der öffentlichen Enthauptung des Königs wäre es entschieden leichter gewesen, schwankenden oder zaudernden Gemütern die Notwendigkeit des Einschreitens verständlich zu machen. Allerdings – beim Unstern, unter dem das ganze Unternehmen stand, hätten sich statt wochenlanger Regenfälle wochenlange Schneefälle ergeben können, und es hätte zu Szenen kommen können wie beim Rückzug des vom »Daimon« des Winters besiegten napoleonischen Heeres. Napoleon, seiner Armee durch die russische Schneewüste vorausfahrend im Schlitten ... Neben dem in Pelze gehüllten Kaiser der Marschall Caulaincourt, der die beschleunigte Rückreise organisierte, die schließlich durch Weimar führte. Wie, wenn Caulaincourt nicht erst in Erfurt ein Quartier gesucht hätte, sondern bereits in Weimar? Da wäre sicherlich hier am Haus angeklopft worden, in der Nacht, bei Schneetreiben, und aus dem Dunkel des überwölbten Schlittens hätte sich die kleine Gestalt des Kaisers gelöst, und er wäre rasch ins Haus gekommen? Hätte sich hier erst einmal aufgewärmt, hin- und hergehend in seiner permanenten Ungeduld?

Goethe schweigt eine Weile. Dann: »Dieser Schnee bringt

einen auf solche Gedanken … Nun aber endlich an die Arbeit: der Feldzugsbericht wartet auf seine Fortsetzung.«

Durch die Schlafkammer geht er in das Arbeitszimmer. Johann John, 26, erhebt sich am Tisch, auf dem schon alles zur Arbeit bereit liegt. Auch er begrüßt den Herrn Geheimrat mit devoter Verbeugung, nimmt sofort wieder Platz. Goethe erkundigt sich, ob er den Namensvetter getroffen hätte. Ja, das Gespräch fand, wie geplant, in Erfurt statt. Goethe nimmt das mit einem Knurrlaut zur Kenntnis; er werde später darauf zurückkommen.

Und er beginnt, den Tisch zu umkreisen, Hände auf dem Rücken. John, der bereits eine große Zahl von Diktaten aufgenommen hat, setzt sich zurecht. Goethe scheint nach innen zu blicken, als lese er im Innern der Hirnschale den Text ab, den er nun fortsetzt: die vielgerühmte Fähigkeit zur Konzentration über Stunden hinweg. Nun also: Verdun!

»Ohne die Nacht geschlafen zu haben, waren wir früh um drei Uhr eben im Begriff, unsern gegen das Hoftor gerichteten Wagen zu besteigen, als wir ein unüberwindliches Hindernis gewahr wurden; denn es zog schon eine ununterbrochene Kolonne Krankenwagen, zwischen den zur Seite aufgehäuften Pflastersteinen, durch die zum Sumpf gefahrene Stadt. Die Tätigkeit des gewandten Liseurs war nicht zu verkennen; auch durch ihn kamen wir diesmal vom Flecke, denn er sprengte in eine Lücke der Wagenreihe und hielt das folgende Gespann so lange zurück, bis wir sechs- und vierspännig eingeschaltet waren; da ich mich denn frischer Luft in meinem leichten Wägelchen abermals erfreuen konnte.«

Die Arbeit wird fortgesetzt, das Zitat aber vorerst nicht weitergeführt – stellvertretende Repräsentanz auch hier. Und damit: ein Zeitsprung zum zweiten Frühstück. Die Küchenmagd stellt an einer Tischecke alles zurecht, verläßt stumm den Raum. John beginnt zu essen und zu trinken, zeigt dabei Hast: er weiß, er wird gleich sprechen müssen. Goethe mag kauend und trinkend am Fenster stehen. Winterlicht im März; was die Wolkendecke verdüstert, hellt die Schneedecke auf. Goethe stellt nun die Frage, ob der Namensvetter und Vorgänger weiterhin dem Trunk ergeben sei?

Dazu, sagt John, habe er keine Beobachtungen anstellen können. Situation und Inhalt des Gesprächs hätten gemeinsames Trinken nicht erlaubt. Auch um den Hausherrn in Ruhe frühstücken zu lassen, berichtet John (berichte ich für John) im Zusammenhang.

Eine der vielen albernen Geschichten, die das Leben schreibt: zwei Schreiber im Hause Goethe mit dem Familiennamen John. Nicht Vater und Sohn, auch keine Cousins, sondern zufällige Namensvettern. Aber es wird, schon weil er so lange hier im Hause zu arbeiten die Ehre hat, unausweichlich zu Verwechslungen kommen. Johann John hat aus einem sehr bestimmten Anlaß die Sorge, daß Ernst John dem Namen keine Ehre machen wird. Er will den Vorgänger nicht schlechtmachen, aber Exzellenz haben ihre Meinung kundgetan durch die Entlassung. Ernst John war nicht pünktlich, hat zuviel getrunken, war maliziös, er paßte nicht ins Haus. Das eigentliche Thema des Gesprächs war jedoch: als die Karlsbader Beschlüsse fielen, hat er seine Chance gewittert und wahrgenommen und sich der preußischen Zensurbehörde angedient. Dies hat er zuverlässig erfahren. Er wollte in Erfurt verhindern, daß Ernst John, in plötzlich erwachtem Diensteifer, der Behörde auch einen Bericht über Exzellenz vorlegt und damit über den Herzog. Denn John glaubt zu wissen, daß Wien Druck ausüben will oder wird, weil die liberale Weimarer Verfassung von 1816 jenen Herrschaften nicht genehm ist. Man sucht offenbar

Pressalien, womöglich Mittel politischer Erpressung, und die könnte man ausfindig machen durch Schnüffelei. Seine selbstgewählte Mission: den unwürdigen Ernst John zu beschwören, sich an solchen Schnüffeleien, und sei es nachträglich, nicht zu beteiligen. Der Name John darf nicht befleckt werden. Ihn quält der Gedanke, daß man später einmal in einem Archiv einen internen Bericht aus der Feder des John aufspürt, und er selbst, Johann John, gerät in Verdacht, so etwas verfaßt zu haben – John unterzeichnet ja nur mit seinem Nachnamen. Er will mit dem üblen Gewerbe des Zensur- und Spitzelwesens nicht in Verbindung gebracht werden, auf keine Weise, um keinen Preis!

Die Erfurter Intervention hält Goethe für ehrenwert, er sieht aber das alles nicht ganz so dramatisch. Gewiß, er hat Ernst John entlassen, weil er in vielerlei Hinsicht nicht in dieses Haus paßte. Es waren aber eher läßliche Verfehlungen, die sich für die Zusammenarbeit als ungünstig erwiesen. Daß Ernst John einen retrospektiven Bericht bei der Polizeibehörde oder gleich bei der Zentraluntersuchungskommission in Mainz einreichen wird, erscheint ihm eher unwahrscheinlich. Ob und wie weit von Wien Druck auf den Herzog ausgeübt werden wird, muß erst einmal abgewartet werden. Im übrigen kann er Johns Aufregung in Blick auf Zensur nicht teilen. Pressefreiheit ist nicht uneingeschränkt zu bejahen, schon gar nicht dort, wo sie zur »Pressefrechheit«*, zur »Presse-Anarchie« ausartet. »Der Staat hat ein Recht, Schriften, die er für gefährlich hält, zu verbieten. Er kann daher die Bücher, die gedruckt werden sollen, zuerst durchlesen lassen und ihnen das Imprimatur zugestehen oder verweigern.«* Der Zensor »verbietet nicht, was er für böse, sondern, was er unter gewissen Bedingungen für schädlich hält«*. Im übrigen: »Zensur schärft den Geist.«* Und nun sei es an der Zeit, die Arbeit fortzusetzen.

Als werde es ihm auf diese Weise leichter, wieder in den Text (in genauem Wortsinn:) hineinzukommen, geht er ein paar Schritte am Tisch entlang, Richtung Türe, dann wieder Richtung Fenster, und es setzt das Umkreisen des Tischs ein, die Fortsetzung des Diktats.

»Nun bewegten wir uns mit Leichenschritt, aber bewegten uns doch; der Tag brach an, wir befanden uns vor der Stadt in dem größtmöglichen Gewirr und Gewimmel. Alle Arten von Wagen, wenig Reiter, unzählige Fußgänger durchkreuzten sich auf dem großen Platze vor dem Tor. Wir zogen mit unserer Kolonne rechts gegen Etain, auf einem beschränkten Fahrweg mit Gräben zu beiden Seiten. Die Selbsterhaltung in einem so ungeheuren Drange kannte schon kein Mitleiden, keine Rücksicht mehr; nicht weit vor uns fiel ein Pferd vor einem Rüstwagen, man schnitt die Stränge entzwei und ließ es liegen. Als nun aber die drei übrigen die Last nicht weiter bringen konnten, schnitt man auch sie los, warf das schwerbepackte Fuhrwerk in den Graben, und mit dem geringsten Aufenthalte fuhren wir weiter und zugleich über das Pferd weg, das sich eben erholen wollte, und ich sah ganz deutlich, wie dessen Gebeine unter den Rädern knirschten und schlotterten.

Reiter und Fußgänger suchten sich von der schmalen unwegsamen Fahrstraße auf die Wiesen zu retten; aber auch diese waren zugrunde geregnet, von ausgetretenen Gräben überschwemmt, die Verbindung der Fußpfade überall unterbrochen.

Daß man unter solchen Umständen in Gräben, auf Wiesen, Feldern und Angern tote Pferde genug erblickte, war natürliche Folge des Zustands; bald aber fand man sie auch abgedeckt, die fleischigen Teile sogar ausgeschnitten, trauriges Zeichen des allgemeinen Mangels!

So zogen wir fort, jeden Augenblick in Gefahr, bei der geringsten eigenen Stockung selbst über Bord geworfen zu werden; unter welchen Umständen freilich die Sorgfalt unseres Geleitsmanns nicht genug zu rühmen und zu preisen war. Dieselbe betätigte sich denn auch zu Etain, wo wir gegen Mittag anlangten und in dem schönen wohlgebauten Städtchen, durch Straßen und auf Plätzen, ein sinneverwirrendes Gewimmel um und neben uns erblickten; die Masse wogte hin und her, und indem alles vorwärts drang, ward jeder dem andern hinderlich. Unvermutet ließ unser Führer die Wagen vor einem wohlgebauten Hause des Marktes halten, wir traten ein, Hausherr und Frau begrüßten uns in ehrerbietiger Entfernung.

Man führte uns in ein getäfeltes Zimmer auf gleicher Erde, wo im schwarz-marmornen Kamin behägliches Feuer brannte. In dem großen Spiegel darüber beschauten wir uns ungern, denn ich hatte noch immer nicht die Entschließung gefaßt, meine langen Haare kurz schneiden zu lassen, die jetzt wie ein verworrener Hanfrocken umherquollen; der Bart, strauchig, vermehrte das wilde Ansehen.«

John blickt erstaunt, fast erschrocken auf: »Euer Gnaden hatten demnach einen Vollbart?«

Hätte er Pfützenwasser benutzen sollen, um sich zu rasieren oder rasieren zu lassen? Außerdem, der Bart verlieh ihm ein gewisses kriegerisches Aussehen. Was noch bestätigt und bestärkt wurde durch das Pistolenholfter, das bei längeren Ritten am Sattelknauf hing, bei Regen von der Schabracke bedeckt.

John schüttelt den Kopf, das setzt sich fort; offenbar will es ihm nicht in den Sinn: Goethe mit langem und verfilztem Haar, mit einem struppigen Vollbart. So hat er das noch nie auf einer der kursierenden Abbildungen gesehen. Aber auf denen sind auch nicht die Falten unter den Augen zu sehen, die in Briefen jener Jahre bezeugt sind, auch nicht die »beträchtlichen Tränensäcke« und schon gar nicht »seine gelben, äußerst krummen Zähne«, mit Lücken.

Jäh setzt Goethe das Diktat fort; dritte und letzte Sequenz dieses Kapitels. »Nun aber konnten wir, aus den niedrigen Fenstern den ganzen Markt überschauend, unmittelbar das grenzenlose Getümmel beinahe mit Händen greifen. Aller Art Fußgänger, uniformierte Marode, gesunde aber trauernde Bürgerliche, Weiber und Kinder drängten und quetschten sich zwischen Fuhrwerk aller Gestalt; Rüst- und Leiterwagen, Ein- und Mehrspänner, hunderterlei eigenes und requiriertes Gepferde, weichend, anstoßend, hinderte sich rechts und links. Auch Hornvieh zog damit weg, wahrscheinlich geforderte, weggenommene Herden. Reiter sah man wenig, auffallend aber waren die eleganten Wagen der Emigrierten, vielfarbig lackiert, vergoldet und versilbert, die ich wohl schon in Grevenmacher mochte bewundert haben. Die größte Not entstand aber da, wo die den Markt füllende Menge in eine zwar gerade und wohlgebaute, doch verhältnismäßig viel zu enge Straße ihren Weg einschlagen sollte. Ich habe in meinem Leben nichts Ähnliches gesehn; vergleichen aber ließ sich der Anblick mit einem erst über Wiesen und Anger ausgetretenen Strome, der sich nun wieder durch enge Brückenbogen durchdrängen und im beschränkten Bette weiter fließen soll.«

Und es wird, so könnte Goethe überleitend sagen, es wird am nächsten Vormittag weiter »fließen«. Vorab muß ein naturwissenschaftlicher Text fertiggestellt werden. Hier lasse ich offen, ob er etwas zur Geologie diktiert oder zur Farbenlehre, zur Mineralogie oder zur Osteologie, ich leite einen Sprung ein, zeitlich, in die Mittagsstunde, und es findet, im kleinen Eßzimmer, ein bescheidenes Mahl zweier Freunde statt: mit Goethe am Tisch nur ein Besucher aus Jena, Karl Friedrich Frommann. Der Buchhändler und Buchdrucker ist nur sieben Jahre jünger als der Gastgeber, zeigt aber schon eine ähnliche Würde der Erscheinung: schweres, weiß umwalltes Haupt. Er sei sich seines Alters erneut bewußt geworden, mag er sagen; er hat seinen Sohn Friedrich Johann auf Wanderschaft geschickt, er soll Erfahrungen sammeln in anderen Buchhandlungen; in das väterliche Unternehmen wird er schon noch früh genug zurückkehren. Neuer Lebensabschnitt für den jungen Mann, dies indirekt auch für ihn als Vater. Glücklicherweise verbürgt Tochter Alwine erfreuliche Kontinuität.

Mit charakteristischem Knurrlaut weist Goethe auf Frommanns Weinglas hin, der hebt es an; sie trinken ohne Spruch. Als wäre die kurze Stille ein Zeichen, tritt ein livrierter Diener ein, legt den Herren vor: Leipziger Allerlei? Zuerst der Besucher, dann der Hausherr. Weil die beiden Herren unter sich sind, weiß der Diener aus Erfahrung, was erwartet wird: er füllt den Teller des Hausherrn bis zum Rand, häuft auf. So hat es der Hausherr gern, bekanntlich. So mancher Besucher, vor allem so manche Besucherin staunte darüber, vermerkte das im Tagebuch oder berichtete in einem Brief: sein mehr als voller Teller, doch er läßt viel übrig ...

Er sei neugierig, mag nun der Besucher gestehen, auf kommende Arbeiten – wieder Druckaufträge des Hauses Cotta an die Firma Frommann?

Goethe wird auf den Feldzugsbericht hinweisen, dem ein Bericht über die Belagerung von Mainz folgen wird, im Umfang allerdings erheblich kürzer. Er wird beide Arbeiten zusammengefaßt veröffentlichen: AUS MEINEM LEBEN. ZWEITER ABTEILUNG FÜNFTER TEIL. Die Texte werden sich im Ton allerdings sehr unterscheiden. Die BELAGERUNG als knapp gefaßte Darstellung, während der Feldzugsbericht stärker auf die jeweilige Befindlichkeit des Berichtenden eingehen wird. Deutliche Unterschiede, und doch Kontinuität: in der Fortsetzung der einen und anderen naturwissenschaftlichen Arbeit, insbesondere zur Farbenlehre.

Und hier ließen sich zwei Zitate einbauen. Das erste: die Campagne, der Feldzug als »böser Traum, der mich zwischen Kot und Not, Mangel und Sorge, Gefahr und Qual, zwischen Trümmern, Leichen, Äsern und Scheißhaufen gefangen hielt«. Das zweite: er suchte diese Beschäftigungen, um nicht »aus Sorge, Verwirrung und Verbitterung wahnsinnig zu werden«.

Der alte Freund könnte erstaunt und erschrocken sein über diese unerwartet offenen und radikalen Äußerungen. Er leitet rasch über zur Frage, wie es nach dem Essen mit der Arbeit weitergehen werde.

Für den Nachmittag hat er sich Diverses vorgenommen. Vor allem das Diktieren von Briefen, das Erarbeiten eines Votums für den Herzog. Gegen Abend ein Spaziergang Richtung Römisches Haus. Anschließend Lektüre, in französischen Memoiren, die ihm die Großherzogliche Bibliothek verschaffte. Zuletzt wird er sich mit Meyer zusammensetzen, und sie werden eine Flasche Wein leeren. Früh ins Bett: das gedrängte Pensum auch am nächsten Tag wie an allen folgenden Tagen.

Solch ein systematisches Nutzen von Zeit war in Frankreich erheblich erschwert; so ergänze ich (erneut) meinen Entwurf. Die Bewegung westwärts sehr viel langsamer, als die führenden Herren sich das vorgestellt hatten; die Bewegung ostwärts nicht so fluchtartig, wie wahrscheinlich erwartet, sondern eher: stockend. Darauf warten, daß allzu starker Regen aufhört; auf Nachschub warten; vor neuen Hindernissen warten, die aus dem Weg geräumt werden mußten. Unablässig wurde ihm Zeit geraubt, die er nicht in Gestaltung umsetzen konnte, Zeit, die ihm davonlief im allgemeinen Stillstand – nie ein zorniges Aufbegehren? Zeit als Ferment beigemischt dem saugenden, jede Bewegung verlangsamenden, oft genug unterbrechenden Erdbrei. Von diesem Brei wie verschluckt: Verszeilen, die nicht zu sich selbst kommen konnten ... Gedanken, die sich nur halb entwickelten, halb klärten ... Erinnerungen, die sich eintrübten ... Wünsche, die ihm auswichen – alles in diesen saugenden, schmatzenden Morast hineingemischt ...

Der Besucher könnte fragen, wann die neue Arbeit erscheinen soll.

Voraussichtlich erst 1822. Vorher werden, gegen Ende dieses Jahres, auf jeden Fall die WANDERJAHRE in Satz gehen; Riemer schaut die Texte noch mal durch; er selbst wird ebenfalls nacharbeiten. Danach erst wieder der Feldzugsbericht. Den muß er erst einmal ruhen lassen: Distanz zum Geschehen finden, das trotz des großen zeitlichen Abstands bedrängend gegenwärtig geworden ist.

Und wenn die beiden Arbeiten abgeschlossen sind – wieder ein literarisches Unternehmen? Es scheint ihm eher denkbar, daß er erneut wissenschaftliche Studien aufgreift und fördert, etwa zur Botanik. Sollte es doch wieder einen Sommer geben, der diesen Namen verdient, so ließen sich Versuche weiterführen, die er drei Jahre nach dem Mainzer Kriegsabenteuer unternommen hat: zu erkunden, zu erproben, zu erforschen, wie Licht auf das Wachstum von Pflanzen einwirkt. Hier haben erste Versuche nicht zu erwünscht klaren Ergebnissen geführt. Die Versuchsbedingungen würde er freilich kaum ändern: wieder die Behälter aus Eschenholz, wieder die Kästen, gedüngt mit vermahlener Eichen- oder Fichtenrinde. Wahrscheinlich wird er auch wieder mit Kresse und mit Bohnen beginnen, und zwar jeweils in fünf Eschenkästen nebeneinander. Der erste Behälter wird abgedeckt, auf den zweiten wird eine Glasplatte gelegt, auf den dritten ein gelb gefärbtes Glas, auf den vierten eine blau und auf den fünften eine violett getönte Scheibe. Er hatte von den gelb getönten Gläsern mehr Förderung des Wachstums erwartet. Wer sich solch eine Glasplatte vor die Augen hält, kann bald feststellen, welch energiereiche Farbe das Gelb ist, wie es aufhellt, erheitert, belebt. Dies, so dachte er, müßte für das Wachstum förderlicher sein als dunkel getöntes Glas. Wer sich ein blau oder violett getöntes Glas vor die Augen hält, der fühlt sich bald herabgestimmt, die Lebensgeister sind nicht mehr umtriebig, sie erschlaffen, erlahmen. Aber nichts von dieser Wirkung bei den Pflanzen, wenigstens nicht beim ersten Versuch. Da wurde die Kresse unter dem gelben Glas etwa einen Zoll hoch und – verwelkte, »wahrscheinlich wegen der drückenden Sonne und der eingeschlossenen Feuchtigkeit«*. Unter dem violetten Glas wurde die Kresse ebenfalls einen Zoll hoch, unter dem blauen legte sie sogar noch einen Strich zu. Noch enttäuschender war der Versuch mit Bohnen. Unter dem gelben Glas: anderthalb Zoll. Unter dem violetten: drei Zoll – und der Stiel bog sich ein, weil er ans Glas stieß! Und dieser Stiel war »stark«, und überhaupt war das Wachstum »vortrefflich«. Falls er diese Versuche wiederholen und weiterführen sollte, wird er außer Kresse und Bohnen auch Teltower Rübchen ansetzen und Radieschen, dazu Mangold. Und er wird weitere Sommergewächse in den Lohkästen anpflanzen – Hahnenfuß, Malven und Linsen, Knöterich und Portulak, Sommerwurz und Wunderblume und so weiter, etcetera.

»Aber Wein werden Sie nicht anbauen?«

Nein, da beanspruchen Sohn August und er bereits hinreichend weite Flächen an Saale, Main und Mosel …

Selbstverständlich lassen die Freunde dieses Stichwort nicht verfallen, sie trinken sich erneut zu. Und damit übergebe ich die Feder erneut an Caroline Nees – mit Dank für ihre Notizen, nach denen ich Goethes Bericht entwarf.

Ich halte, an dieser Stelle, einen Exkurs über Botanik für notwendig, ja überfällig. Meine Begründung: wenn Goethes Vielfalt und Vielseitigkeit auch nur ansatzweise ihre Entsprechung finden soll im geplanten Buch, so müßte außer Farbenlehre und Mineralogie auch Geologie zu Wort kommen und ebenso Osteologie und Meteorologie. Die bisherigen Ausführungen zur Kristallkunde und Optik reichen unter diesem Aspekt nicht aus.

Ich habe mir auch schon etwas zurechtgelegt, ausgedacht, ausgemalt. Goethes Axiom oder Theorie der Metamorphose aufgreifend, seine Idee der Urpflanze und ihrer verschiedensten Entwicklungs- und Erscheinungsformen umsetzend, weiterführend, habe ich, zum krönenden Abschluß meiner Mitarbeit, eine Wunderpflanze entwickelt, die vor den Augen der Leser so etwas wie eine Schnell-Metamorphose durchläuft. Ich bin in den letzten Tagen mehrfach durch den Botanischen Garten gegangen, um Ausschau zu halten nach Stengeln, Blättern, Kelchen, Griffeln, Staubfäden, Früchten, deren Formen sich frei miteinander verbinden ließen, jeweils im Austausch eines Blütenstands oder eines Stengelblatts und so weiter – ständige Übergänge, und dieses Wort ist hier wichtig.

Um das andeutungsweise und in eng begrenztem Ausschnitt vorzuführen, wähle ich die Metamorphose von Blättern einiger Liliengewächse: da würde aus einem schwertförmigen, linealischen, vielnervigen, gelblich-grünen Blatt ein grundständiges, schmal linealisches, graugrünes, unterseits gekieltes Blatt und daraus wiederum ein grundständiges, linealisches, gerieftes, grasähnliches, an der Spitze leicht kapuzenförmiges Blatt, das sich wiederum verwandeln könnte in ein linealisches, rinnenförmiges, wechselständiges, graugrünes Blatt, aus dem ein grundständiges, kurz gestieltes, an der Spitze zunächst kapuzenförmiges, dann pfriemlich zugespitztes Blatt würde, und so weiter, immer so weiter, fast unablässig so weiter, bei Blättern, bei Stengeln, bei Blüten. So könnte sich aus der Urpflanze so etwas wie eine Universalblume entwickeln, mit Blättern und Blüten aus Ebenen wie aus Gebirgen, aus tropischen wie aus ariden Regionen – auch unser bescheidener Botanischer Garten als verkleinertes Abbild weiträumiger Vielfalt. Dieser Punkt ist mir wichtig: die Universalpflanze würde keine Phantasie-Stengelblätter ansetzen und keine Phantasie-Kronenblätter, es wären jeweils exakt nachweisbare Stengel- oder Kronenblätter, nur eben frei kombiniert, im System der Metamorphose. Dies würde gern in aller gebotenen Fülle der Details ausführen Ihre Caroline Nees.

Der Platz. Das Haus. Die Türe. Die Treppe. Die Klinke, die schon Goethe ... Die Steinplatten, auf denen schon Goethe ... Die noch nicht erneuerten Treppenstufen, auf denen schon Goethe ... Die Türschwelle, die schon Goethe ... Aber wonach riecht es hier eigentlich?

Ich bleibe schnuppernd stehen im Gelben Saal. Ein Hauch Moder ... Etwas Holzaroma ... Eine starke Prise Staub ... Ergebnis: es müßte öfter gelüftet werden. So richtig mit Durchzug, daß einem die Hosenbeine flattern ...! Das sage ich in den Raum und nebenan lacht der Bruder auf. Die Umarmung, der Begrüßungstrunk.

Auf dem Tisch eine Anhäufung von Holzstücken, spannengroß, einige der Länge nach, einige im Querschnitt gesägt. »Willst du hier ein Feuerchen machen?«

Nein, er ist vorhin die Wendeltreppe zur Mansarde raufgestiegen, hat bei dieser Pflichtbegehung die Hölzer gefunden, im Vorzimmer, in dem die alte Dienerin in der Wandschrank-Variante geschlafen hatte. Beiläufig öffnete er die große Kippfläche, doch statt einer Mumie fand er diese abgeworfenen oder zusammengeworfenen Hölzer, und er dachte erleichtert: Ah, hier bereitet jemand eine Brandstiftung vor ...! Doch diese romantische Vorstellung mußte er gleich wieder aufgeben, schon im ersten Zimmer: brennbares Material mehr als genug ...! Zundertrockene Stühle ... Sessel unter vergilbten Leinentüchern ... Alles derart trokken, daß er sich wundert, weshalb es nicht schon zu einer Selbstentzündung kam, in einem Hochsommer. In Überfülle auch alte Spinnwebe. In einigen Ecken Dutzende von Bienen, Wespen, Käfern, offenbar von Spinnen getötet und ausgesogen: wahre Metzelstätten. Überall die weißen Pünktchen getrockneten Spinnenkots. Und ein verlassenes Wespennest, kopfgroß, an der Decke. Und tote Wanzen! Ein paar der ausgetrockneten Wanzenpanzer knirschend unter seinen Schuhsohlen. Und sofort die Erinnerung an die gelegentlichen Aktionen des Vaters August: »die Wanzen, auf deren Vertilgung ich ausgehe«*. Er ließ die Bettgestelle ausräuchern oder im Garten verbrennen, ließ Tapeten herunterreißen in den Schlafzimmern: Wanzen »zu Millionen«! Und Dielenbretter wurden hochgestemmt und wieder Wanzen »zu Millionen«! Selbst wenn es ›nur‹ Tausende waren, es waren mehr als genug. Die permanente Plage der »vampirischen Zunft« im Haus am Frauenplan wie in allen anderen Häusern der Kleinstadt.

Prüfende Begehung. Ist das Dach weiterhin dicht? Schließen die Fenster? Werden Sitzpolster nicht von Mäusen zerfetzt? Die hintereinander gestaffelten Zimmer ohne Flur. Da capo: das Vorzimmer der alten Dienerin; das Zwischenzimmer mit den beiden Glasschränkchen, und es hing dort längere Zeit das Bild des Herzogs von Urbino; der Salon, ebenfalls mit schiefen Wänden zur Fensterseite; Oties Schlafzimmer, damals voller Statuetten; Vater Augusts überaus ordentliches Reich; Zimmer der Söhne, der Tochter; Eßzimmer; auf der schmalen Stiege wurde das Essen hochgetragen. Räume wie Kajüten ... Früher einmal hatte dort oben der »Kunscht-Meyer« gewohnt und nach ihm der Riemer, und es wurden Husaren einquartiert und dann Kosaken, und nach den Franzosen und nach den Russen auch Österreicher – im Verlauf der Kriegsjahre müssen Dutzende, womöglich Hunderte von Soldaten und Offizieren in diesem Haus geschlafen und gegessen und getrunken haben, und Urvater Goethe setzte sich mal in diesen, mal in jenen Winkel ab oder zog sich gleich wieder nach Karlsbad zurück. Ja, das Haus muß zeitweise vibriert haben unter den Tritten all der Soldaten, auf der Wendeltreppe, den Stiegen, durch die offiziellen Räume vorn, die privaten Räume hinten, und wie wird das Klo ausgesehen haben bei rund dreißig Mann im Haus und Familie plus Personal ...

Nun aber: die Mansarde kam ihm vor wie das Innere eines gestrandeten Schiffs (so hatte sie ja schon Großvater genannt!), nur liegt dieses Schiff jetzt kieloben, auf einer Sandbank verrottend, und immer deutlicher die Rippenspanten oder Spantenrippen. Und was er im Wrack geborgen hat, ist dieses Bündel zundertrockener Holzstücke, die auffallen durch Spuren der Bearbeitung, deren Zweck nicht sofort erkennbar ist. Des Rätsels Lösung, bitte sehr ...

Walter hält eins der Hölzer waagrecht, dreht es so zurecht, daß ich die bisherige Unterseite vor Augen habe: Spuren schwarzer Beschriftung. Verflucht sei dieses Nachlassen der Sehschärfe, zumindest bei buchnahen Objekten ...! Walter hält mir das Holzstück in wechselnder Entfernung vor die Augen, bis ich die Buchstaben deutlich sehe: »Fagus sylvatica« …

»Bravo«, ruft er, zeigt mir ein anderes Holzstück. »Und noch ein Versuch!«

»Muß das ein derart langer Begriff sein …?! Acer monspessulanum …«

»Ja, einmal Buche, einmal Ahorn …« Und er sucht ein weiteres Holzstück aus. Als der Ältere erinnere er sich offenbar doch an einiges mehr: »Dies sind Stücke aus Vaters Holzsammlung!« Holz bekanntlich als etwas überaus Nützliches, und Vater, der sich wiederum seinem Vater nützlich machen wollte, erlernte die verschiedenen Grade der Nützlichkeit von Holz, zwischen Brennholz und Bauholz und Möbelholz, legte – aus eigenem Antrieb, doch unter den wohlwollenden Blicken des »Apapa« – eine Sammlung von Holzproben an, die verschieden angeschnitten waren, wohl um bestimmte Merkmale zu betonen, »die mir egal sind«, und sorgsam seine Beschriftung: Taxus baccata, in Klammern: Eibe. So ganz hat er seinem Gedächtnis für lateinische Bezeichnungen wohl nicht getraut … Ach, August, unser Vater, er war so sehr bemüht, es seinem übergroßen Vater recht zu machen, er wollte fleißig, strebsam, nützlich sein, wollte es aber auch gut und bequem haben, hat seine Lebenszeit hier im Haus verbracht, bis auf zwei, drei Studienjahre, aber die auch nur im nahen Jena, im ziemlich nahen Göttingen … Vatersohn, aber nicht ›ganz der Vater‹ …

Walter würde gern einen Brief entdecken (oder sich von Meister Schuchardt zustecken lassen), in dem August sich über seinen Vater äußert, ausführlicher als in dem Satz, den er als Enkel im Kopf hat: »Über meinen Vater geht mir nichts.«

Gute Erinnerungen als Basis. Vater Goethe nahm den

Buben mit in ein Gewächshaus, dort sah er »viel Ananas, das Zuckerrohr, den Schokoladenbaum«*, und er zog einen eigenen Zitronenbaum auf, mit väterlicher Beratung. Und ER ließ seinem Sohn eine Bergmannstracht schneidern, nahm ihn schon mal mit auf eine Dienstreise nach Ilmenau, zum Bergwerk. Schaute August zu, wie der Vater die fast senkrechten Leitern hinunterkletterte, tiefer und tiefer und noch viel tiefer, bis er unsichtbar wurde im trüb beleuchteten Schacht? Und er sah ihn steinstaubbedeckt wieder auftauchen? Sah ihn im Gespräch mit Herren von der Kommission? Und wenn der Bub mit dabeisitzen durfte, zwischendurch mal, wurde ihm ein Glas Wein oder Bier zugeschoben? In dieser Hinsicht machte Goethe sich keine Gedanken: Kind und Kindeskinder mit Wein traktiert. Aber auch Christiane war da nicht besorgt: Semmeln und Wein als gemeinsamer Reiseproviant für Mutter und Kind. Im Hause Goethe stand fest: Tee ist nicht gut, Kaffee ist nicht gut, Tabak ist nicht gut, Wein ist sehr gut. An dessen Segnungen sollte der Sohn schon frühzeitig teilhaben und später die Enkel. Überhaupt: Goethe war in mancher Hinsicht sorglos. Kaum aus dem verabscheuten Krieg zurück, schenkte er August einen Kindersäbel. Und er empörte sich über die Hinrichtungen während der französischen Revolution, wollte seinem Söhnchen aber unbedingt eine Spielzeug-Guillotine schenken. Ausrechnet Frau Aja sollte die besorgen, da wusch sie ihrem »Hans« aber den Kopf: »Infame Mordmaschine ... die Jugend mit so etwas Abscheulichem spielen zu lassen ... Nein, da wird nichts draus!« Guillotine, Säbel, Wein für den kleinen Jungen ... Und eine Fülle von Aufgaben für den jungen Mann! Kontrakte schließen mit Handwerkern und Geschäftsleuten; die Buchführung im Hause übernehmen; Diktate des Vaters aufnehmen; Besuche empfangen, Besuche machen, im Namen des Vaters. Der sorgte zum Lohn dafür, daß sein Sohn befördert wurde. »Charakteristischer Kammer-Assessor« … »Wirklicher Assessor beim Kammer-Kollegium« … Als Gegenleistungen wiederum: der Sohn als Stellvertreter des Vaters bei Trauerfällen. Etwa nach dem Tod des Herzogs. Als hätte den eine Kugel getroffen: abends gegen neun, auf einer Reise, am Fenster in einem Schloß – Exitus. Und er wurde nach Weimar überführt, im Römischen Haus aufgebahrt, und wer mußte die erste Totenwache halten? Sohn August. Goethe konnte den Anblick seines toten Freundes, Förderers, Dienstherrn nicht ertragen. Vater Goethe gewöhnte sich rasch und leicht daran, den Sohn auf Beerdigungen zu schicken.

Doch wiederholt Endpunkte der Repräsentationsfähigkeit! Die Gruselgeschichte, wie ihn Engländer, ausgerechnet junge Engländer, hinter dem Theater auf nachtkaltem Erdboden fanden, eingeschlafen im Vollrausch. Die schließlich fünffach vergrößerte Leber …! Aber vielleicht hat Vater sich freitrinken müssen, weil sich sonst Goethesätze wie Knebel in den Mund geschoben hätten, sobald er den nur aufmachte. Doch all die weggeschwemmten Sätze tauchten bei absinkendem Weinpegel wieder auf.

Wenn August nur angeheitert, nicht betrunken war: schöne Geschichten. Zum Beispiel: Wie der vom Rüdesheimer Wein besäuselte Vater zum neuartigen Instrument griff, der Mundharmonika, und er spielte eine wehmütige Melodie … Walter sieht das noch vor sich: der Vater mit dem üppigen Lockenhaar, mit den großen, dunklen Goethe-Augen, mit der prägnanten Goethe-Nase (»Habicht«), mit seinem Kinn, das Entschiedenheit vortäuschte, und er spielte auf der Mundharmonika. Musik, die aus Vater herauskam … Sogar Verse, die aus Vater herauskamen.

Ein Blick von dir gibt mir die Ruhe wieder.
Ein Liebeswort tönt mir wie süße Lieder.
Ein Kuß kann mich zum Gott erheben.
Ein Du! und alle Nerven beben!

Nach außen hin hatte er freilich mit der Poeterei nichts zu tun; lieber sollte man sagen, er sei ein »dummer Kerl«, ein »wilder, harter Mensch«, als daß es von ihm hieße, er wolle »den jungen Goethe spielen«. Er trat als Rüpel auf; erzählte unanständige Witze; machte scharfe Bemerkungen (»Alle Frauen rufen: Nimm mich! Nimm mich!«); spielte den ungehobelten Gesellen aus gehobener Schicht; gab sich burschikos; randalierte öffentlich; fügte sich wieder, ordnete sich unter, schlug wieder Krach, fügte sich erneut, ordnete sich unter. Dabei wäre er bestimmt am liebsten mal aus der Haut gefahren, hätte um sich geschlagen oder hätte sich, ja, zum Beispiel, an einem der vielen Gipsobjekte hier vergriffen – Gips, Gips, Gips, diese Unmengen von Gips im Haus, Gipsreliefs, Gipsbüsten, Gipsfiguren – mindestens zehn Dutzend Gipswerke – weißes Gips, getöntes Gips, weißes Gips, überwiegend weißes Gips – zuweilen die Aufwallung, die Zahl der Gipsarbeiten im Hause um wenigstens eine einzige zu reduzieren?! Am besten gleich um das auffälligste aller Gipswerke: den Kopf der Juno?! Eigentlich, ja eigentlich müßte man den unausgesprochenen Auftrag des Vaters erfüllen und die Juno vom Sockel heben, um Mitternacht – ja, die Revolte gegen den Gips eingeleitet von den zwölf Stundenschlägen der Stadtkirche, und der Monumentalkopf wird die repräsentative Treppe feierlich hinuntergetragen, wird mitten auf die Kopfsteinfläche plaziert, und nun wären zwei Fackelträger wünschenswert, ein Riemer junior, ein Seidel junior, sie stellen sich mit Pechfackeln neben der Replik auf, deren lebloses, ja totes Weiß aufzuleben beginnt im Flackerlicht; vor allem die Augenhöhlen füllen sich mit Leben, die Schläfen gewinnen an Wärme, und pünktlich mit einem Viertelstundenschlag müßte der Kopf zur Seite gekippt werden, und es beginnt das Abrollen, am Haus entlang; schon bei den ersten Drehbewegungen dürfte Juno die Nasenspitze verlieren und die vergrößerten Ohrläppchen, es bildet sich eine weiße Spur in der Seifengasse, der Nachguß beginnt seine Konturen zu verlieren, Brocken, Bröckchen, Brocken abgesprengt, der bald schon gesichtslose Kopf weitergewälzt bis zur Großherzoglichen Bibliothek, die Fackelträger können verharren, auf dem sanft hinabgeschrägten Weg wird die Rollbewegung selbständig, bis die Gipswalze an einem Mauersockel oder einem Baumstamm aufprallt und zerbricht, wie von der Axt eines antiken Gottes getroffen. Eine Befreiungstat ...! Ein Zeichen gesetzt ...!

Lieber Freund zu Jena: wie es sich bei einem Entwurf so gehört, werden bereits Änderungen notwendig. Hier: der Kolossalkopf der Juno Ludovisi wird nicht zur Bibliothek gerollt, wird nicht am dicken Turm den Hang hinabgeschubst – die Gegebenheiten erzwingen eine Revision des Konzepts.

Unter dem Aspekt der Aufmüpfigkeit habe ich mir diese Großbüste gestern doch mal genauer angeschaut, zum Vergleich auch das Fragment der kolossalen Jupitermaske im Brücken- oder Büstenzimmer, und wie es sich beim Drunterlugen und Dranklopfen erwies, sind die Monumentalköpfe hohl. Junos Haupt würde also nicht zur konturlosen Gipswalze, es würde zerbrechen. Dies vermutlich schon recht bald; bis zur Bibliothek kämen wir mit dem Abrollen gar nicht erst. Beim Probegang durch die Seifengasse wurde mir überdies klar, daß die Strecke für uns müden Brüder viel zu lang würde, vorgebeugt beim Büstenrollen, auch ist das Kopfsteinpflaster derart holprig, daß Juno bald schon in die Brüche gehen würde.

Damit ist der Plan aber nicht erledigt; zu diesem Buch muß eine Geschichte respektive Story kommen, die das Publikumsinteresse belebt, und sei es durch Erregung: Enkel schänden Gipsabguß! Dies dürfte jetzt eher so verlaufen: unter Aufbietung aller uns noch verbliebenen Kräfte heben wir Nachkommen dieses Geschenk eines Staatsrats vom Sockel, tragen die Gipskopie durch die Seifengasse, in der Großvater eine Zeitlang gewohnt hatte, und auf der Höhe des Eingangs zur damaligen Wohnung der Charlotte von Stein wird der Abguß in einer Pflastermulde auf den Kopf gestellt, in die Halsöffnung werden Blumen gesteckt. Kalkulierter Skandal mit Hommage-Nebenwirkung!

Angelica Bellonata Facius im Gartenhaus …! Im Altanzimmer-Atelier …! Vor der Tonbüste …! Ihr modellierender Zugriff entschiedener, entschlossener, denn so langsam muß sie diese Arbeit abschließen, es hat sich ein (nicht ganz unerwarteter) Folgeauftrag ergeben: eine Büste auch des Bruders. Eigentlich, wie sie das Brüderpaar zu kennen glaubt (auch durch Erzählungen der gemeinsamen Freundin Alwine), eigentlich müßte sie eine Doppelbüste modellieren nach dem Vorbild des Janus: Hinterkopf an Hinterkopf. Nach all dem Gemmenschneiden, oft mit der Lupe (wobei der Stichel ja ebenfalls vergrößert wird, und zuweilen hat sie das Gefühl, sie arbeite mit einem zugespitzten Balken), nach den Jahrzehnten der Arbeit am Werktisch mit der Gravierkugel auf dem Lederkissen ist es für sie schon erholsam, im Maßstab eins zu eins zu arbeiten, und das nur mit Fingern und Daumen, zwischendurch mit Modellierhölzern. Nun schon mal in der Kategorie der Vergrößerung denkend, wünscht sie sich endlich einen Auftrag, der neue Dimensionen eröffnet: Breite, Höhe, Tiefe eines Denkmals, und hier wäre es an der Zeit für ein Goethe-Denkmal. Das könnte seinen Platz finden auf dem Frauenplan, dem Haus gegenüber, oder vor seinem Theater. Sie sieht dieses Denkmal schon vor sich …! Ein mächtiger Granitsockel, weil Goethe dieses Urgestein gefeiert hat. Dieser Sockel als geometrisch strenger Kubus. Darauf ein kleinerer Kubus, und hier sitzt der Dichter und Minister gelassen majestätisch, sein Haupt bitte ohne Lorbeerkranz. Weil er nicht allein wirkte auf dieser Welt, in hehrer Isolation, müßten – stellvertretend auch für andere – zwei Figuren auf dem Sockelkubus stehen, eine zu seiner Rechten, eine zu seiner Linken. Und da ist es von vornherein klar, wen sie darstellen, nur darstellen können. Zu seiner Linken die kleine, gedrungene Figur des Herzogs; stehend würde er den Sitzriesen Goethe nicht überragen, also müßte nicht abgestuft werden. Der Herzog ohne Hund, ohne Flinte, ohne Pfeife – so, wie er als Besucher in den hinteren Räumen des Hauses willkommen war, in die nur sehr wenige vorgelassen wurden. Rechts von Goethe selbstverständlich Christiane. Bei ihr würde sich die harmonische Kopfhöhe ebenfalls von selbst ergeben. Auch sie ohne Attribute, einfach als Person. »Siehst du das so ungefähr vor dir?«

»Ja, und das sogar ziemlich genau!« Überzeugendes Konzept der Erweiterung … Es läßt mich weiterdenken – in zusätzlichen Erweiterungen. Die würden allerdings voraussetzen, daß der große Kubus ersetzt wird durch die Darstellung eines mächtigen Gefährts, auf den der zweite, der Sitzkubus verladen ist, samt allen drei Figuren. Das Gefährt könnte dem Wagen eines römischen Triumphators ähneln und einem Transportmittel für schwerste Lasten.

»Gut, der Hauptkubus ist weg-gedacht! Aber dieses Gefährt dürfte doch wohl nicht den Eindruck erwecken, es wäre abgestellt. Da müßte Bewegung suggeriert werden – mit einem vorgespannten Dampfmobil?«

»Nein, ich sehe eher eine Gruppe von Treidlern vor mir respektive von Personen, die an Treidler erinnern: vorgebeugt gehend, Zugseile über den Schultern.« Freilich nur eine Assoziation, denn Schiffsschlepper stapfen auf den Treidelpfaden hintereinander, dies aber wäre eine dichte Menschengruppe.

»Diese Figuren sollen aber hoffentlich nicht allegorisch oder symbolisch sein …«

Nein, es müßten Figuren sein mit den Köpfen derer, die Goethe geholfen haben, sein überaus gewichtiges Lebenswerk zu vollenden. Also eine Figur mit dem schweren Schädel, dem etwas verquollenen Gesicht des Friedrich Riemer. Und eine Figur mit dem ebenfalls schweren Schädel und dem durchfurchten Gesicht des Paul Götze. Und eine Figur mit dem schmalen Kopf und dem edlen Profil des Johann Peter Eckermann. Und eine Figur mit dem ebenfalls schmalen Kopf und dem knorrigeren Profil des Heinrich Meyer. Und eine Figur mit dem wiederum schmalen Kopf, dem Lockenhaupt des Johann John. Und es müßte zumindest einer der Ärzte in dieser Gruppe sein, die Goethe im Verlauf der Jahrzehnte in seinen diversen Krisen halfen – da müßte ich noch jemanden ausgucken. Und eine Figur mit dem Kopf von Schuchardt und eine Figur mit dem Kopf von Stadelmann und eine Figur mit dem Kopf von Seidel. Und dann Frauen, in dieser Gruppe ebenfalls mit eingespannt. Gleichsam wegweisend die kleine, hagere Herzoginmutter Anna Amalia, die vorführte, wie man selbst in Zeiten größter Knappheit die Künste unterstützen kann. Und die regierende Herzogin, der Goethe mehrere

Gedichte gewidmet hat. Und die kleine, hagere Frau von Stein, die so prägend auf ihn gewirkt hat. Und eine junge, schöne Römerin, deren Rolle verschieden gedeutet werden kann. Und weitere Frauen, über deren Auswahl genau nachgedacht werden müßte. Goethe dürfte hier nicht zum Don Juan stilisiert werden; wenn einige der Lilis und Ulrikes auftauchen in der Gruppe, müßte irgendwie das Ätherische dieser Beziehungen angedeutet werden. Merkurflügelchen an den Fußgelenken ...? Wäre vielleicht etwas albern; die ersten Einfälle sind nicht immer die besten. Um das Ganze wieder konkreter zu machen: Seidel, Stadelmann und Co. könnten beschriftete Schilder auf Stangen tragen. Bei einem römischen Triumphator verkündeten sie Stätten wichtiger Siege, bei Goethe wären das Titel bedeutender Werke. Ja, und mehr fällt mir im Moment dazu nicht ein.

»Heißt das etwa, hinter dem Gefährt wäre Schluß?«

»Eigentlich ja.« Es sei denn, man denkt an ein paar Folgeerscheinungen. Ein dicker Mann mit schönem Kopf, der schiebend dazu beiträgt, daß dieses Triumph-Lastgefährt in Bewegung bleibt. Es müßte allerdings zu erkennen sein, daß ihn dieses Gefährt zugleich hinter sich herzieht – ein Seilstück zwischen Wagenheck und Gürtelschnalle? Eindeutig mitgezogen dagegen ein Männerpaar: zwei schnurrbärtige Figuren unterschiedlicher Größe, dennoch durch eine Zarge miteinander verbunden wie früher Gefangene oder Sklaven, und auf dieser Holzzarge sitzt, leichthin wie auf einem Schaukelbrett, eine kleine, zierliche, ältere Dame. Hinter diesem Vierergrüppchen wäre aber definitiv Schluß.

»Viel größer dürfte das Denkmal aber auch nicht werden! Das würde ohnehin schon einen Teil des Platzes einnehmen, wo auch immer.« In Anbetracht dieses raumgreifenden Konzepts kann sie ihr noch immer nicht vollendetes Werk nur mit feuchten Tüchern verhüllen. Hat sowieso Rückenschmerzen – die krümmende Last der Kunst … »Magst du einen Teil dieser Last wieder von mir nehmen?«

»Ja, ich bin heute wieder ›belastbar‹. In kluger Voraussicht habe ich das Zimmer schon temperieren lassen.«

Sanft entspannt aus dem Fenster schauen, das wieder geschlossen bleiben muß … Tropfspuren. Verschlieren, schraffieren von Tal und Stadt. Regen mit einer Vehemenz, als wäre das Regnen kürzlich erst erfunden worden, neige erst einmal zur Übertreibung. Graue Permanenz. Ich kann der Natur, ihrem meteorologischen Departement, nur Abbitte leisten: ist zu den monomanen Leistungen von 1792 weiterhin fähig; wochenlange Selbstimitation. Unablässig wird diese Lektion dem Land eingetränkt. Sobald Wasser ein wenig abgelaufen ist, wird gleich wieder Wasser nachgeschüttet. Dauergeräusch im Wald: das Auftreffen von Tropfen auf Blättern. Auf den Feldern: Getreide verfault am Halm, Kartoffeln zermatschen im Boden. In den Gärten: Möhren machen schlapp, Kürbisse platzen, Gurken verwässern, Obst wird Fallobst, Faulobst.

Weiter im Text …! Die Rückzugsroute von Verdun ostwärts nach Etain hatte ich mir nach Goethes Beschreibung anders vorgestellt, als ich sie aus der Kutsche dann sah. Die Straße führt hinter Verdun erst einmal durch hügliges, bewaldetes Gelände – Forêt de Verdun. Etwa nach halber Strecke wird das Land flacher und kahler: in dieser Region also könnten Reiter und Wagen von der tief ausgefahrenen Straße seitwärts ausgeschert sein in Ackerland – soweit dort nicht wassergefüllte Quergräben waren!

Etain mag Goethe, aus dem lädierten Verdun kommend, als freundliches Städtchen erschienen sein. Ohne Bezug zu Goethe wäre es für mich einer der vielen Orte, in denen man höchstens anhält, um in ein Restaurant zu gehen. Die übliche Kirche, der übliche Marktplatz, das übliche Hôtel de Ville ... An diesem Marktplatz das Haus, in dem Goethe einkehrte, mit Liseurs Hilfe – der Leibhusar war offensichtlich in jeder Lage auf der Höhe seiner Fähigkeiten und Fertigkeiten!

Das Rechteck des Marktplatzes schließt unmittelbar an die Hauptstraße, Durchgangsstraße an; im Haus an der Westseite der Salon, in dem Goethe ein angenehmer Aufenthalt bereitet wurde, bei knisterndem Kaminfeuer, und er schaute in das Gewimmel von Karren, Wagen, Pferden, Soldaten, Zivilisten auf dem Platz; das Aufstauen vor der verengten Fortführung der Straße.

Jean Arendt konnte die Kutsche ungehindert aus dem Städtchen herauslenken und weiter auf der Rückzugsroute – nun mit dem Schwenk nach Norden. Ich ließ nicht anhalten im Dörfchen Spincourt und in der Kleinstadt Longuyon, nur weil Goethe hier Zwischenstation machen mußte auf dem sehr langsamen Rückmarsch, Rückzug bei fortgesetztem Regen.

Goethes Feldzugsbericht ist in einigen Abschnitten ein Paradebeispiel für erwünschte Stilisierung im Sinne höherer Herrschaften.

Der erste, der seinen Text indirekt mitgestaltete: der Herzog von Weimar, mit dem Goethe sich duzte, in engem Kreis, den er mit alleruntertänigsten, submissesten Floskeln anschrieb, sobald es offiziell wurde. Im Herzogtum Sachsen-Weimar-Eisenach, so mußte Goethe voraussetzen, wird das Interesse an diesem Bericht besonders groß sein! Und da will der Herzog, Generalmajor in preußischem Dienst, gewiß nichts lesen von einem Versagen der preußischen Heeresleitung in der Organisation des Nachschubs und in der Taktik des Vormarschs. Immerhin hat ihn der Herzog als »lieben, alten Freund und Waffenbruder« bezeichnet – damit verband sich wohl auch die innere Verpflichtung, im Sinne dieser Waffenbrüderschaft zu berichten. Auch wenn Goethe nicht alle Erwartungen seines Dienstherrn erfüllte, er durfte ihn nicht allzusehr enttäuschen, das hätte Rückwirkungen haben können auf das Verhältnis zwischen Fürst und Hofmann.

Der zweite, noch prominentere Mitgestalter: der Onkel des Herzogs, der Generalissimus persönlich. Der Herzog von Braunschweig sah auf dem Rückzug im Stab des Herzogs von Weimar den Gefolgsmann Goethe, ritt zu ihm heran, präsentierte dem potentiellen Chronisten seine Version, als Richtlinie. »Es tut mir leid, daß ich Sie in dieser unangenehmen Lage sehe, jedoch darf es mir in dem Sinne erwünscht sein, daß ich einen einsichtigen, glaubwürdigen Mann mehr weiß, der bezeugen kann, daß wir nicht vom Feinde, sondern von den Elementen überwunden wurden.« Wäre der Herzog nicht in der Schlacht bei Jena schwer verwundet worden und einige Tage später gestorben, so hätte ihm Goethe dreißig Jahre später Rapport erstatten können: Auftrag weisungsgemäß ausgeführt, Euer Gnaden! Denn trotz so mancher Erkenntnis in der Zwischenzeit: er hat, konsequent, den Wettergott zum Hauptschuldigen des militärischen Debakels gemacht. Zwar deutet Goethe mal an, behutsamst, daß die preußische Armee eine doppelte Führung hatte, aber das wird nicht so ausgesprochen, das wird in ein Bild übersetzt: Da zieht der Herzog von Braunschweig mit seinem Gefolge dahin wie ein Komet, und gleich darauf zieht, in Gegenrichtung, der König von Preußen mit seinem Gefolge dahin wie ein Komet: spukhafter Doppelauftritt, der nichts Gutes verheißt. Auf diese Konstellation geht der Chronist aber nicht näher ein, er betreibt konsequent sein Werk der Mystifikation: Regen, mit all seinen Folgeerscheinungen, besiegt ein Heer. Als Neptunist, der vor allem an die geologische Gestaltungskraft des Wassers glaubt und nicht an die der (revolutionären!) Vulkane, als Neptunist also hätte Goethe seine Deutung auch ins Lateinische übertragen können, in Anlehnung an eine bekannte Formulierung: Aqua vincit omnia.

Schuchardt an Goethe: zweite Lieferung. Sehr geehrter Herr Dr. von Goethe, ich lege erneut zwei Textvergleiche vor, angestellt von Gustav Roethe.

G. im Umkreis von Verdun. Übereinstimmungen seines Textes mit den Aufzeichnungen des Kammerdieners Wagner werden ebenso erkennbar wie Abweichungen (stets in der Form des Abmilderns). Diesmal zuerst die Transkription (mit Anpassung der Schreibweise an heutigen Gebrauch) aus dem Tagebuch Wagner.

»Hier fiel abermalen erschrecklich schlechtes Wetter ein, und man kann dasselbe üble Wetter von dieser Zeit an rechnen, es begleitete uns nach Champagne pouilleuse und wieder zurück durch dieselbe. Ein paar Tage hielten es Durchl. Herzog dennoch in diesem Lager aus, den 3ten wurde Ihnen aber dieses Wetter zu arg, Sie entschlossen sich daher, in dem Dorfe Jardin Fontaine zu cantonieren. Eben stand ich traurig und ganz verputt in meinem Zelt, das um mich herflog wie ein weiter Mantel bei großem

Winde um einen herfliegt, es hatte unten keine Schlingen fast mehr, sie waren schon abgefault, und ich dachte, was aus der Sache noch werden sollte! Ich hatte es damalen dicke satt, als eben Durchl. Herzog zu mir sagten: Ich sollte mit nach Jardin Fontaine gehen! Dies ist ein Gottesgedanke, dachte ich; wer war froher wie ich, daß ich aus dem Sauwetter herauskam.

Durchl. Herzog logierten allhier recht gut, Sie hatten eine schöne große Stube und ein herrliches Camin; daran war noch eine Stube, in welcher H. Geh. Rat von Goethe die Nacht schlief, den Tag über hatte ich u. Kämpfer solche inne; Kämpfer schlief die Nacht im Wirtshaus in einem Bett, wohin er freilich, wenn es Feierabend war, allezeit hingehen mußte; ich schlief in gedachter Stube auf der Erde auf einem Strohsack, und mein Mantelsack war mein Kopfkissen so herrlich, als wenn ich in dem herrlichsten Bette läge. Gott! was war mir allda wohl! Vom Winde nicht incommodiert, nicht von Regen durchnäßt, Kaminwärme, was waren das für herrliche Dinge!«

Und nun die Version von Goethe. »Ich fand auch unsere Zelte aufgeschlagen, aber im schrecklichsten Zustande; man sah sich in grundlosen Kot versenkt, die verfaulten Schlingen der Zelttücher zerrissen eine nach der andern, und die Leinwand schlug dem über Kopf und Schulter zusammen, der darunter sein Heil zu suchen gedachte. Eine Zeitlang hatte man's ertragen, doch fiel zuletzt der Entschluß dahin aus, das Örtchen selbst zu beziehen. Wir fanden in einem wohleingerichteten Haus und Hof einen guten neckischen Mann als Besitzer, der ehmals Koch in Deutschland gewesen war; mit Munterkeit nahm er uns auf, im Erdgeschoß fanden sich schöne heitere Zimmer, gutes Kamin und was sonst nur erquicklich sein konnte.«

Als zweites, besonders erhellendes Beispiel der Bericht

über den Rückzug auf der Todesstraße von Verdun nach Longwy. G. in charakteristischer Zurückhaltung u. Zurückgenommenheit: »Wir aber zogen durch Longuyon nach Longwy; und hier muß man, indem die Bilder bedeutender Freudenszenen aus dem Gedächtnis verschwinden, sich glücklich schätzen, daß auch widerwärtige Greuelbilder sich vor der Einbildungskraft abstumpfen. Was soll ich also wiederholen, daß die Wege nicht besser wurden, daß man nach wie vor, zwischen umgestürzten Wagen, abgedeckte und frisch ausgeschnittene Pferde aber- und abermals rechts und links verabscheute. Von Büschen schlecht bedeckte, geplünderte und ausgezogene Menschen konnte man oft genug bemerken, und endlich lagen auch die vor dem offenen Blick neben der Straße.«

Und nun Wagner. »Als wir etwa halb Viertelstunde von Verdun abgefahren, lagen auf der Chaussee 3 Mann tote nackte Preußen; ich erschrak und verstummte hierüber! Wir waren knapp wieder halb so weit gefahren, lagen wieder 2 Mann an dem Wege und ein Pferd bei ihnen! Ich hätte weinen mögen! Es währte gar nicht lange, so lagen wieder 4 Mann auseinander gestreut, und 2 Pferde auf dem Wege. Hier empörte sich meine ganze Galle und mein gerechter Eifer ging in Zorn über! Geht man so mit Menschen um?! Das ist was Erschreckliches! Ich schimpfte und schmähte. Was half es, ehe sich mein Zorn gelegt, war ich wieder an 20 toten Menschen vorbeigefahren, und wer weiß an wie vielen toten Pferden, daß mich das Staunen zum Stillsein brachte. Das Wundern fraß mich bald auf. Um diese Zeit ritt ein Regiments-Chirurgus, den ich gut kannte, soeben an unserm Wagen vorbei, ich schrie ihn an: Was sind Sie für unbarmherzige Herren?! Wie gehen Sie mit den Menschen um?! War es denn nicht möglich, daß diese Menschen wenigstens in Furchen der Äcker gelegt und nur mit den

Händen etwas Erde über sie gescharrt wurde? Die französ. Bauern werden Spott mit ihnen treiben, sie an den Beinen aufhängen! Und was ich dergleichen mehr sagte. Er antwortete mir, dies sei nicht möglich! Hören Sie nicht hinter uns das Kanonieren? Hier ist keine Zeit zum Begraben, und den noch Lebenden kann man nicht zumuten, daß sie neben den Toten auf den Wagen liegen sollen. Der Mann hatte recht! Vielleicht ein paartausend Wagen mit Kranken hatten diesen Weg abgewichene Nacht vor uns her gemacht, was auf diesem Marsch gestorben war, hatten sie abgeschmissen, weil, wie der Regiments-Chirurgus sagte: Daß man den noch Lebenden nicht zumuten könne, daß sie bei den Toten liegen sollten, und keine Zeit zu beerdigen da war.

Indes war dies ein wahrer Greuel, die meisten waren schöne Menschen. Die verschiednen Lagen, die verschiednen Physiognomien derselben, die meist gräßlich waren, brachten schauderhafte Wirkungen hervor! Man hätte weinen mögen! Es sah aus, als wenn die Pest in dieser Gegend wütete oder gewütet hätte! Oft mußten wir aus Not, um nicht über Menschen, welche im Weg lagen, über dabei liegende, mehrfach noch lebende Pferde wegfahren, daß ihre Gebeine krachten. Ein Beweis, wie weit es im Unglück mit den Menschen kommt, das man nicht ändern kann, nehme ich hier an mir ab. Nicht ganz ließ sich hier mein Gefühl betäuben, ich sah jeden dieser nach sehr vielen überstandnen Leiden nun nicht mehr Unglücklichen zwar mit Gefühl an, aber ich wurde so dicköhrig und gefühllos dabei, ich sage es zu meiner Schande, daß es mir endlich gleich viel war, ob ich einen toten Menschen oder ein tot Pferd sah. Gott! das Gefühl hierbei, und dieser Greuel – ist gar nicht zu beschreiben. Und so war der ganze Weg von Verdun bis Longwy mit Menschen und Vieh besät!!!«

Der ehemalige Kriegsteilnehmer Roethe unterstellt G.

einen »unerlaubt ästhetischen Standpunkt«. Und resümiert: »Er hört durch seine Zurückhaltung auf, wahr zu sein.«

Zu Ergänzung und ebenfalls freier Verfügung: aus einem zusammenfassenden Bericht eines Feldpredigers.

»Lange Märsche von Sonnenaufgang bis Untergang; zäher Kot auf Straßen und Äckern; Schlamm zum Versinken; Regengüsse mit Sturm fast Tag für Tag; trotz dem August oft Kälte zum Zittern; kein lebendiger Marketenderverkehr im Lager; kein Erscheinen der Landleute im Lager mit Viktualien zum Verkauf; arme und verödete Dörfer; kein sonderliches Vertrauen und keine Liebe unter den alliierten Heeren; abgemattetes, hinfallendes Zugvieh, erlahmende Kavallerie; ewiges Stocken im Marsch der Bagage und tagelanges Zurückbleiben derselben hinter der Ankunft der Armee auf den Lagerplätzen; allgemeines Siechen der Soldaten und daher entstehende Mutlosigkeit und Niedergeschlagenheit; Mangel an Trank und Speise und an dem so aufheiternden Rauchtabak; verfaulende Zelte und Kleidungsstücke; eine stete Unsicherheit im feindlichen Lande, dessen Einwohnern doch nie zu trauen war; eine gewaltige, lange Kanonade, die der Soldat untätig, also unabgezogen von der Vorstellung der Gefahr, aushalten mußte; eine ungeheure Entfernung von Haus und Heimat und Erschwerung der Kommunikation mit den Seinigen und aller zuzuschickenden Unterstützungen; strotzende Lazarette; selbst kranke Chirurgen und für die Kranken nirgends feste Ruhe, immer wieder lange Transporte unter freiem, unholdem Himmel. Aus diesem Mosaik ist das Riesengemälde jenes Elends im Feldzug in die Champagne zusammengesetzt.«

Auf einem kleinen Umweg über Arlons läßt sich Goethe nach Luxemburg fahren, im eigenen Wägelchen. Die endlich wieder feste Straße dorthin bezeichnet er als »Kunststraße« – ein Terminus, der mir als Enkel bereits fremd erscheint, der aber gut klingt in Verbindung mit dem großen Namen: Straße, die wieder zur Kunst, zur Ausübung von Kunst führen kann ... (Spielerische Auslegung!) Das Geräusch der Wagenräder auf fester Oberfläche, es muß in Goethes Ohren einen guten Klang haben nach der langen »Breifahrt«. Und Hufschlag wird wieder hörbar: klippklapp statt pflitschpflotsch ...

Auch Goethe und Götze sind Teil der Nachhut, der Arrieregarde, also ist bei ihrer Ankunft die Festungsstadt bereits überfüllt. Wohin man auch blicken mag: Pferde, Heubüschel, Karren, Strohschütten, Wagen, Feuer, Kanonen. Und Soldaten, Soldaten, Soldaten; meist ausgehungert, ausgemergelt; viele Kranke, kaum Verletzte: die kampflos unterlegene Armee.

Das Glück aber bleibt Goethe treu. Wohl in allen Straßen, auf allen Plätzen biwakieren Soldaten, in fast allen Häusern sind höhere Ränge einquartiert, dennoch findet er, natürlich mit Unterstützung, ein Zimmer – sogar ein Zimmer, durch dessen Fenster er nur auf Dächer blickt, und er hört hier nichts von den Stimmen und Geräuschen auf den Straßen. In diesem Zimmer ist er wie abgehoben vom allgemeinen Durcheinander. Als erstes ordnet er Aufzeichnungen, Skizzen. Ergänzt Notate, liest. Und vor allem: er ruht sich aus. Jetzt »fühle ich erst, wie ich an Leib und Seele zerschlagen und zerstoßen bin«.

Sobald er vor die Haustür tritt, brandet es erneut auf ihn ein. Doch er hat gleich wieder Glück, kann einen ruhigen Garten nutzen, unten im Tal der Alzette, beim Vorort, der damals Pfaffenthal hieß, weiterhin Pfaffenthal heißt. Garten in Hanglage, wo auch sonst, in der Nähe des Klosters, der kleinen Kirche. In diesem Tal kein Zeichen, keine Auswirkung des Desasters: alles friedlich. Aber es ist eine Idylle zwischen Fortifikationen im Steilhang des Tals und auf den Hügelkuppen, den Hochebenen weiter östlich; die größten Festungsanlagen Europas.

Und Goethe zeichnet wieder. Doch er zeichnet nicht den Blick aus dem Fenster über die Dächer, zeichnet nicht Details einer Renaissancefassade, zeichnet nicht einen Baum oder eine Pflanze im Garten – er zeichnet einen Ausschnitt aus den Fortifikationen dieser Stadt, den Bockfelsen, kurz »Bock« genannt: Steilwand mit Kasematten und zahlreichen Kanonenöffnungen. Goethe zeichnet nicht vor Ort, da könnte er in den Verdacht der Spionage geraten, er betrachtet den ›malerischen‹ Abschnitt von der Talsohle aus, skizziert anschließend im Zimmer.

Keine Abbildungen in diesem Entwurf, voraussichtlich auch nicht im definitiven Buch, zum Ausgleich deshalb ein Goethe-Zitat – ein Wunderwerk von einem Satz! »Nachdem ich nun also mehrere Tage in diesen Labyrinthen, wo Naturfels und Kriegsgebäu wetteifernd seltsam steile Schluchten gegeneinander aufgetürmt und daneben Pflanzenwachstum, Baumzucht und Lustgebüsch nicht ausgeschlossen, mich sinnend und denkend einsam genug herumgewunden hatte, fing ich an, nach Hause kommend, die Bilder, wie sie sich der Einbildungskraft nach und nach einprägten, aufs Papier zu bringen, unvollkommen zwar, doch hinreichend, das Andenken eines höchst seltsamen Zustandes einigermaßen festzuhalten.«

Goethe bleibt während der Tage in Luxemburg nicht nur im Zimmer, im Garten, er ist viel beisammen mit den »alten Kriegs- und Garnisonskameraden« des militärischen Gefolges von Generalmajor Carl August von Sachsen-Weimar.

Der Feldzug ist gescheitert, man feiert das Überleben, auch mit Champagner. Und Goethe, noch in Grandpré verstummt, er ist wie ausgewechselt, ist (oder wirkt) aufgedreht, fast überdreht. Einer der Offiziere vermerkt das; offenbar läßt sich nicht von jedem nachvollziehen, wie sich nach einer Niederlage ein derartiges Hochgefühl entwikkeln kann. Die Erleichterung, aus dem Groben und Gröbsten heraus zu sein? Niedergedrückte Lebensgeister werden wieder munter? Die (auch nach dem Schleswig- und dem Böhmenkrieg registrierte) »übertriebene Lustigkeit« von Männern nach Strapazen und Gefahren?

Dazu könnte dieses Goethezitat passen, aus einem Brief an die Herders: »Ich für meine Person singe den lustigsten Psalm Davids dem Herrn, daß er mich aus dem Schlamme erlöst hat, der mir bis an die Seele ging.«

Als Ende dieser Geschichte: Johann Wolfgang Goethe, 43, vor dem kirchturmhohen Grabmonument in Igel vor Trier. Fast genau zwei Monate nach dem Aufbruch: das Pfeilergrabmal als Endmarkierung einiger hundert Kilometer mühsamer und mühsamster Fortbewegung, von Erschwernissen, Belastungen, Bedrängnissen, Gefahren.

Wie zur Bestätigung für Ende und Neubeginn scheint die Sonne. Und Goethe kann sich Zeit lassen bei der Betrachtung: Flußgott mit Mosella ... Herakles mit Fackel ... Minerva mit Helm ... Windgötter mit Flügeln und Hörnern ... Szenen aus dem Leben des Achill ... Perseus zeigt Andromeda das Medusenhaupt ... Himmelfahrt des Herakles ...

Mythologisches. Und Szenen von Handel und Wandel. Auf mehreren Reliefs ist dokumentiert, womit die Gebrüder Secundinius ihr Geld verdient haben: Tuchballen auf dem Packhof, auf dem Moselschiff, auf dem Lastkarren; Tuch im Laden mit Tischen und Händlern.

Auf der Ostseite, der Morgenseite, auf Goethes Zukunftsseite: ein Diener kommt aus einem Eßzimmer, wischt im Gehen eine Schale aus; ein Diener arbeitet an einem Tisch mit zwei Schüsseln; ein Diener und ein Küchenknecht halten eine große Pfanne über den Herd. Ein vorkragendes »Hauptgebälk« hat diese Szenen geschützt. Darüber hat Witterung weitflächig abgetragen – ist Goethes Blick für Spuren der Beschädigung, der Zerstörung geschärft, überhaupt für Sprünge und Brüche, für Fragmentiertes? Über dem Hauptgebälk sind eine Figur links und eine Figur rechts noch gut zu erkennen, in der Mitte aber ist das Halbrelief in breiter Bahn abgewittert, ausgelöscht. Also den Blick weiter hinaufgelenkt zum Giebelfeld: dort taucht aus Meeresfluten Lunas Haupt auf, Mondsichel auf dem Scheitel …

Darüber, von der Sonne betont, das steile Dach mit Schuppenmuster und Bekrönung: Jupiter, dessen Adlerflügel in den anderthalb Jahrtausenden von der Witterung gestutzt wurden, reißt den kleinen, nackten Ganymed hoch in die Lüfte, in den Äther. In dieser Szene sah man früh schon den Menschen, der nach dem Tod emporgetragen wird in die Unsterblichkeit.

*Dieter Kühn*

DER PARZIVAL DES WOLFRAM VON ESCHENBACH
Band 13336

Wolfram von Eschenbach (vermutlich 1170–1220) hat mit seinem höfischen Vers-Roman ›Parzival‹ eines der bedeutendsten Werke der deutschen Literatur verfaßt. Dieter Kühn führt im ersten Band seiner *Trilogie des Mittelalters* den Leser auf der Zeitachse zurück und erzählt farbig Leben, Werk und Zeit Wolframs von Eschenbach. »Eine komplette Kulturgeschichte des mittelalterlichen Alltagslebens« (FAZ) rollt sich da auf und macht neugierig auf den – leicht gekürzten – Vers-Roman im zweiten Teil des Buches. Die Genauigkeit im Detail, die wissenschaftliche Fundierung und nicht zuletzt die vielgerühmte Übersetzung selbst machen Dieter Kühns ›Parzival‹ zu einer lehrreichen und zugleich unterhaltsamen Lektüre.

Fischer Taschenbuch Verlag

*Dieter Kühn*

NEIDHART UND DAS REUENTAL
Eine Lebensreise
Band 13335

Über Neidhart (vermutlich 1170–1240), den großen Dichter, Sänger und Komponisten des Hohen Mittelalters, weiß man heute kaum mehr etwas. Seine vielen schillernden, frechen, erotischen Lieder, die die Jahrhunderte überdauert haben, bezeugen jedoch, wie groß Neidharts Erfolg schon zu seinen Lebzeiten war. Im zweiten Band seiner *Trilogie des Mittelalters* rekonstruiert Dieter Kühn die ›Lebensreise‹ dieses Sängers, der von Auftritt zu Auftritt zog, um vor meist höfischem Publikum zu singen. Jeder Anspielung der eigens übersetzten Lieder folgend, spürt er den Möglichkeiten, ja Wahrscheinlichkeiten nach. Aus der Perspektive der ›Fahrenden‹ schildert er, was Reisen damals bedeutete: auf schlechten Straßen und Wegen, bedroht von Krankheiten und Seuchen, konfrontiert mit Elend, Hunger und Schmutz. Anschaulich erzählt er über Wirtshäuser und Bordelle, Tischsitten und Bankette, Kreuzzüge, Pilgerfahrten, höfisches Leben und vieles andere mehr. Auf diese Weise »entsteht ein ungemein farbiges und lebendiges Panorama der mittelalterlichen Kultur« im 13. Jahrhundert (FAZ), vor dem auch Neidhart und sein Reuental sichtbar werden.

Fischer Taschenbuch Verlag

*Dieter Kühn*

ICH WOLKENSTEIN
Biographie
Band 13334

Dieter Kühns berühmtes Buch über Oswald von Wolkenstein, den Tiroler Ritter und Abenteurer, Handels- und Weltreisenden, den Dichter, Komponisten und Sänger an der Wende vom Spätmittelalter zur Frühen Neuzeit, ist beides: durch wissenschaftliche Forschungen abgesichert und voll sprühender Phantasie. Oswald von Wolkenstein (1377–1445), der neben Wolfram von Eschenbach und Walther von der Vogelweide als bedeutendster deutscher Autor des Mittelalters gilt, wird aus den verschiedensten Blickwinkeln beleuchtet und inmitten seiner Lebensumstände als Haudegen, Frauenheld und Künstler geschildert. Dieter Kühns Biographie, der dritte Band seiner *Trilogie des Mittelalters*, enthält zahlreiche eigene Wolkenstein-Übertragungen, die »einem rote Ohren machen« (A. Muschg). Das Buch ist ein Lesevergnügen, belehrend und unterhaltend, Abenteuer- wie Kulturgeschichte.

Fischer Taschenbuch Verlag

*Dieter Kühn*

CLARA SCHUMANN, KLAVIER
Ein Lebensbuch
Band 14203

Clara Schumanns Lebensgeschichte ist Legende geworden. Ihre entsagungsreiche Kindheit, ihr außergewöhnliches Talent, die frühe, gegen den Vater durchgesetzte Liebe zu Robert Schumann und die Erziehung von sieben Kindern geben genug Stoff für Mythen und Klischees ab. Clara Schumann gilt seither als musikalisches Wunderkind, Idol romantisch-verklärter Liebesvorstellungen, vorbildliche Mutter und oft verkannte Komponistin. Dieter Kühn zeichnet, halb als Roman, halb als Biographie, den Lebensweg von Clara Schumann jenseits der tradierten Vorurteile nach, horcht auf feine Zwischentöne und entdeckt oftmals überraschende Disharmonien. Angeregt durch neueste Forschungsergebnisse gelingt es Kühn erstmalig, auch die Zeit nach Robert Schumanns Tod genauer zu beleuchten und so das Porträt einer hochsensiblen und selbstbewußten Frau zu vervollständigen, in deren Leben sich das 19. Jahrhundert aufs genaueste widerspiegelt.

Fischer Taschenbuch Verlag